王敦造反、鮮卑崛起、石勒稱雄、祖逖北伐⋯⋯
內部的朝廷爭鬥與北方的蠻夷勢力，東晉王朝的動盪史篇

譚自安 著

晉朝權謀錄

—— 晉室南渡與北伐未竟夢 ——

朝廷爭權 × 北境動亂 × 叛臣起義⋯⋯

東晉時期野心家、名將與皇帝之間的權謀之爭，
勾勒出一段不朽的亂世篇章

目錄

內容簡介

第一章　野心家被野心家搞定

　　第一節　石勒的危急關頭……………………………010

　　第二節　混亂中的裂痕………………………………017

　　第三節　憤青祖逖……………………………………025

　　第四節　王浚之死（上）……………………………035

　　第五節　王浚之死（下）……………………………041

　　第六節　輕敵的教訓…………………………………051

第二章　長安失守

　　第一節　此起彼伏……………………………………060

　　第二節　劉聰很生氣…………………………………066

　　第三節　陶侃的風度…………………………………070

　　第四節　奸臣真好！…………………………………080

　　第五節　長安政府的倒臺……………………………086

　　第六節　劉琨這次輸得很慘…………………………094

　　第七節　司馬睿的表演………………………………100

目錄

第三章　內亂和外亂同時進行

第一節　祖逖！祖逖！ …… 108

第二節　猛人周訪 …… 113

第三節　司馬睿終於當上皇帝 …… 119

第四節　做白日夢真的要不得 …… 125

第五節　劉琨之死 …… 132

第六節　漢宮之亂 …… 138

第七節　四權分立 …… 147

第四章　王與馬的矛盾

第一節　慕容氏起家 …… 160

第二節　失算 …… 167

第三節　石勒的壓力 …… 174

第四節　司馬睿的失誤 …… 183

第五節　段匹磾之死 …… 191

第六節　攤牌 …… 195

第五章　王敦造反

第一節　心病和身病 …… 208

第二節　屈服 …… 212

第三節　「吾雖不殺伯仁，伯仁由我而死！」 …… 220

第四節　甘卓的下場 …… 226

第五節　終於換屆 …… 234

第六節　弱勢皇帝的布局……………………………………242

　　第七節　劉聰鬆了一口氣……………………………………248

第六章　王敦的失敗

　　第一節　重用小人的後果……………………………………258

　　第二節　臥底…………………………………………………265

　　第三節　大師的那些神算事…………………………………271

　　第四節　王敦是這樣玩完的…………………………………277

　　第五節　秋後算帳……………………………………………288

　　第六節　劉聰對張家沒有辦法………………………………294

　　第七節　石勒的痛苦…………………………………………300

　　第八節　陶侃復出……………………………………………305

　　第九節　晉國最大的不幸……………………………………307

目 錄

內容簡介

　　這一卷主要講述司馬氏南渡，東晉建立之後，內部矛盾，不可調和，導致王敦造反，武力進入建康。東晉孝武帝病死，司馬紹繼位，終於平息王敦之亂。其間雜述北方局勢：劉漢紛亂，江河日下；鮮卑崛起於遼東；劉琨孤守北方，窮困而亡；石勒反漢，稱雄江北；祖逖北伐，力挫石勒，但壯志未酬身先死……

內容簡介

第一章
野心家被野心家搞定

第一章　野心家被野心家搞定

第一節　石勒的危急關頭

賈疋一光榮犧牲，剛開啟的西部局面馬上就混亂起來。

他手下的那一夥人馬上就根據不可一日無老大的原則，開了個民主會議，一致推舉麴允接替賈疋的位子，繼續高舉晉朝的大旗，努力開啟西部的新局面。可是麴允的威望實在有點不夠用，雖然在民主會議上高票當選「領雍州刺史」，手中的權力貌似擴大了好幾倍，可卻約束不了閻鼎和梁綜。這兩個傢伙在賈疋當家時，把尾巴夾得滴水不漏，屁不敢放，老實得像兩條準備退役的老牛。現在賈疋一死，兩人就覺得自己可以狠狠地威風一下了，就開始看對方不順眼起來，覺得對方老在面前礙手礙腳，嚴重阻礙自己的前途。於是，矛盾就出現了。

如果光有矛盾，那也沒有什麼──有人的地方，總會有點紛爭。可閻鼎有個特點，雖然對外部敵人沒什麼辦法，但對自己人卻很捨得下手，誰要是跟他過不去，他就大刀向誰的頭上砍過去。這時看到梁綜敢跟他作對，就毫不猶豫地殺紅了兩眼，找了個大好機會，把梁綜的頭砍了下來。

麴允接到報告後，心裡有點憤怒：你這個閻鼎算老幾？一個外人，沒我們幾個去接你過來，幫你一把，恐怕老命早就丟在什麼地方、當外地的野鬼孤魂了。現在才站穩腳跟，就敢拿我們西部夥伴開刀？他馬上聯合西部那幾個同夥索林、梁肅帶著兵馬去找閻鼎算帳。閻鼎本來勢力就很薄弱，能搞定梁綜，靠的全是僥倖。這時看到人家大軍前來，馬上就知道自己不是人家的對手。可現在要後悔已經來不及了，只得拚命逃跑，一直跑到雍城。可到了雍城才知道，這個地方也不是什麼好地方。現在在這個地方說了算的是一個少數民族──氐部落的老大竇首。竇首看到閻鼎氣喘吁吁地跑了過來，不管怎麼看也覺得這個人臉上全是奸相，絕對不是合作

的好夥伴，殺機頓起，揮手叫人把閻鼎拉下去，殺死算了，免得越看越覺得噁心。

你想想，本來西部地區遠離中央，沒有外援，靠大家團結一致，才勉強支撐到今天，現在強敵還在環伺，高層就把窩裡鬥的大戲玩得高潮迭起，這個局面還能維持幾天？

這時，王浚也在不斷地擴大自己的實力，很多地方武裝也都向他靠攏，接受他的領導。王浚看到自己的地盤不斷地發展壯大，心裡很得意。

可石勒卻一點都不高興。石勒清醒地意識到，現在王浚是晉國少有的強人，而且就在他的勢力邊上，要是讓他再發展壯大下去，以後自己可就麻煩不斷了。因此，石勒馬上派夔安、支雄等手下去教訓那些勇於向王浚投靠的傢伙，只幾天功夫就把剛接受王浚帶領的游綸、張豺兩部暴扁了一頓。

王浚看到兩個新手下被扁，當然心頭大怒，馬上派督護王昌帶著遼西公段疾陸眷和他的兩個弟弟段匹磾、段文鴦以及他的一個堂弟段末杯向石勒的老窩襄國發動猛烈的進攻。

石勒很樂觀地認為，這幾個段氏兄弟肯定都是菜鳥，隨便叫幾個手下就可以把他們搞定，因此就叫幾個手下帶兵過去，快快把這幾個敢來騷擾的段家兄弟打死。

哪知，段氏兄弟雖然名氣不大，人氣排行榜上的排名都很靠後，但卻都是打仗的好手。石勒的那幾個手下雄糾糾地出戰，都被以段疾陸眷為首的段家軍打得大敗。

石勒這才知道段家軍的厲害，只得緊閉城門。

段疾陸眷在外圍戰取得重大勝利之後，一邊大喝慶功酒，一邊命令手下狂造攻城工具，準備向襄國發動最後一戰。

石勒在上次葛坡之戰後，大傷元氣，現在正是恢復期，力量還很薄

011

第一章　野心家被野心家搞定

弱，實在不宜打仗。大家看到段家軍在城外精神抖擻，攻城工具越做越多，心裡都害怕了起來。

石勒也覺得形勢非常嚴峻，立刻把死黨們召集過來，開了個軍事會議，把當前形勢毫無保留地分析出來：「我們的事業又一次面臨生死關頭。現在，襄國的城牆以及所有工事都還沒有做好，糧草也不夠吃幾天了，而且敵人的人數眾多，我們的士兵就只有這麼一點，而且又沒有外援。如果再繼續這麼困守下去，恐怕不用多少時間，我們的身分都得轉換成段家軍的俘虜。因此，我認為，只有趁現在我們的士氣還沒有跌到最低點、戰士們還能吃得飽時，全部投入戰場，跟他們決一死戰。大家有什麼意見？」

大家一聽，就知道現在的老大已經黔驢技窮了，說是決一死戰，拚老命挽回局面，其實跟送命沒什麼兩樣。大家你看我我看你之後，都說，老大，不要這麼急啊！我們還是有點本錢可以堅守下去的，等堅守到敵人睏了累了想喝蠻牛了，我們突然出擊，猛烈進攻，一定會取得輝煌勝利。

張賓和孔萇最後發表自己的意見。這兩個傢伙的腦袋不是一般人的腦袋，在這個關鍵時刻，比任何人都冷靜。他們覺得石勒拚命的做法是不可行的，而大家的意見更加不可取。把城內這麼多的人拉到城外跟段家軍拚命，恐怕不過半天，就會全軍覆沒。而沒有一點作為，死守城中，最後睏了累了的不會是有吃有喝、幹勁沖天的敵人，而是自己的部隊——你想想，連暴力的石老大都覺得守不住了，其他人還有信心守下去嗎？因此，堅守到底也等於死路一條。到了這個時候，更要智取，既不能蠻幹，更不能以堅守的名義做等死的事。現在不能跟他們拚命，但可以比一下智力競賽。

兩人由此說出了他們的想法：「在鮮卑所有的部落中，段家軍是最強的，而且段末柸又是其中的強人。現在他們最強悍的士兵都在他的手下，跟這樣的人打正面戰一定是腦殘。段家軍現在已經指定日期進攻襄國北

城。這個日期就在幾天後。大家想想，這段家軍從遼西一帶急行軍奔跑過來打仗，腳步還沒有停下來就連續打了幾仗，這些遼西子弟兵的肌肉再怎麼發達，現在也應該累了。他們現在之所以一邊累著一邊囂張，一定是以為我們力量薄弱，已經被他們打怕了，士氣在持續下跌，不但不敢出戰，而且還在瑟瑟發抖，戒備都已經鬆懈——這就是我們的機會。我們現在就讓他們這樣誤解下去，努力表現出懦弱的樣子，表面上什麼事也不做，把弱勢的樣子演到底，然後暗中在北城鑿開二十多個洞口。等敵人大軍攻城、勢力還沒有站穩時，我們就從洞口裡突然殺出，以段末柸的軍中帳為目標殺過去。段末柸那個腦子哪能應付得了這個突發事件？大家想想，戰場指揮官在這個時候頭腦發暈，這仗還能打下去嗎？我們把這傢伙一把搞定之後，段家軍別的部隊也就破了膽，不用再攻擊，他們也會自己敗下陣來。」

石勒一聽，呵呵！智商高的人就是不一樣。你們的這個辦法老子百分之百地接受。從現在起，大家就按這個辦法做，大部分人到城頭那裡做出嚇破膽的樣子。其他的人加班去挖洞口。

沒幾天，段家軍發起了對襄國的攻城之戰，猛攻襄國北城。

石勒到城上一看，好啊！這些遼西兵的腦袋也太發暈了，攻城命令都下達了，大多數士兵居然放下武器躺在地上睡大覺，而且這絕對不是裝的，而是真的倒頭酣睡，好像這裡不是殺聲震天的戰場，而是五星級飯店一樣。估計連司馬衷也能看出，遼西子弟兵們已累得不能再累了。

張賓的分析完全正確！

這是發動攻擊的最好時機。

石勒馬上下令，讓孔萇帶領最精銳的部隊從那二十幾個洞口衝出，而且城上的士兵要拚命擂鼓，把聲勢做大。

第一章　野心家被野心家搞定

　　孔萇帶著突擊隊，直撲段末柸的虎帳。誰知，段末柸的勇悍超出想像，孔萇的突擊隊猛攻一陣之後，衝不進去。孔萇知道再攻下去已經沒用了，急忙退了出來。

　　如果這時，段末柸冷靜一點，歷史就會在這裡改寫。

　　哪知，這傢伙卻一點不冷靜，看到孔萇居然敢攻打他的虎帳，想演一齣百萬軍中取上將首級的大戲——你想取別人的首級，那不要緊，可竟然要取老子的首級，不把你教訓得死死的，老子不姓段！

　　他想也不想，帶著他的憤怒與勇敢追擊孔萇，一直追到孔萇的營門。

　　他衝到孔萇的營門，這才發現，只有他一個人一把大刀殺了進來，他的手下還離他很遠。這才知道，原來他一點都不累，但他的士兵卻都累到最高點了。你想想，到了這個時候，他再怎麼武功高強，也鬥不過孔萇的那群突擊隊了。

　　孔萇就這樣把段家軍最威風最強悍的段末柸活捉。

　　段疾陸眷他們聽說段末柸成了敵人的戰俘，都同時呆住了。呆住之後，想也不想，就急忙全面撤軍。

　　到了這個時候全面撤軍，代價是慘重的。

　　孔萇一看，段家軍製造了一個絕妙的追擊機會，要是不追擊，只能說明自己的腦袋已經報廢！

　　孔萇當場命令部隊追擊。這時早已累了睏了的段家軍只顧逃跑，沒有誰勇於反擊一下，被孔萇的部隊殺得「枕屍三十餘里，獲鎧馬五千匹」。段疾陸眷最後收拾剩下的人馬，回到渚陽大營中，才喘一口氣。

　　石勒靠這一戰，逆轉了形勢。

　　當然，石勒也知道，雖然這一戰他取得了輝煌的成就，但靠的是張賓的計謀以及運氣，而不是靠自己的實力，因此，並沒有再窮打下去，而是

第一節　石勒的危急關頭

主動跟段家軍講和。這時，他已經有講和的資本。這個資本就是段末杯。現在段末杯是他的俘虜，生死大權牢牢掌握在他的手裡。這個段末杯在段家的分量很重，段家的人誰也不願他被敵人一刀砍死。

當段疾陸眷聽說只要停戰，段末杯就可以毫髮無傷地回到他的身邊，繼續為段家軍戰鬥，馬上就答應了。但是段文鴦卻不同意，說：「老大，不能這樣啊。現在我們雖然敗了一場，可實力仍在。石勒雖然打了勝仗，可就那個實力，再打下去，只要我們堅定信心，肯定會把他搞定的。現在為了一個兄弟，放過一個差不多玩完的敵人，一點都不值得，而且還會惹王浚生氣。王老大一生氣，我們後患無窮啊！」

可是段疾陸眷根本不聽這個弟弟的話，他覺得現在只有讓段末杯生還才是最重要的，其他的都不管。他為了表示自己的誠意，不但爽快地答應了石勒的要求，還把段末杯的三弟派到石勒那裡當人質，換回段末杯。

石勒的手下領教過段末杯的厲害，都認為好不容易把他抓住，要是再放他回去，以後可就不好對付了。可石勒在這個時候表現出極強的大局觀，說：「大家不要只看眼前的得失。要知道，鮮卑部落是個大部落，武力從來就不弱，而且從不跟我們有過什麼仇恨。這次段家軍跟我們為敵，只是受了王浚的唆使。我們要是殺了段末杯，就會徹底得罪鮮卑部落，從此就樹立了一個強大的敵人，可不好玩啊！要是放他回去，他一定會對我們感激得不得了，不會再聽王浚的話了。」於是準備了很多金銀財寶，叫石虎很隆重地帶到渚陽，跟段疾陸眷舉行了個隆重的儀式，結成異姓兄弟。段疾陸眷就高高興興地宣布單方面撤軍。

王昌看眼睜睜地看著段家軍浩浩蕩蕩地走了回頭路，一點也沒有辦法，也只得帶著自己的部隊返回薊縣，使石勒成功躲過了一次全面崩潰的災難。

第一章　野心家被野心家搞定

　　石勒高興得要命，他知道段家軍這一支力量實在太舉足輕重了，誰爭取到這支力量，誰就掌握了這個地區的主動權，就更加大了拉攏段家的力度。在段家軍撤走之後，又把段末柸留下，以高規格來接待他，天天喝酒，把他招待得服服貼貼，段末柸覺得這樣的老大才是好老大，心裡的感激之情越來越濃厚。石勒又更進一步把情感投入進去，一直把兩人的情誼培養到「誓為父子」的地步，然後才歡送他回去。

　　段末柸是個能打仗的人，也是個很講義氣的人，對石勒的感激之情比二十四Ｋ金還純，在回家的途中，一路都叨唸著石老大，每天還按時向南方遙拜石勒三次。

　　石勒透過這些方式，成功地把段家軍拉攏成自己的同盟軍，使東北方面的壓力大大地減輕。

　　王浚做夢也想不到，本來是叫段家軍過去把石勒滅了──而且他相信憑段家軍的實力，一定能把石勒一扁到死。哪知，這個世界上意外的事太多，在一片大好形勢之下，段家軍卻打了個敗仗，最後全部歸順石勒，王浚的這個動作，到頭來等於免費贈送石勒一支強悍的武裝力量。段家軍一跳槽，王浚的實力馬上就單薄下去，他的事業從此也開始疲軟，走上了無可挽回的下坡路。

　　那幾個剛打著王浚旗號的人，這時看到王浚的前途不景氣了，也改變立場，滿臉笑容地跑到石勒那裡報到，成了石勒的手下。

　　石勒透過這些動作，一下就站穩了腳跟，又恢復了往日的威風，開始向王浚的地盤擴張，進攻信都，斬晉冀州刺史王象。王浚再任命邵舉為冀州刺史，死守信都。

　　王浚的鬱悶時期終於來臨。

第二節　混亂中的裂痕

在王浚很鬱悶的時候，他的另一個同宗也跟著在另一個地方倒大楣。

這個人就是王澄。他本來是全國頭號帥哥、頂級名士王衍的老弟，也算是一流名士，如果只好好地在家玩名士風度、過貴族生活，現在同樣還會過著幸福生活。可他的哥哥不知哪根神經有問題，硬想玩個狡兔三窟的把戲，讓他到荊州當第一把手。可是王澄只會當名士、能喝酒，卻不會當官，從不把荊州政事當一回事，好像他來荊州只是換個喝酒的場所而已。劉琨就曾經很有預見性地對他說：「老兄你從表面看起來，大度得很，不拘小節，很能賺得人氣，可實際上你浮躁得要命。這樣表裡不一地做人，恐怕以後死得很難看。」

可王澄哪聽得進去？他來到荊州之後，就物色一個可以幫他做事的人來為他打工。他很快就發現了人才。這個人才就是成都內史王機。他看中王機的原因很搞笑，一來都姓王，以後一家人不用說兩家話，靠得住；二來是這個王機的能力比他菜，不怕他翻了天，更靠得住。你想想，用人原則到了這個地步，能把荊州建設成一個政治、經濟、社會發達的好地方，讓荊楚大地的人民過上小康生活，那簡直是在做夢。

可王澄腦子裡考慮的不是荊州的老百姓，而只是自己的利益。他把全部事務都交給王機處理，自己一心一意當名士，聚精會神喝名酒。如果是在和平年代，他這麼做，也許可以把這個腐敗生活延長一下。可現在是什麼時候？邊境上天天發生你死我活的戰爭，治下的地皮上，到處在發生群體事件，你就是忙得屁滾尿流、天天加班，也覺得時間不夠啊！而現在，荊州轄區內也有幾股由流民聚集而成的武裝力量。其中最活躍就是杜弢。

王澄雖然不管事，但治下出現這樣的反政府武裝，他也知道必須盡快

第一章　野心家被野心家搞定

鎮壓下去。他帶著部隊去圍剿杜弢，哪知幾仗下來，全以失敗告終，不但實力大大損傷，就是靠喝酒拚出來的名氣也不斷地下跌。如果是別人，到了這個時候，肯定會好好地反省一下，來個重新做人。可這哥兒們卻一點不把兵敗當一回事，照樣跟王機天天喝酒，繼續把驕傲蠻橫的態度堅持到底。手下終於對這個大名士徹底地失望，都在心裡做好跳槽的打算。

後來，王澄噴著滿嘴酒氣，再次找杜弢決戰。決戰現場在作塘。

就在這時，原來山簡的參軍王沖突然野心膨脹起來，帶著一大批手下，準備擁護南平太守應詹做荊州刺史，取代王澄。可應詹一眼就看穿了王沖的流氓本質，毫不客氣地拒絕跟王沖合作，跑回平南。

王沖一看，大怒：讓你當第一把手你不當，你以為你不當了，老子就不敢當。馬上宣布自己為荊州刺史。

王澄聽到王沖搶了他的官位，從此他公款喝名酒的權力全部被剝奪，酒當場就醒了過來，臉上的傲慢神態也快速消失，神經跟著高度緊繃起來，叫杜蕤死死地守住江陵，他自己卻把辦公地點轉移到屠陵。可沒過幾天，又覺得屠陵也不夠安全，乾脆一口氣跑到沓中，要離王沖更遠一點。

他的別駕郭舒看到他這麼怕死，就對他說：「你是合法的荊州老大，雖然在當老大的這段時期內，沒做出什麼成績，但到底還是全州的最高領導人，全州官員人民都把你當精神支柱啊！王沖算什麼人物？一個街頭混混都不如，我們只要召集華容的部隊，就可以把王沖搞定。在有能力有條件可以打敗王沖的情況下，為什麼還要拚命逃跑？」

可是現在王澄的精神已全面崩潰，哪敢再當全州的精神支柱？聽了郭舒的話，非但不聽從，反而覺得沓中也不是安全的地方，還遊說郭舒跟他一起渡江向東避難。可是郭舒卻堅決不同意。

司馬睿聽說這個情況後，知道把荊州劃到自己勢力範圍內的時機已經成

第二節　混亂中的裂痕

熟，就釋出了一個命令，免去王澄荊州刺史的職務，改任為軍諮祭酒——雖然這個祭酒不是喝酒的酒，但只要有官當就會有酒喝，因此，王澄也就沒有意見，接受了這個任命。司馬睿讓軍諮祭酒周顗接替王澄的職務。

本來，司馬睿想透過周顗幫他經營荊州，希望他把荊州治理好。哪知，這個周顗也不是什麼人才，一到荊州，就碰上了麻煩。原來王澄一拍屁股走人，荊州就陷入無政府狀態，流民們越聚越多，他們把目光都投向杜弢。建平的流民老大傅密公開號召大家團結在杜弢周圍，把流民暴動推向新高潮。杜弢一聽，精神也跟著亢奮起來，覺得自己開創的流民事業馬上就要打出一個新的局面了，意氣風發地命令部將王真襲擊沔陽。

周顗聽說敵人大舉來犯（其實一點也不大舉），馬上就變得跟王澄一樣，手也亂腳也亂，腦袋混沌，一點辦法也沒有，這才覺得這個荊州第一把手的薪資不好賺。

這時，司馬睿任命的征討大都督王敦閃亮出場。

他派武昌太守陶侃、尋陽太守周訪、歷陽內史甘卓一起向杜弢宣戰，而他帶著大軍到豫章駐紮，為各路軍隊的後援。

這時，王澄正好趕到豫章。王澄一路狂奔，這時看到豫章全是己方的子弟兵，覺得生命絕對有了保障，就又得意起來。他整了整衣服，恢復衣冠楚楚的名士模樣，很有風度地去見王敦。這哥兒們到了這時，已把前幾天的狼狽忘得乾乾淨淨，只顧把名士派頭做足。王澄以前的人氣比王敦大多了，因此向來不把王敦放在眼裡。這時，他去見王敦，又帶著派頭進去，說話的時候，居然語帶侮辱。

王敦是什麼人？看到王澄居然敢侮辱他，當場勃然大怒，製造了個內奸叛徒的帽子，套到王澄的頭上，說他跟杜弢勾結，要顛覆晉朝政權，而且有往來書信為證據。罪名一確立，接下來就叫一個大力士出場，把叛徒內奸王澄一把扼死。

019

第一章　野心家被野心家搞定

第二年，也就是建興元年的四月，司馬熾被劉聰殺死的消息傳開。

那個在長安的皇太子司馬業搶了個先機，第一個釋出訃告，宣布晉國的皇帝司馬熾光榮犧牲了。然後舉行了隆重的悼念儀式。

當然，所有的人都知道，這哥兒們這麼做的真正目的，是告訴大家，司馬熾掛了，晉國需要有一個皇帝啊！誰來當這個皇帝？當然只有太子可以當。

於是，做完這些動作後，司馬業就一屁股坐到皇位上，改年號為建興元年。當然，所有的人都知道，這也不是司馬業的主意，而是長安城中那幾個人在操作。因為，司馬業還只是一個十四歲的孩子，算起來只是個國中生。

那幾個人讓司馬業當了皇帝之後，馬上叫司馬業晉升他們的職務：以衛將軍梁芬為司徒，雍州刺史曲允為尚書左僕射、錄尚書事，京兆太守索綝為尚書左僕射、領吏部、京兆尹。這些人原來都是地方官，這時全成了中央高層。

只是這時長安城裡的人口實在太少，常住人口和流動人口加在一起，不足一百戶，原來的街道全部天然綠化，長滿了草，雖然很環保，但人口不多，很多事就不好做。堂堂新皇上就職，竟然只能找到四部車，至於文武百官的服飾以及印信也找不到地方加工一下，只能把官位寫在木版上，表示那麼一回事而已。活脫脫一個山寨版。

沒幾天，司馬業又根據這幾個人的意思，任命索綝為衛將軍、領太尉，負責所有的軍政大事。

劉曜知道司馬業當了皇帝之後，就決定再把這個晉國的皇帝抓起來。劉曜有過抓司馬熾的豐富經驗，覺得這一次抓個十四歲的小屁孩肯定沒什麼問題。他帶著本部人馬和司隸校尉喬智明聯合向長安發動軍事行動，還

第二節　混亂中的裂痕

叫趙染率部前來會師。

司馬業下詔讓麴允帶兵駐防黃白城抵，做好抵抗劉曜大軍的準備。

雖然司馬業已經宣布當上皇帝，晉國還沒有別的人站起來跟他搶這個位子，可也沒誰理會他。那幾個臨時中央政府，還在繼續臨時下去，繼續代表皇帝發出命令。

前些時候，劉琨承制（代表皇帝）提拔陳留太守焦求為兗州刺史。另一個臨時中央的領導人荀藩大概覺得兗州是個好地方，是當年曹操發跡的風水寶地，堅決不放棄，就又用李述為兗州刺史。這兩個任命就發生衝突。任命一發生衝突，人也就跟著發生衝突。李述好不容易謀得個刺史的位子，哪能輕言放棄，才接到任命書，就決定揭開內戰的序曲，要對焦求展開軍事行動。

劉琨這時還算克制，馬上召回焦求。可不久，劉琨的另一個死黨，那個堅守鄴城的劉演，在跟石勒那個猛男姪兒石虎的戰鬥中落敗，鄴城也丟了，自己快馬加鞭跑到廩丘，向劉琨報告。而石勒就這樣全面占領鄴城，所有流民都被他編成正規軍，初步實現張賓葛坡對的策略構想。

劉演一敗回，劉琨當然得讓他再就業。可現在手裡官位的資源有點緊缺，想來想去，就又想到兗州那個地方。劉琨就又任命劉演當兗州刺史，先在廩丘辦公。

這樣，兗州就有兩個刺史。

可是司馬睿覺得這個地方只有兩個刺史還不夠，便又攪和進來，也任命郗鑑當兗州刺史，鎮守鄒山。如此一來，三個刺史各據一郡，在一個地區內重溫三國演義。弄得老百姓不知聽誰的好。

司馬睿這時在江南已站穩腳跟，跟他南來的那些官員，都是名士型的官僚。

021

第一章　野心家被野心家搞定

　　他們從北方逃出之後，也不學習一下他們的偶像王衍最後的遺言，依舊把當官領薪水當成玩名士風度的經濟基礎，到處狂喝瘋吃，文學藝術倒是越玩越上等，可一碰到工作，個個都像逃難一樣遠遠避開，好像那些工作跟他們絲毫沒有關係。

　　錄事參軍陳頵覺得再這樣下去，司馬睿也會重演洛陽失陷的悲劇，就勸司馬睿說：「老大一定還記得在洛陽的日子吧？那時，做實事的人，朝廷都認為是腦殘人士，從不重用。只認為那些傲慢放肆、目中無人、誇誇其談的人才是有能力的人，導致務虛風氣盛行，最後國家都被人家一把滅掉，弄成天下四處分裂的局面。現在，我們江東的高級官員又全面繼承了這些傳統，都把提高自己名望視為第一要務，個個自命清高不做事。喝酒把妹的時候，都精神煥發，可一說到工作，立刻就拿出證明，又是高血壓，又是糖尿病啦，努力躲避。再這樣下去，還有誰來為老大辦事？沒人辦事了，我們的事業又如何開展下去？我提個建議：全面提升機關效能，大力整頓官員工作作風，凡是再稱病不工作的，一律免職。」

　　誰一聽這個建議，都會說這是一個好建議。

　　可是司馬睿卻硬是不聽。這哥兒們的名士情結，比司馬昭還濃厚得多。司馬昭只是敬重名士，喜歡跟名士玩玩，但卻重用了一大批做實事的人才。而司馬睿手下的當權派，全是名士。

　　陳頵看到那一番話，司馬睿連一句也不聽，心裡很不甘心，就又提了個建議，要求重新制定一套獎懲條例，不要再按以前那一套實施下去了。以前三位親王為了討伐司馬倫，公布了個己亥條例，說是誰跟他們去打倒司馬倫，誰就可以破格成為貴族，弄得很多普通一兵可以身佩紫色綬帶，農民手裡也有一根節符，一點威嚴也沒有，實在太不像話了。應該徹底廢除這個條例。

第二節　混亂中的裂痕

　　這個建議仍然不錯。可是司馬睿還是不聽。而且這個陳頵出身草根，一點背景也沒有，天天在這裡多嘴，弄得大家都心情不好，最後司馬睿乾脆下令，把他趕出建業，去當譙郡太守。你不想當名士，不想喝名酒，想做實事，那就讓你去做吧！

　　司馬睿對沒有家族背景的陳頵實施打擊，可對那個有著強大家庭背景的周玘卻又放心不下。這個周玘是江南本地人，族丁強盛得很，看到司馬睿身邊的高層都是那些逃難過來的敗將，現在卻高高在上，拿著大權，不把他們這些本土人士放在眼裡，情緒就爆發起來，一心排外，並且暗中聯繫死黨，密謀搞定外來的當權派，讓本土人士當政。他跟鎮東將軍府的祭酒王恢經過周密策畫後，選擇了武力解決的方式。他們密令流民老大夏鐵帶著他的手下進行武裝暴動——這些流民本來就是靠打劫來維持生計的，老早就想學習李家兄弟那樣，大幹一番自己的事業，只是覺得江東政府軍太多，才不敢行動，這時得到周玘他們的密令，覺得這可是奉命暴動，而且暴動之後，周玘他們的政府軍還來接應。這種事不做，那還做什麼事？夏鐵答應得很爽快。

　　周玘和王恢心裡充滿了樂觀。

　　哪知，夏鐵答應得爽快，敗仗打得更爽快。他才聚集到幾百人，隊伍還單薄得不能再單薄時，事情就被曝光，被臨淮太守蔡豹一把抓住，當場砍頭。

　　王恢在第一時間裡知道夏鐵犧牲的消息，馬上就覺得大事不妙，跑出建業，去投奔周玘。周玘一看，政變果然不是誰都可以進行的。事情到了這個地步，他也怕了起來。不過，他不能學王恢，心裡一害怕就抬腳閃人，投奔別的老闆——而且他也不知道投奔誰了。他最後決定犧牲王恢，要用王恢的血來洗涮自己的罪名，便把王恢殺死，然後把王恢的屍體埋在豬圈裡面。

第一章　野心家被野心家搞定

司馬睿得到消息，也知道這場未遂政變的幕後推手是周玘，但害怕周家的勢力強大，也不敢對他說什麼，只是發個詔書改任周玘為鎮東司馬。周玘接到命令後，馬上赴任，可才走到半路，又有命令讓他去當南郡太守。周玘只得又往南郡。可才到蕪湖，司馬睿的第三個命令又追了上來，說周玘當軍諮祭酒最合適。

周玘一看，心裡大罵！這是在玩老子啊。他知道，司馬睿已經知道他的密謀了，他更知道，如果他不死，他的後半生都得在司馬睿的玩弄下活著，說不定就這麼永遠在赴任的途中走著，官位換了無數個，他卻一個也不能實實在在的拿在手中，而是像個苦行僧一樣，天天走路。他這麼一想，就像很多失意官僚一樣，憂憤起來，而且這個憂憤不是一般的憂憤，一般的憂憤被時間一沖淡，沒幾天就蒸發。周玘的這個憂憤一生成，沒幾天就要了他的性命。他死的時候，對他的兒子說：「害死我的，是北方下來的那些政治垃圾，你一定要替我報仇。」

從這件事上看，司馬睿在江東的基業雖然開啟得不錯，但卻處理不好他們與南方住民之間的關係。江東以前一直在孫吳的統治之下，回歸司馬氏才三十多年，而司馬氏才掌權就暈招不斷，沒一點向心力，江東的民心還沒拉攏到一點。這時一到江東，錢財沒帶來什麼，倒把那些垃圾習氣全部帶來，仗著手中的權力，騎在南方住民的頭上，繼續腐敗下去，南方住民當然不服。這也說明司馬睿也不是什麼好東西，如果沒有王導這樣的人在掌握方向，估計沒幾天，歷史的車輪就改變了軌跡，晉字號的招牌打不了幾天，就會被人家丟進歷史的垃圾箱。

第三節　憤青祖逖

　　與此同時，北方的另一支力量在迅速成長。這支力量就是鮮卑部落的慕容廆集團。這個慕容廆原來也跟段家兄弟一樣，一直接受王浚的領導，只是沒有段家兄弟那麼強悍而已。在段家兄弟把石勒當靠山之後，慕容廆的機會就來到了。

　　王浚似乎不知道段家已經跟石勒結成兄弟的關係。在他再一次決定搞定石勒的時候，還派人去請段家過來會師。

　　可段家這次一口回絕：老大想打仗自己去打，我們現在熱愛和平得很。

　　王浚大怒，決定給他們一點顏色看看。當然，他知道，這個段家軍的武力指數很高，要跟他們對決，消耗會很大的，因此就叫人拿了大把金錢去送給拓跋猗盧，請他過來教訓一下段家兄弟。這個拓跋猗盧是個愛錢的傢伙，一看到這麼多錢，馬上就答應去充當王浚的僱傭軍，派他的兒子六修帶兵過去攻打段氏兄弟。王浚還派慕容廆一起，配合六修的軍事行動。

　　慕容廆派他的兒子慕容翰參戰。

　　本來，王浚十分看好六修。哪知，大戰一開張，段家就把六修打得灰頭土臉，奪路狂奔。倒是慕容翰一路捷報頻傳，一連攻占徒河、新城，至陽樂時，得到六修大敗的消息，這才住手。從此，慕容家的根據地就擴大起來，手中的資本也不斷地雄厚。

　　慕容廆當時雖然名氣不大，但這傢伙眼光不錯。他知道，現在北方雖然王浚的實力最強，很多人才都過來投奔他，可因為王浚的性格問題，對前來投靠的人才不能很好地重用，弄得官場上混亂得很，讓大家很失望，時時都想跳槽走人。他由此斷定，王浚當北方王的時間不長了。因為他知道，如果身邊的人才都跳槽了，你的地盤再大，兵力再多，也玩不了多

第一章　野心家被野心家搞定

久。他馬上採取行動，公布了很多引進人才、留住人才的政策，把很多人才都吸引了過來，讓他們當官，為自己服務。沒過多久，就有了一幫很有能力的人跑過來當他的手下，願意為他賣命。

慕容廆對人才的爭取其實不亞於劉備。裴嶷那時是昌黎太守，他的哥哥是玄菟太守。不久他的哥哥掛掉，他跟哥哥的兒子裴開去辦喪事，正好路過慕容廆那裡。

慕容廆早就知道裴嶷是個人才，因此就擺好酒席，隆重地招待了裴嶷一行，而且在酒席上把裴嶷捧得舒舒服服，讓裴嶷感動得不得了。在裴嶷離開時，他又拿出一大筆現金，塞給裴嶷說你儘管拿去花吧，我的金庫就是先生的金庫。弄得裴嶷差點像劉備那樣淚奔淚流起來。裴嶷一行來到遼西，路走不通了。裴嶷馬上就決定回去，乾脆就做了慕容廆的員工。他的姪兒裴開一看，以為叔叔被悲痛弄暈了頭，說：「我們的家鄉在南邊啊，叔叔為什麼向北方前進？叔叔是不是悲痛得分不清方向了？」

裴嶷說：「我的頭腦還清醒得很。我現在是想回去加入慕容氏。」

裴開說：「叔叔啊。現在這一帶最強的是段氏，慕容氏算什麼？要投奔也應該投奔段氏才有前途啊，為什麼要棄強投弱？而且慕容氏那裡離我們家更遠啊！」

裴嶷說：「你還想回南方去？現在南方亂得像個鳥窩，到處在殺人放火，我們跑回去，跟送死有什麼區別？再說，我們從這個地方出發，路太遠，只怕走到頭髮全白了牙齒都掉到地下變成肥料了還看不見我們村頭的那棵樹啊。所以，我們只有在這個地方重新就業了。這次重新就業，我們如果選不到一個好老闆，以後同樣沒有好日子過。你看看段家兄弟，雖然個個力大如牛，打起仗來頭腦發熱，勇往直前。可智商卻平平，從沒有什麼遠大理想。這樣的人能好好地對待我們這樣的人才嗎？去投奔他們，估計這輩子只在祕書的職位上做一顆永不生鏽的螺絲釘了，一點出頭之日也沒

第三節　憤青祖逖

有。只有慕容廆尊重人才，而且很有志氣，是做大事業的人。跟著他，以後肯定能夠吃香喝辣，下半輩子過得舒舒服服。你聽我的，一定沒錯。」

裴開一聽，覺得有道理。

兩人又一臉風霜地到慕容廆那裡，說以後願意為慕容老大的事業獻身。

慕容廆當然高興得不得了。

慕容廆還知道那個沈敏也是個高智商的人，現在是遼西太守，老早就想把他拉攏過來，成為自己的死黨。這次慕容翰攻占陽樂時，正好把沈敏抓個正著。慕容廆聽說之後，馬上高規格宴請沈敏，名酒野味加美女，讓他幸福得不得了，之後也表示跟著慕容老大。另外游邃、逄羨、宋奭這幾個好漢，都曾經當過昌黎太守，退居二線後都跟黃泓一起在薊閒居。這幾個人說是閒居，其實是邊喝酒邊觀察形勢的發展，看看誰有潛力再跑過去重新就業。

他們在觀察中，也跟裴嶷一樣，一致認為，北方這些老大之中，只有慕容氏才是潛力股，其他的現在雖然意氣風發，但終究都會變成垃圾股。

王浚多次寫信叫游邃的哥哥游暢投靠自己。游暢連續收到王浚幾封信，覺得再不過去，面子不好看，就準備收拾行李去當王浚的手下。游邃知道後，馬上對哥哥說：「王浚算什麼？別看他現在貌似財大氣粗，不管走到哪裡都威風凜凜，一抬腳能踩死一條老牛。可你看看他管理的地方，哪裡不是一團糟。現在北方少數民族紛紛自立，都是他造成的。在我看來，王浚再折騰一段時間，就會玩完。哥哥先別去投靠他啊！」

可游暢卻說：「王浚不但殘忍，而且疑心重。最近那些流亡人員離開他另謀發展時，他就叫沿途地方政府追殺。現在他寫信叫我過去，我要是再不去，就會連累你們。而且，現在天下大亂，我們兄弟也應該分開，不要在一顆樹上全部吊死，以後才有個照應。」

第一章　野心家被野心家搞定

　　游邃沒有辦法，只得同意哥哥前去。

　　還有宋該、杜群、劉翔等幾個人，先是去當王浚的手下，覺得沒有前途，又跳槽去當段家兄弟的員工，可一個月的薪資還沒有到手，就覺得段氏集團更加垃圾，最後都集體跑到慕容廆那裡，工作沒幾天，就覺得終於找到了一個好老闆。

　　從這些故事中，我們就完全可以預測到，北方的明天肯定是慕容廆的明天。

　　建興元年五月，司馬業終於把命令釋出到長安城以外的建業。這個命令其實是一張任命書，任司馬睿為左丞相、大都督、督陝東諸軍事，使司馬睿成為名副其實的東部第一把手，為他日後的事業打下了堅實的基礎。另外還任命南陽王司馬保為右丞相、大都督、督陝西諸軍事（這個陝西不是現在的陝西，而是指陝縣以西的所有地方）。你一看這兩張任命書，就知道司馬保雖然官位跟司馬睿平級，薪資同在一個等級，可勢力範圍的差別卻大得很。司馬睿現在保有江東全境，人力物力都在他的手裡。司馬保的陝西，其實全在劉聰的控制之下，能有什麼作為？現在這個世界，不是官大的人說了算，而是有刀有槍的人說了算。

　　當然，司馬業大大地提拔了司馬睿和司馬保之後，便又釋出了一項命令：「今當掃除鯨鯢，奉迎梓宮。令幽、并兩州勒卒三十萬直造平陽，右丞相宜帥秦、涼、梁、雍之師三十萬徑詣長安，左丞相帥所領精兵二十萬徑造洛陽，同走大期，克成元勛。」這個詔書的意思就是要號召大家團結起來，共同打敗亂臣賊子，把司馬熾的屍體搶回來，好好安葬。具體任務是：劉琨負責動員三十萬部隊直指平陽，司馬保負責集中三十萬軍隊到長安，司馬睿負責帶領二十萬部隊殺向洛陽，一定把劉聰這個的反動集團徹底打垮。

第三節　憤青祖逖

你一看這個詔書就是個典型的空頭支票。二十萬、三十萬大軍，劉琨和司馬業他們手裡有嗎？他們有這個能力幾天之內就能集中到這麼多人嗎？

不過，劉琨還是請拓跋猗盧到陘北開了個軍事會議，商量對漢國的軍事行動。

經過一系列的準備，就到了七月。劉琨帶著部隊來到藍谷，拓跋猗盧派拓跋普根帶兵到北屈。劉琨派他的監軍韓據從西河南下，準備進改西平城。劉聰派他的兒子劉粲去對付劉琨，派驃騎將軍劉易抵抗拓跋普根，再派蕩晉將軍蘭陽去協防西平城。

劉琨看到劉聰有了準備，知道憑自己這點力量，實在難有什麼作為，就悄悄地退兵。

司馬業看到實力最強大的司馬睿卻沒有動靜，就又派劉蜀過去催促他帶兵過來，與皇帝會師。劉蜀走了很長時間，一直到八月二十日才氣喘吁吁地來到建康（因為現任皇帝的名字叫「業」，所以建業不能再叫建業，從此就叫建康了），向司馬睿宣布司馬業的命令，叫左丞相趕快出兵。

可是司馬睿這時卻滑頭得很，說，江東才平定沒有幾天，基礎還沒有打好，哪有能力和精力去北伐？他只對司馬業的提拔感興趣，至於北伐，能力和精力固然沒有，可連個姿態也沒有做出。

偏在這時，那個祖逖跳出來。

你肯定知道那個「聞雞起舞」的故事吧？祖逖就是這個故事的主角。他的老爸也當過上谷太守，出身算起來，也不算差。可他的老爸掛得太早，在他還小的時候就翹了辮子，弄得他小時候沒能讀多少書，直到十八九歲才背起書包去認真地讀書。可祖逖是個天才，也是個自學成才的典型。據說他只花了幾年的時間，就讀了大量的書，把自己搞得很博學多

第一章　野心家被野心家搞定

才，渾身上下都是學問。大家一跟他聊天，都一致認為祖逖是個不可多得的稀有人才。

他跟那個正在西北部當一把手的劉琨是好朋友，年輕時常在一起睡覺。「聞雞起舞」的故事情節就是他跟劉琨一起睡覺時發生的。那時兩人都是有著遠大理想的憤青，經常在一起意氣風發地閒聊，每次都從時事談到將來，一直聊到眼皮撐不住，才上床睡大覺。可祖逖的精神太過亢奮，才睡不過一會兒，就被雞的叫聲吵醒。他一醒，就踢了踢還在睡大覺的劉琨，說不要浪費時間了，我們要利用時間去練劍。兩個人就起床，拿著寶劍在雞鳴聲中玩起來。如此摸黑練劍，是否練出什麼好劍法來，我們不得而知，但他們練劍的行為，卻成了後來很多人學習的好榜樣。

在洛陽被漢兵攻破後，祖逖也逃到江南。

你想想，他傳出了這個聞雞起舞的故事後，人氣不上漲才怪——這個時期名氣是當官的唯一標準。因此，他到了江東之後，司馬睿就讓他當了徐州太守。沒多久，司馬睿又提拔他當軍諮祭酒，帶部隊到京口駐紮。他到了京口之後，以軍事為主，實行先軍政治，大量徵兵，時刻準備打過長江去，統一全國。

這時看到司馬睿只想鞏固地盤，一點遠大理想也沒有，覺得太窩囊了，就向司馬睿請戰：「晉室之亂，非上無道而下怨叛也，由宗室爭權，自相魚肉，遂使戎狄乘隙，毒流中土。今遺民既遭殘賊，人思自奮，大王誠能命將出師，使如逖者統之以復中原，郡國豪傑，必有望風響應者矣！」這話的意思是，我們國家亂成現在這個樣子，並不是皇帝人品出現問題，也不是因為由群體事件而引起的人民起義，而是因為宗室不斷內鬥，互相殘殺，讓那幾個少數民族老大抓住機會，囂張起來的。現在中原的老百姓都被這些亂賊弄怕了。要是在這個時候，讓我當統帥去收復中原，我相信，中原各族人民一定會起來響應。

第三節　憤青祖逖

可是司馬睿卻沒有這個想法，但又不好潑祖逖的冷水，讓人說自己沒有進取心，只得任命祖逖為奮威將軍，兼豫州刺史。這官雖提拔了一下，可只發放了一千個人的口糧給祖逖，三千匹布，不但沒有一件武器，而且連一套軍裝也沒有發。祖逖一看，這不是叫我帶著民兵赤手空拳去光復中原？但祖逖卻沒有什麼怨言，人家做生意都能空手套白狼。商場如戰場，反過來講，戰場也如商場啊！他知道再跟司馬睿說什麼也是白費力氣，就帶著跟他南下的一百多戶人家，當作祖家軍堅實的基礎，渡過長江。

祖逖帶著他那隊一點也不浩浩蕩蕩的手下，坐著船隻在滾滾長江東逝水中，又造就了那個「中流擊楫」的成語。這個成語是來自他坐著船來到江心的時候。他這輩子最大的夢想就是當一個威風凜凜的大統帥，帶著千軍萬馬，縱橫捭闔，殺敵如麻，統一全國。可現在，他這個將軍卻只帶著這些人去北伐，幾艘船同時出發，一點不成規模，連攻打一個小城的力量都不夠。可祖逖一點也不灰心，還是一臉壯懷激烈，用手敲擊著槳楫，在呼嘯的江風中大聲說：「祖逖不能清中原而復濟者，有如大江！」這話的意思就是，我祖逖要是不能平定中原，肅清叛亂，而跑回來，就死在長江裡，當魚蝦的高蛋白飼料！

他到江北之後，就號召大家自力更生、艱苦奮鬥，興建了兵工廠，自行打造武器，並徵到兩千新軍，讓隊伍擴大了一些，又繼續向前挺進。

還記得陶侃吧？

這傢伙靠鎮壓流民武裝起家，成為武昌太守，所做的工作，仍然是鎮壓流民武裝。這時，他又打了個漂亮仗。

此時，在荊州境內有很多股流民武裝。這些武裝到處打劫，越搶越有勁。那個胡奮重溫了陳勝「王候將相寧有種乎」那句名言之後，覺得老當個流民老大，實在太沒意思了，打了這麼多年，總得推自己的品牌來。因

第一章　野心家被野心家搞定

此，他就自稱「楚公」，意思是荊州老大就是我啊，然後大量任命官員。不過，在這個時候，打出旗號，走上正軌，事業倒是可以做強做大的。可這傢伙光有推出品牌的想法，卻沒有把事業做大的能力，而且性格暴戾，動不動就拿手下人開刀，過一過殺人的癮。而且殺的都是得力幹將。那個被他任命為競陵郡太守的杜曾看到他天天舉著大刀殺自己的同事，怕哪天那把刀會砍到自己的頭上來，就跟王沖聯合起來，一起向胡奮發難。

胡奮一看，你們居然敢跟老子叫板？你們難道不知道老子剛剛當上楚公，現在狀態好得要命，肌肉和精神全部在亢奮當中啊！於是他把全部精銳派出來，決心一仗把王沖和杜曾打到喪失戰鬥力為止，哪知，王沖和杜曾狡猾得很，看到胡奮把部隊都調了出來，城內已變成武力真空，就繞開主力，衝到城裡。胡奮做夢也料不到這一招，連個抵抗的動作都來不及做一下，就被杜曾殺死。

杜曾殺了胡奮之後，全部把他的部下改編成自己的部隊。

在這些流民武裝跟自己同行大打出手時，正是一舉剿滅他們的大好時機。

陶侃顯然看準了這個機會。

這時，那個接替王澄之職的周顗正被杜弢部隊圍困在潯水城，天天大叫救命。陶侃派朱伺帶兵去援救。杜弢退到冷水口。陶侃認為，杜弢不會就這麼退出去，一定會去奇襲武昌，馬上帶著部隊從小道狂奔回去，埋伏等候。

杜弢果然帶著部隊殺了上來，被陶侃痛扁一頓，逃回長沙。

王敦馬上向司馬睿上書，說：「如果沒有陶侃，荊州就沒有了。」推薦陶侃當了荊州刺史。

本來，如果以此為契機，陶侃完全可以放開手腳，對荊州境內的流民

第三節 憤青祖逖

武裝大打一場，把他們逐個搞定是可以做到的。哪知，在他春風得意的時候，他的參軍王貢卻壞了他的事，差點要了他的命。

他在打敗杜苾之後，派參軍王貢去向王敦進行工作彙報，以便爭取到上級的信任。

話說王貢到王敦那裡彙報之後，回程半路上，突然頭腦發熱，覺得自己老是做這個參軍，天天當參謀，點子一個接著一個地貢獻出去，最後全是人家的功勞，為什麼不自己實施一下自己的點子？這麼一想，他就跑到竟陵，捏造了陶侃的命令，任命那個剛打了個大勝仗的杜曾為前鋒大都督，讓他率部去把王沖搞定。

杜曾造反了這麼久，天天也怕政府軍來圍剿，打死他也想不到突然就變成了政府軍的前鋒都督，身分馬上合法起來，當然很興奮。接到任務後，什麼條件也不講，帶著部隊猛打上去。王沖那個菜鳥，嚇一下比他更菜的王澄之流，那是很有能力的，可一碰上杜曾這種戰場上的專業人員，就玩不下去了，只一仗就被立功心切的杜曾砍下腦袋，所有部下也全都轉換成杜曾的員工。

本來，如果杜曾就這麼老老實實地做政府官員，當個合法的貪官，前途還是有的。因為現在江東政權還不很穩固，司馬睿集團也還需要其他武裝來投靠。可這傢伙打勝了一仗之後，野心就膨脹起來，覺得老子也是個大軍事家的料，也是個做大事業的人，為什麼要去做人家的手下，天天聽人家的指揮？級別再大的員工，也是員工；職位再高的部下，仍然是部下，哪比得上自己做老大、當老闆來得舒服？在他搞定王沖之後，陶侃召見他，他居然不理會陶侃。

王貢看到這個情況，就知道壞事了，怕回去陶侃會跟他算假傳命令的帳。這個假傳命令的罪名一成立，這顆腦袋就不用活過明天了。這傢伙一

第一章　野心家被野心家搞定

怕，馬上就打定主意，力爭把主動權拿在手裡，跟杜曾一起行動，乾脆去把陶侃也搞定，看誰還能打他的主意、動他的腦袋？

杜曾覺得王貢這個計畫的可行性太強了，馬上就決定按計行事。

陶侃這時還很天真地等著杜曾過來向他彙報。哪知人家卻帶著千軍萬馬衝殺了進來，「活捉陶侃」的口號響徹雲霄。陶侃組織力量拚命抵抗，但一個無準備的仗哪能打下去？最後，陶侃被打了個大敗，全軍覆沒，只剩下他一條好漢逃了出來，到他的上級王敦那裡，把情況的前因後果老老實實地作了彙報，同時進行了一次深刻的檢討。

王敦這時表現得很大度，不但沒有追究他的一點責任，還讓他繼續當官，要他再好好地做。陶侃知道，再不迅速建功立業，他這官就沒法當下去了。現在建功立業的機會，就是痛扁這些地方的民變武裝、肅清這些動亂。他這次行動的目標是杜弢。

杜弢當然不是陶侃的對手。兩人一擺開架勢，陶侃就狠狠地把杜弢打得灰頭土臉，大敗而歸。王敦馬上就向司馬睿報告，恢復了陶侃的荊州刺史之職。因為，王敦知道，要讓荊州長治久安，只有陶侃才能做到。這時，王敦還是能夠任人唯賢的。

這時的司馬睿集團裡，王敦、陶侃和祖逖其實都是當時很能打的人，如果司馬睿像他的老前輩司馬昭他們那樣，把目光放得更大更遠，利用這幾個強人，要統一全國不是沒有可能的。可惜，這哥兒們到江東後，表現得很平庸，只跟那一大幫流亡的名士玩在一起，做著偏安一隅的打算，根本沒有北上中原的想法，使得司馬氏在北方的影響力越來越弱，最後把這種軍閥式的政府做到滅亡的那一天

第四節　王浚之死（上）

這時王浚也走到他事業的盡頭了。

可到了這個時候，王浚根本沒有意識到這一點。他的思想這時已完全離開現實，一頭紮進那個誰也說不清的讖語中。

這個讖語很簡單，只有三個字「當塗高」。

看過三國演義的人都會知道這三個字。本來，這三個字前面還有三個字：代漢者。袁術勇於把自己晉升為皇帝，一個是因為從孫堅那裡弄到那顆皇帝大印，另一個就是因為這個讖語。其實這個讖語的歷史是很悠久的。早在後王莽時代就已經到處流行，比現在的流行歌曲還流行。那時，盤據在四川的公孫術就威風凜凜地認為「代漢者，當塗高」指的是他，他公孫術就是代漢的當塗高。為此，劉秀還跟他進行了一場公開辯論賽。劉秀也跟很多皇帝一樣，是個徹頭徹尾唯心主義者，對這六個字不敢有絲毫懷疑，但他卻認為，公孫述跟這六個字一點瓜葛也沒有。他說，「當塗高」指的是一個人的姓名，這個老天指定為「代漢者」的傢伙姓「當塗」，名「高」。你叫公孫術，跟「當塗高」三個字的距離是說有多遠就有多遠。不信，我們走著瞧。結果，這個讖語沒有應驗在公孫述的身上，他被劉秀扁得路也找不到，所有地皮全劃歸劉秀的名下。

後來，袁術炒了這個冷飯。他認為他與這個讖語暗合的根據是，「當塗」的「塗」，是「途」的通假字，「途」字就是道路的意思，而他的字就是「公路」。後來，他為這個通假字付出了生命的代價。

據說真正應這個讖語的人是曹操。根據有二：一是曹操的封號是魏，「魏也；象魏者，兩觀闕是也；當道而高大者。」這話的意思就是魏指的是宮闕兩邊的觀臺，正好在大道中間，又高又大。所以成了大漢的終結者；

第一章　野心家被野心家搞定

　　另一個根據是,「當塗」是一個歷史悠久的地名,跟曹操的出生地譙同在一個地區,曹操是當塗地區的高人,應該代漢。大家一看,這兩個解釋都牽強得不能再牽強。但事實上,曹家確實是宣布漢家王朝謝幕的人。

　　按理說,這個讖語到了劉氏公司倒閉之後,就應該成為歷史名詞了。

　　可王浚又把這個東西翻出來,活學活用了一把。

　　他當然知道,他身上連一根毛也跟這個「當塗高」沒有關係,但他卻把他的老爸也就是那個曾經出賣過曹髦的王沈的名字翻出來,說他老爸的字叫「處道」。「處道」跟「當途」可是一對孿生兄弟啊!雖然他更知道,袁術弄了個假字,最後弄得丟了性命,可袁術那個「公路」只對應一個「塗」字,底氣差得很,哪像他老爸,兩個字都符合。當然,會有人說,劉漢王朝不早就被曹家丟到歷史的垃圾堆了,你還代什麼漢?這個你就不懂了。現在不就有一個劉聰在當漢朝的皇帝嗎?你看看,劉聰那個傢伙,是當皇帝的料嗎?他當這個漢皇帝,完全是老天派他來給自己當墊腳石的,好讓自己去應這個讖語。呵呵,現在劉聰的歷史使命就要結束了,他就要開創出一個光輝燦爛的王浚時代——老天爺做事,還是有步驟、有邏輯的,不是憑心情亂來的。

　　他的幾個手下劉亮、王博、高柔覺得他這個想法很危險,就勸他不要迷信這個讖語,要認真吸取歷史的教訓。

　　王浚這時正活在他當皇帝的美好夢想裡,突然被這幾盆冷水狠命地潑下來,心頭大怒,你們以為老子當皇帝是為自己?老子這是為了響應老天爺的號召而當的。你們居然反對?殺!老子殺你們也是代表老天爺殺的。

　　大家知道,一般在這個時候勇於出言勸諫的人,都是忠心耿耿的人,是厚道得不能再厚道的人。可很多事實都證明,跟腦子發熱的人做事,厚道的人都不得好死。這幾個忠心耿耿的人就這樣被王浚一起殺掉。

第四節　王浚之死（上）

　　王浚以為殺了這幾個反對派，搬走了通向皇帝寶座的障礙物，就可以大步流星地走向天子的殿堂了。但程序一定是要講究的，步驟一定是要遵循的，否則這皇帝就當得不正規、當得讓人家笑話，於是又把霍原找來，向他請教皇帝的就職典禮。可霍原一看王浚的這張臉，一點也不像皇帝，越看越像個黑社會老大，所以內心充滿了鄙視，連話都懶得跟他講，瞪著眼緊閉嘴巴。

　　王浚又虛心請教了幾回，霍原的態度卻一點都沒改變。王浚大怒起來，原來你這個老傢伙是鐵心要做老子的反對黨了。這傢伙對皇帝登基的程序很無知，但捏造罪名做冤案的本事卻很大。他當場就說霍原跟盜匪是一家人。這種人應該殺！就把霍原的頭砍下來，放在街邊展示。誰再跟老子作對，就是這個下場。

　　大家一看，都不敢做聲，個個怕得要命。

　　可王浚卻一點不怕，繼續做著當皇帝的美夢，而且生活也開始皇帝化，向那些會享受的皇帝學習，自己不處理事務，把所有的事情全盤交給別人去做。

　　看過歷史書的人都知道，一般到了這個時候，就是小人得勢的最佳時期。因為你一看王浚這種作為，就知道，他這種人是不會把權力下放給那些講原則的人的。這時，幫他處理事務的人，一個是他的女婿棗嵩，另一個是朱碩。這兩人的腐敗大家都知道。當時有句順口溜「府中赫赫，朱丘伯；十囊、五囊，入棗郎」，講的就是這兩個傢伙。這個順口溜的意思就是，官府中那個朱碩權勢赫赫，至於十袋五袋都裝進阿棗的口袋裡了。

　　一個用心把玩權力，一個全力搜刮現金──權力和現金永遠是腐敗的兩大主題。

　　王浚當然不知道財政的錢都裝到那幾個高官的口袋裡，只是拚命的派

第一章　野心家被野心家搞定

工作，天天徵糧、徵稅，弄得老百姓覺得再這樣下去，就沒法活了，都全家動員到鮮卑部落的地盤上當難民。

王浚的從事韓威覺得再這樣下去，局勢可就不堪設想了。這傢伙也是個很有責任心的人，雖然也知道王浚聽不得逆耳的話，先前也有幾個人因為勸他而丟了腦袋，但他認為，肯定是那幾個人不懂策略，說話沒有技巧，直截了當地說王浚不對，他不殺你們才怪。他就改變了個方式，不直接說王浚做的事不對，而是對王浚說，我聽說慕容廆當老大當得不錯啊！他不但尊重人才，還熱愛他的人民，個個都說他好啊……

王浚一聽，心裡馬上有氣，你在老子面前這樣大力讚美別的老大，就說明你認為我這個老大做得不稱職了？天天領老子的薪資，卻為別人歌功頌德，義務當人家的宣傳部長，這樣的人更不能留下活口。手一揮，這個很講勸進策略的韓威同樣丟了腦袋。

王浚現在一門心思想當皇帝，對內實行高壓政策，誰敢說一點不同意的話，就一刀砍過去。可他卻對自己現在的危機一點都看不透。他本來靠的是鮮卑和烏桓兩個少數民族的武裝起家，可是後來，這兩個實力強大的力量相繼脫離了他的領導，再加上北方這幾年天災不斷，他手下兵員的數量越來越少。在這個靠槍桿子說話的時代，兵員數量越來越少，就意味著公司正向倒閉的方向靠攏。

身為這個集團的老大，連這一點也看不清，這個集團還能撐下去才是怪事。

王浚看不到這一點，不知道自己已經大步走到危機的邊緣，但石勒一眼就把他看穿。

石勒實施葛坡對策略之後，一直把王浚和劉琨當作最危險的敵人，時時刻刻都睜大眼睛，要找個機會把這兩個傢伙搞定。只要這兩個傢伙玩

第四節　王浚之死（上）

完，北方就只有他石勒一枝獨大，想做什麼就做什麼了。這時看到王浚這麼暈頭，就想派兵過去，搞定王浚，但又有點摸不清王浚的底細，就決定派個精明的人當使者，打探一下王浚的實力。很多人認為，這次外交活動，要不卑不亢，可以照以前羊祜和陸抗的模式進行，不丟個人的面子，也不丟全體的面子。

石勒一聽，還是按以往的方式，在決策之前，向張賓請教一下，這麼做好不好。

張賓說：「王浚這些年來，雖然把晉國的旗號打得嘩嘩著響，好像是司馬氏最得力的幹將，其實心裡早就想獨立。現在他最擔心的就是四海之內的英雄豪傑不擁護他。他現在最想拉攏的人就是您。他想得到石老大就像項羽當年想得到韓信那麼心切。現在老大的名聲和本事，誰都知道。王浚雖然暈了頭，但他對老大的防範之心還是有的。所以，老大就是用很謙虛的口氣跟他往來，只怕他仍然不相信老大，更何況用羊陸的模式，他能相信嗎？想搞陰謀詭計，卻讓對方看出自己的意圖，這個陰謀詭計能成功嗎？」

石勒一聽，一拍大腿說：「對！得在王浚面前把低調戲唱足。」

建興元年十二月，石勒派舍人王子春、董肇帶著大量貴重禮物以及石勒的公章向薊城開路，去晉見王浚，向王浚送上石勒的信：「勒本小胡，遭世飢亂，流離屯厄。竄命冀州，竊相保聚以救性命。今晉祚淪夷，中原無主；殿下州鄉貴望，四海所宗，為帝王者，非公復誰！勒所以捐軀起兵，誅討暴亂者，正為殿下驅除爾。伏願陛〔殿〕下應天順人，早登皇祚。勒奉戴殿下如天地父母，殿下察勒微心，亦當視之如子也。」意思是，我本來只是一個小小的胡人，從小就到處逃難，過著牛馬不如的生活，後來流落到冀州，混到現在，只求保住這條性命。現在晉國的國運已經徹底衰敗，中原沒有了老大。您跟我是老鄉，聲望崇高得很，受全中

039

第一章　野心家被野心家搞定

原的英雄崇拜——誰不崇拜您，誰就不是英雄。所以，我堅定不移地認為，能當上皇帝，統治中原的人，一定是您。我願意做老大的手下，跟老大一起去誅殺暴君，做大事業，平定天下。請老大答應我的請求，順天應人，早日當上皇帝。我願為老大的事業拋頭顱、灑熱血。

王浚越看越得意，這信先稱王浚為「殿下」，然後逐步吹捧，最後叫他「陛下」，一下就讓他過上皇帝的癮。王浚第一次看到人家稱他陛下，那種快感就在心裡擴散，全身舒服得連毛孔都要唱起那動人的歌謠來，他滿臉傻笑地對王子春說：「石勒也是個強人啊，現在力量也不小，正有幹勁，他現在表示要歸順我，不會是假的吧？」

就是一個小孩也會覺得王浚的這個問話實在很傻很天真，這話問一下別的人，那是沒錯的，可問的是王子春，這個王子春可是石勒挑選過來專門對付他的啊！

王子春早就打好了草稿，這時當著王浚的面背出來：「石勒現在的能力和實力確實強悍，跟老大說的一樣。可是，老大現在名氣大，人氣旺，底氣足，連中原的人都怕老大，其他少數民族的人就更不用說了。而且翻翻我們那部悠久的歷史看看，有過少數民族的人當皇帝的先例嗎？根本沒有啊！倒是幾個很有能力的胡人當過皇帝的得力助手。所以，石勒並不是不想做皇帝才把這個位子推給老大的，而是因為他知道，誰當這個皇帝，是老天爺安排的。你就是再怎麼有能力，老天爺不讓當這個皇帝，你要是硬去當，最後就會死得很慘很難看。那個項羽算是大英雄了吧？他有能力吧？在當時，誰能打得過他？可到頭來，就是輸給劉邦這個無賴。你不服不行。石勒就是透過研究這些歷史的案例，深刻地知道，只有把自己的一生獻給老大，這輩子才能過上幸福的生活。這正是石勒的聰明之處，老大為什麼不相信呢？」

王浚一聽，果然是老天爺的安排，那些積壓了好久的快感突然快速膨

脹，每個毛孔都在咔咔作響，當場就封王子春和董肇為侯，派人帶著禮物送給石勒。

石勒的陰謀初見成效。

這時，那個游倫的哥哥游統又替石勒製造了個機會。

游統本來是王浚的司馬，也是范陽的第一把手。這傢伙也知道王浚的日子已經不長，跟一個日子不長的人混下去，你的日子也長不了，因此就決定向弟弟學習，決定向石勒投降。他派了個親信去跟石勒表明自己堅決棄暗投明的態度。按理來說，石勒肯定表示熱烈歡迎才對，可現在石勒需要的不是游統的投降，而是想要王浚的命，所有工作都圍繞這個大局為中心。他為了讓王浚更加相信自己，把游統的使者一刀砍了，然後把那顆頭送給王浚鑑定。

王浚雖然對忠於他的死黨不惜大開殺戒，誰敢說他不對，他就毫不客氣地一刀砍過去。哪知，對游統這個真正的叛徒內奸卻什麼也不說。人一暈頭，腦子就全部喪失了大是大非的分辨能力。不過，他因此對石勒更加相信了。

王浚就這樣把石勒當成自己的死黨。

一個人把渾身狼氣的敵人當成自己的死黨，那麼這個人離死期也不遠了。

第五節　王浚之死（下）

王浚覺得自己是「代漢者」，不斷地加快「代漢」的步伐。而漢國的第一把手劉聰也在不斷地荒唐下去。

第一章　野心家被野心家搞定

不但劉聰荒唐，連老天爺也在劉家控制的地盤上做了兩件荒唐的事。

這兩件事是在建興二年，也就是在漢嘉平四年的正月出現的。

史書是這樣記載的：春，正月，辛未，有如日隕於地；又有三日相承，出西方而東行。這段話用現代人的話來描述就是這樣：正月初一，在普天同慶過新年的時候，天上有個像太陽一樣的物體，從天上跌落到地面上（落地的具體位置沒有明確說明），然後又有三個太陽出現在天空中，而且三個太陽像做過軍訓一樣，一線排開，一個跟在一個屁股後，從西方升起來，向東方前進。按照那些星相專家的預測，就是：三日並出，不過三旬，諸侯爭為帝。

也就是說，中國的混亂將向更大規模進行。

這個天象出現之後，死守在長安的晉國皇帝司馬業宣布大赦——當然，現在他再怎麼大赦，也赦不出長安城。

在司馬業大赦時，老天爺再一次發飆。

這一次發飆似乎是針對劉聰的。其過程是：有流星出牽牛，入紫微，光燭地，墜於平陽北，化為肉，長三十步，廣二十七步。這段話的意思是：有一顆流星從牽牛星座裡狂奔而出，跑到紫微星座裡搗亂，弄得空中光線瓦數大增，照得地面的人都睜不開眼，最後落到漢國的首都平陽那裡。這顆星不但會發光，而且還會變化，落下來之後，就變成一大塊肉，據目擊者說，這塊從天上掉下的肉長三十步，寬二十七步（當然沒有說明這個步伐有多長）。這塊肉，後來結局如何，歷史沒有交待，但劉聰聽說後，覺得很不高興，就問幾個高官，這是什麼意思？

大家你看我我看你，不敢開口，只有陳元達說：「我認為，這主要是因為皇宮裡的美女太多，老天爺在警告老大，再這樣下去，就要亡國。」

劉聰一聽，一塊肉掉下來，你也這麼嚴肅？天上掉肉，又不是老子掉

肉，跟老子把妹有什麼關係？你這話完全是胡扯，要胡扯也要講點藝術，不要胡扯到這個地步啊，當場就說：「這是天與地之間的事，跟我們一點關係也扯不上。」

過不了幾天，劉聰的賢內助大劉美女掛掉了。這哥兒們似乎天生剋老婆的命，幾個老婆硬是一個也不長壽，好不容易有這麼一個又漂亮又有能力人品又好的皇后，可沒幾天就死翹翹了。這個劉美女一死，劉聰就再也找不到一個好皇后了，後宮的那些妃嬪，也開始爭風吃醋，弄得後宮一片混亂。

劉聰不但有冊封皇后的愛好，也有擴大高級公務員編制的愛好。

在劉皇后死了沒幾天，他就進行了一次機構大調整——人家調整機構，一般是秉持「精兵簡政」這個原則，而他卻大量增加編制，而且都是高級別的編制，一口氣就設立「丞相」等七個上公官位，還跟著設立了十六個大將軍的位子，讓他的那些皇子在這些位子上傻笑。而且這些大將軍都配備有兩千個士兵。其他位子也跟著設立了一大堆，全是享受特殊待遇的職位。

當然真正有權的只有一個人，這個人就是劉粲。劉粲是劉聰內定的接班人，雖然現在劉乂還是皇太弟，是合法的下一代繼承人。可這個法，全掌握在劉聰的手裡，他說誰合法誰就合法——這種事例太多了，不必再詳述。他現在不急於宣布這個人事任免，但他卻不斷地把權力交給這個兒子，不但讓他當丞相，還「大將軍、錄尚書事，進封晉王」，把軍政大權全打包交過去，自己無牽無掛將全部身心投入把妹事業。

一個國家第一把手做到這個地步，這個國家還會強大，那絕對是不可思議的。

劉聰就這樣，跟那個一心一意要「代漢」的王浚同步墮落。

當然，現在劉聰的綜合實力要比王浚強得多。劉聰至少還有劉曜、劉

第一章　野心家被野心家搞定

綮、趙染等一幫好漢為他撐腰，而且那個石勒也還打著他的旗號，時不時還對敵國發動一下侵略戰爭，顯示出一股霸權主義色彩。

而王浚卻只顧自己作夢，手下有能力的不是跑了，就是被他殺了。他一點也不知道，現在石勒正在磨刀霍霍，時刻準備要他的命，搶他的地盤。

王子春從王浚那裡滿載而歸，石勒馬上向他詢問王浚那邊的情況。

王子春這次的偵察還是做得不錯的，把他所知道的情況一一向石勒作了彙報：「幽州去年發生幾年不遇的洪澇災害，整個地區顆粒無收。可王浚卻囤積一百萬斛的糧食，看到老百姓餓得要死，他卻完全不發放救災物資，只是天天發出抗洪救災的號召，要求大家堅持下去。沒吃沒穿，是人就不能堅持啊！再加上王浚又不斷實行暴政，弄得手下人才不斷流失。大家都知道王浚的滅亡已經不遠，可他自己卻一點也不知道，還在那裡得意著，一心只想當皇帝，不顧人民的死活，就是在災年也大興土木，修建宮室，覺得劉邦和曹操也比不上他呢！」

石勒一聽，大笑起來：「王浚這廝看來可以活捉過來了。」

這時，王浚也派了幾個使者代表他去慰問石勒。石勒知道後，把他所有精銳的部隊和最尖端的武器都藏起來，只留下一批老弱殘兵以及空空的倉庫，請他們參觀、指導。而且石勒還讓他們坐在北面，向他們叩拜，然後才雙手接過王浚的信。王浚還送給石勒一個「塵尾」（這東西在當時是個奢侈品，形狀像個團扇，真正用途是拿來驅趕蚊蠅或者搧點涼風。如果沒有蚊蠅，也不需要涼風時，你就拿在手上，用來增加一點風度，表示自己的身分——誰的塵尾價格最貴，最名牌，誰的身價就最高，其功用就像現在富豪們的名錶），石勒接過這個東西時，臉上恭敬之情如江水滔滔，久而不絕，最後把它掛在牆上，早晚向它叩拜，還說：「我不能見到老大，現在能夠看到他給的東東，就像見到敬愛的領袖一樣。」

第五節　王浚之死（下）

　　他接著又派董肇帶著他的信去給王浚，說，到三月春光明媚的時候，石勒將親自去面見，請求王浚當上皇帝。

　　石勒這些天，像個表演藝術家，在這些使者面前把姿態放到最低。而且這些使者也是菜鳥，只知道在石勒那裡吃喝賭嫖，別的工作一點不做（當然，他們就是想做也做不了），完成任務後就一臉滿足地回去。

　　王浚問他們石勒那邊的情況，這些人都說：「石勒現在什麼兵也沒有，力量單薄得可憐。所以他對我們態度誠懇得很，老大放心吧。」

　　王浚一聽，就徹底放鬆了對石勒的戒心。

　　王浚一放心，石勒也放心了。

　　石勒終於拍板，要對王浚實施毀滅性的攻擊。

　　石勒向全軍發出了動員令之後，腦子突然有點運轉不靈、猶豫不決起來。張賓一看，這個石老大，怎麼會是這個樣子。這可不是老大的一貫作風啊，於是馬上提醒他：「對敵人發動突然襲擊，就應該使對方措手不及。現在大軍都集結一天了，卻還原地踏步。老大是不是怕劉琨、鮮卑、烏桓這幾股敵對勢力在我們的屁股猛踢一腳？」

　　石勒說：「是啊。要想一仗把王浚扁死，得投入全部兵力。要是這些人乘虛而入，我們可吃不消了。」

　　張賓說：「這三股力量確實很可怕。可是現在他們當中沒有一個能像老大這麼有能力，有勇氣，有膽量，不會猜到老大會帶一支孤軍千里奔襲幽州。如果他們能想到這一點，估計王浚也不用等到我們去收拾了。而且，我們輕騎奔襲，一來一往，時間不會超過二十天，即使他們突然想到有機可乘，要收拾我們。可這也要一個過程，等他們準備就緒，要攻擊的時候，我們的主力部隊已經殺回來了。況且，劉琨和王浚雖然都打著晉國的旗號，算起來是同事，可大家都知道，這兩個傢伙名為同事，其實跟仇

045

第一章　野心家被野心家搞定

人沒什麼差別，老早就恨不得對方死去，而且死得越難看越好。我們可以對劉琨又玩一下低調的把戲，寫一封信給他，還把個人質送到那裡，表達我們跟他和平共處的意願。劉琨肯定也會跟王浚一樣，高興得不成樣子，一定會滿臉笑容地看著我們把王浚扁得遍地找牙，更不會為了救王浚而襲擊我們。老大，這可是千年一遇的大好機會，不要浪費啊！」

石勒一聽，馬上就開竅起來，哈哈，有個好謀士比有個漂亮老婆強多了。對張賓說：「老子的腦袋想不到的事，你全幫我想到了。有你張賓的這個分析，我還怕什麼。」

他命令部隊連夜出發，在抵達柏人時，從王浚那邊跳槽過來的游倫就在這個地方鎮守。石勒為了保密，派人把游倫抓起來。游倫正抱著情婦睡大覺，突然被人抓住，還以為是敵人攻了進來，忙大叫：「趕快報告老大，敵人進村了。」

可睜開眼一看，這哪是敵人，都是自己人啊，忙叫誤會了啊，誤會。

可石勒卻一點不覺得是誤會，揮手叫人把他砍了。游倫做夢也想不到，自己在這裡盡心盡責，沒做過什麼違法亂紀行為──當然公款吃喝賭嫖的事天天在做，可也罪不至死啊──現在居然被石勒連夜抓起來執行死刑。

其實，石勒殺游倫，完全是因為游倫有個哥哥游統還是王浚的手下，怕他走漏消息，這才殺死他的。游倫的死，實在太冤枉了。

可石勒管你冤不冤，先滅了口再說，然後又連夜向北輕裝前進。他在玩陰狠手段的同時，也沒忘記再表演一下弱勢的表象。他派人送了一封信和一個人質給他另一個最危險的敵人劉琨。他在信中深刻檢討了自己對晉朝犯下的滔天罪行，每天回想起來，覺得自己實在太對不起國家人民，時時刻刻想著立功贖罪，可是一直沒有機會。現在王浚是人民的公敵，因

第五節　王浚之死（下）

此，只有讓他去把王浚搞定，為民除害，才對得起自己的良心，希望劉琨批准自己去跟王浚對戰，即使打不過王浚，戰死在沙場也光榮。

劉琨的腦袋雖然不錯，而且也應該知道石勒那樣的人，甘於寫這樣的信給自己，而且來得這麼突然，這麼無緣無故，決不是石勒做事的風格，肯定是另有所圖，內心應該警惕一下才對。可這傢伙一看到石勒要去搞定王浚，心裡就充滿了無限的高興──王浚的死期到了。

劉琨此前，對王浚和石勒都防備得很嚴密，這時看到兩人就要火迸，心頭的一塊石頭也放下來。劉琨雖然智商不低，可在處理這件事時，又犯了一個嚴重錯誤。劉琨到現在對形勢的分析遠沒有石勒分析得那麼透澈，仍然不知道，現在他以及晉國最大最危險的敵人是誰，而一直把劉聰當作頭號敵人，居然看不出石勒這樣的人才是最危險的對手。如果他對石勒有個清醒的了解，把石勒當成頭號敵人，這時正是出手把石勒搞定的大好機會，他完全可以故意洩漏石勒奔襲幽州的消息，讓王石兩人大打一場，然後坐收漁利，也可以發兵突襲石勒的老窩，即使不能把石勒一把搞定，但讓他大傷元氣，從此沒有作為是可以做到的。哪知，劉琨卻因此覺得石勒和王浚對他沒有威脅了，就可以集中力量去對付劉聰了。

劉琨懷著激動的心情向各地方政府宣稱：「己與猗盧方議討勒，勒走伏無地，求拔幽都以贖罪。今便當遣六修南襲平陽除僭偽之逆類，降知死之逋羯，順天副民，翼奉皇家，斯乃曩年積誠靈佑之所致也！」這話的意思就是，本來我正與猗盧商量去搞定石勒，石勒已無路可逃，就請求我讓他去奪取幽州來贖罪。現在。石勒已經北上了。所以，我已叫猗盧南下去攻平陽，決心一舉打倒劉聰，招撫那些少數民族。這是應天意、順民心的事。能做到今天這個地步，是我們大家多少年來的累積啊，一定會受到老天爺的保佑。

在劉琨覺得全身舒暢、放心在西部大展拳腳的時候，石勒的部隊經

第一章　野心家被野心家搞定

過急行軍，已到達那個著名的地方──易水。這時正好是建興二年的三月。

守在這裡的是王浚的督護孫緯。孫緯早上起來，突然發現有這麼多騎兵出現在自己的轄區上，個個軍容整齊，臉上殺氣騰騰，鬥志昂揚，一看就是一群能打的軍隊，大吃一驚，馬上用雞毛信向王浚報告，並命令所部做好戰鬥的準備。

如果這時王浚突然清醒一下，馬上組織力量向石勒的軍隊發動攻擊，說不定還會取得襲擊的效果，最不濟也能跟他大打一場，只在時間上拖他一把，估計石勒也會因後勤不濟，甚至害怕後方空虛而迅速往回撤。王浚的命運就會得到轉機。

可惜王浚這時只相信石勒的話，卻不相信孫緯的話。

而且那個游統現在還不知道他的弟弟早就被石勒砍了腦袋，還在不屈不撓地做著棄暗投明的大夢，堅決不批准孫緯準備打仗的要求。

王浚手下很多人都看得出石勒這次突然到來，肯定是要採取軍事行動的，集體向王浚建議：「胡人身上全是狼的細胞，貪婪殘忍得要命，這次前來，肯定是個大陰謀，現在發兵攻擊他們才是王道。」

王浚一聽這些建議，就覺得反胃，大罵這些手下：「石勒拚命趕來，就是要擁戴老子當皇帝。誰再有意見，誰就是挑撥離間，誰就掉腦袋。」

大家一看，王浚一臉要殺人的樣子，就不再多嘴了。

王浚這時把石勒當成他最鐵桿的粉絲。

為了迎接這個帶來千軍萬馬的鐵桿粉絲，好讓他永遠鐵桿下去，王浚就叫大家做好準備，擺出幽州史上最隆重最強大的宴席來為石勒接風。

三月三日的凌晨，石勒抵達薊縣，底氣十足地大叫開啟城門。

城門開啟得很乾脆。

第五節　王浚之死（下）

　　石勒還怕裡面有伏兵，就先把一千多頭牛羊趕進城裡，說是給王浚的貢品。其實，這也是石勒這次行動的一個重要環節，就是要讓這些無紀律的牛羊去堵塞大街小巷，使王浚的部隊不能快速集結。

　　王浚知道後，覺得有點不大對勁，在那裡坐了又站，站了又坐，努力動腦筋，要想出一個對付石勒的好辦法來。誰知道腦筋動了很久，不但一個好辦法都沒想出來，就是個臭辦法也想不出。

　　石勒進入城中之後，馬上露出本色，下令士兵們，可以開始打劫了。

　　王浚的手下都說，老大，你現在應該看出石勒的真面目了吧？下命令吧，老大！

　　可王浚就是不允許，至於為什麼不允許，連王浚自己也不知道為什麼。

　　這時，石勒已經大步來到王浚的辦公處。

　　王浚知道後，急忙來到大廳。

　　兩人一相見，連個招呼也沒有打，石勒就叫士兵們抓住這個老傢伙。

　　石勒抓住王浚之後，又讓人把王浚的老婆叫來，讓她跟自己坐在一起，然後叫人把王浚帶來，就在王浚面前跟王浚的太太大秀恩愛。

　　王浚氣得要吐血，可一點辦法也沒有，而且手腳又被捆得結結實實，想動一下都不行，只有嘴巴可以發揮一下功能，就破口大罵：「玩你的老子也玩得這麼凶殘。」

　　石勒說：「全世界的都可以罵人家凶殘這兩個字，唯獨你沒有資格。你當晉國的大官，有錢有槍有地盤，實力大得怕人，可硬是睜著大眼看著你們的國家被人家扁得滿地找牙，直到國家瓦解也不出手解救一下，反而自己想當皇帝。而且你越來越變態，只要心情一不好，就拿手下開刀，而且害的全是忠心耿耿的人，如果這還不算凶狠，老子就不知道這兩個字的意思是什麼了。」

第一章　野心家被野心家搞定

他說過這話之後，叫王洛生帶兵把王浚押到襄國審判。

王浚本來已經準備好幽州最豪華的宴會，要隆重地接待石勒。哪知，宴會還沒有擺好，自己卻從幽州老大淪為石勒的頭號俘虜。那個史上最豪華的宴會已經沒有他的份了，只有石勒以及他的死黨們在那裡大吃大喝，個個滿臉紅光，齊誇好酒好菜，沒有一個領他的情。而他自己卻走在被押解往襄國的途中，冷風吹在臉上，疼得要命。

王浚在冷風中一邊走，一邊對自己的一生作了一次深刻的總結，想想當初，在八王之亂他起家時，誰不怕他幾分？整個幽州都是他說了算啊，中央在他眼裡只是一個平常的單位，除了送來提拔的任命書之外，別的命令他一概放到一邊。哪知到頭來，卻被這個文盲玩了一把，自己雖然力量沒有提升，但也還有一大批軍隊在啊，卻硬是讓這個大文盲加大流氓衝到老窩把他一把抓住，連個流血事件都沒有發生。實在失敗得太窩囊了。

他又看了看身邊的士兵，以前他身邊的人比現在這些士兵還要多，也都個個軍容整齊，一臉強悍，但那都是他的衛隊，都在誓死保衛他的生命安全，吃飯時，這些人為他備餐，要睡覺時，這些人為他做好就寢的準備。可現在這些人都在看管著他，將他押送到襄國。現在他徹底相信，到了襄國之後，石勒這個傢伙會想出更不堪的辦法來消遣他，使他受盡屈辱、飽受折磨之後才讓他難看地死去。

王浚這麼一想，老子已經窩囊過一次（其實他不止窩囊過一次），為什麼還要繼續窩囊下去？他趁著那幾個士兵不留神，突然兩腿一蹬，跳到路邊的水裡，想逃離石勒的侮辱，告別這個不講道理的世界，去當永久潛水員。

可這個世界上的事就是這樣，不如意時，倒楣事就不斷地找上你，你想活的時候，偏要你去死，可你要求死的時候，硬是死不了。

在王浚跳到水裡時，那些士兵卻硬是從水裡把他救了出來，像拖一條死狗一樣，把他從水裡拖了上來，讓他落了個自殺未遂的下場。

沒幾天，王浚就被押到襄國的大街上，斬首示眾。

第六節　輕敵的教訓

石勒下令把王浚最精銳的部隊一萬多人全部殺掉──從這件事上看，石勒仍然不能算是一個大氣的領導者，因此折騰一段時間之後，也沒能在中國歷史上走得更遠。一個動不動就縱兵劫掠、動不動就大開殺戒的領導人，注定不會取得最後的勝利。而張賓號稱當時人傑，石勒近來一直靠聽他的話生存發展，居然也沒有在這件事上阻止一下，從根本上把石氏事業扶入正軌，走上王道，也是一件憾事。

很多王浚的手下看到這個場面，心裡很害怕，趕緊到石勒那裡表態，從今之後，一定堅定不移地追隨石老大。一時之間，石勒大營門口排滿了過來表態的人群。

石勒拿過名冊一數，只有尚書裴憲和從事中郎荀綽沒有前來排隊。他馬上派人去把二人抓來，對他們說：「王浚是個殘暴的老大，老子起兵把他搞定，大家都前來祝賀，請求我寬大處理。你們兩個傢伙卻頑固不化，還想不想活下去？」

兩人說：「我們世代都是晉國的官員，靠領晉國的薪資過日子。王浚雖然不是個好人，但他也是晉國的一方強人，所以我們才來投靠他。我們投靠他，就是投靠晉國。石老大現在很威風，可是如果光靠暴力來對付鎮壓我們，我們也不怕。如果我們被殺死，正是我們的本分。我們為什麼要

第一章　野心家被野心家搞定

活下去？請老大動手。」兩人說完後，站起身來，拍拍屁股，當場閃人。

石勒雖然愛殺人，但他有時也能表現得像很多明君那樣，對不怕死的俘虜很尊重。他這幾天看到前來表態的人太多了，覺得一點也不新鮮了，更不覺得激動了，這時突然發現兩個硬頸人物，不由眼睛一亮，他再次把兩人請了過來，向兩人道歉，讓他們吃了一頓豐富的晚餐，說的全是客氣的話。

石勒在安頓這些投降派之後，就清算那幾個王浚的死黨。一個是朱碩，另一個就是棗嵩。石勒說這兩個傢伙是造成幽州這些年災難的根源，應當就地正法。另外那個游統就比他的老弟更冤了。這傢伙老早就向石勒投誠，可石勒為了穩住王浚，硬是不理會他，可他的投降之心卻依然不死，投降的信念依然堅定，在石勒到達易水、孫緯準備向石勒發動攻擊時，又利用職權阻止了孫緯的行動，為石勒成功地搞定王浚立下了不可磨滅的功勞。這傢伙以為石勒這次一定會對他大大地重用一番，把他當成死黨看待。哪知，石勒一來，因為殺了他的兄弟，二來內心也鄙視這種人，把他叫來，給了一項不忠的罪名，殺掉。

石勒在把王浚地盤劃歸自己版圖的同時，還發了一次大財。王浚生前在位時，利用權力，多年如一日、不屈不撓地搜刮，累積了大量的錢財和糧草，自己還沒花了多少，現在全都歸到石勒的名下。石勒還掀起一場反腐敗運動，把王浚手下員工的動產和不動產全部沒收。王浚的這些手下也沒有幾個是好人，在腐敗方面，跟王浚有得比。只是這麼多年的努力，到頭來只是豐富了石勒的私房錢。只有那兩個不怕死的裴憲和荀綽家裡，除了一百多部毛邊書以及一些食鹽和少量的稻米外，沒搜到什麼錢財。

石勒又對兩人大力表彰一番：「老子現在心情很好。不過，我心情好不是因為得到幽州，而是因為得到兩位先生啊。」當然，他也知道，只這麼口頭表彰，力度再大，也沒什麼社會效益，因此，在口頭表彰之後，就

第六節 輕敵的教訓

任命裴憲為從事中郎、荀綽為參軍，讓兩人得到的好處實實在在。

石勒把幽州的事務處理之後，派任了幽州各地的官員，怕別人去端他的老窩，就急忙班師。哪知，在班師途中卻吃了個大虧。

這傢伙大概認為，王浚都被他搞定了，幽州境內還有誰敢跟他說不，因此只顧急著跑回去保住老窩，一點也沒有其他想法。哪知，那個孫緯卻很有想法。這傢伙知道石勒班師之後，就在半路設了個埋伏，等石勒的部隊高唱凱歌進入埋伏圈時，喊一聲打。石勒部隊想不到這個地方居然有埋伏，一時都慌了手腳。石勒的這支部隊應該是當時最能打的部隊。可最能打的部隊到了這時，也變成最不能打的軍隊了。

這一仗，孫緯打得很過癮，把石勒最精銳的部隊打得一個不剩，只有石勒一個人拚掉老命才逃出去，一路狂奔到襄國。如果劉琨這時效法孫緯，在半路大打一場，以劉琨的實力，估計石勒連毛也不剩一根。可惜，劉琨這段時期，頭腦發暈，沒能抓住一個足以改變歷史的機會。

石勒回到襄國後，在自己得了無窮好處之時，也沒有忘記賣乖，派人把王浚的人頭帶到平陽獻給劉聰，把滅王浚之役歸功於劉聰。

劉聰只得又對石勒提拔了一下，漢以勒為大都督、督陝東諸軍事、驃騎大將軍、東單于，增封十二郡。石勒對那幾個官職一個不少地接受了，但拒絕了十二郡之封，只認了兩個郡。這傢伙現實得很，十二郡又不全在他手中，現在大多都還在敵人勢力範圍內，他得到的全是虛數，不如實實在在地要兩個地方。

劉琨不久就發現石勒對他的投降是假的，發現自己受騙上當的心情是難受，可還不是最難過的。

更難受的事馬上又來到他的面前。

劉琨這時請拓跋猗盧去攻打劉聰，拓跋猗盧拍著胸脯答應得很乾脆。

053

第一章　野心家被野心家搞定

可這傢伙的部隊雖然能打硬仗，但成員太雜，除了鮮卑族之外，還有其他胡人一萬多家。這些胡人都跟石勒同族，這時，看到石勒的勢力強大起來，就決定脫離拓跋部落，去投靠石勒。拓跋猗盧知道後，只得把這一萬家全部用大刀處理，因此，沒能按時將部隊開拔過去與劉琨會師。

劉琨這時才發現原來上了石勒的大當，心裡也害怕起來，向長安的中央報告：「東北八州，勒滅其七；先朝所授，存者唯臣。勒據襄國，與臣隔山，朝發夕至，城塢駭懼，雖懷忠憤，力不從願耳！」這話的意思是現在東北的八個州有七個都落入石勒的手中，先帝任命的第一把手，現在只剩下我一個了。而且，現在石勒盤據的襄國，跟我只隔著一座太行山。他要是決定攻打我，只要一翻山就直接打到我的家門口啊！現在城裡的老百姓，個個都怕得要命，所以，對中央的命令，我心有餘而力不足，不能帶兵去跟中央勝利會師了。滅漢的大功，皇上自己去建立了吧！

這傢伙到現在才發現石勒是他們晉國的頭號敵人，但卻沒有向中央認錯──如果不是他的放縱，再給石勒十個膽，石勒也不敢長途奔襲去滅王浚。那時劉琨只盼著王浚被搞定，洩一把心中的怒火，讓自己從此成為晉國北方最強的人。最後上了石勒的大當，讓石勒的力量突然超級強悍起來。他以前跟王浚只不過是不服對方，遠沒有到要消滅對方的地步，而且，即使兩人反目成仇，雙方大刀長矛地打起來，王浚也要比石勒容易對付多了。石勒是他的敵人，而且早就把他當成最大的對手，自己孤零零地在這個地方，手下沒什麼力量，全靠拓跋家族為他支撐。可拓跋家族能是石勒的對手嗎？

劉琨到這個時候，徹底明白什麼叫一失足成千古恨了。

至此，司馬業中央發出的那道向劉漢全面進軍的命令全部流產。

王浚勢力一滅，北方各勢力重新洗牌，全國又是一場大亂。

第六節　輕敵的教訓

在司馬業會師長安的計畫徹底流產之後，劉漢集團的軍事強人劉曜和趙染決定變被動為主動，向長安發動軍事行動，決心把司馬業這個小屁孩皇帝抓到手上，過一把俘虜敵國元首的癮。

這年六月（即建興二年），劉曜部進駐渭汭，趙染進到新豐。

長安的晉太尉索綝率軍抵禦。

趙染一看，這個索綝也來帶兵？老子用左手就可以把他搞定。

趙染的長史魯徽看到趙染一臉的輕敵，知道再這麼下去，可就不妙了，趙染一不妙，他也不妙了。這傢伙本著對上級和對自己負責的態度，就一臉嚴肅地提醒趙染：「現在晉國高層都知道自己弱得像一隻病貓，根本無法也無力跟我們打仗。現在去收拾他們，他們肯定會拚命抵抗。在這個情況下，我們更應當戒驕戒躁，到勝利那天才笑也還來得及啊。」

趙染正得意著，突然被這傢伙這麼一說，心裡當然不高興，說：「以前司馬模那麼強悍，還不是被老子打得方向感都找不到。索綝算什麼東西？跟這種菜鳥中的菜鳥打仗，老子實在太沒面子了。」

為了表示他搞定索綝就跟吃豆腐那麼容易，在他說這話的第二天早上，他就帶著幾百個騎兵向索綝發起進攻，而且連早餐都不吃，說：「這仗不算什麼打仗，只能算是出去晨練一趟，等晨練完畢再回來吃早餐。」

哪知，現在的索綝不是趙染以前認識的那個索綝了。他看到趙染帶兵威風凜凜地殺了過來，一清點，才幾百個騎兵，雖然氣勢洶洶，但數量太少，一點也不可怕。他命令部隊反擊。

趙染想不到索綝居然有這個膽子，而且派出的部隊也不是想像中的豆腐兵，同樣殺聲震天，手中的刀也舉得高高的，而且數量巨大，一時心慌起來。可到了這個時候才知道自己錯了，還有什麼用？這一仗趙染被索綝打了個敗仗，大多數沒有吃過早餐的士兵都在戰場上變成死鬼。

第一章　野心家被野心家搞定

趙染吃了敗仗之後，並沒有認真吸取一下教訓，而是向袁紹學習——當年袁紹不聽田豐的勸告，在官渡大敗之後，回去首先做的是把曾向他提過正確建議的田豐殺掉——這時，趙染的心情也跟那時的袁紹一樣，一邊逃跑一邊說：「老子不聽魯徽的話，果然打了敗仗，現在實在沒臉面去見他了。」如果聽到這句話，就以為這傢伙回去會大大表彰一下魯徽，那你就大錯特錯了。他覺得自己沒臉再見到魯徽，就決定把魯徽殺掉，讓他以後永遠不再跟魯徽見面。

魯徽做夢也想不到，他提了一個正確的建議，居然還被判處死刑，而且立即執行。這才知道，即使是一個正確的建議，只要在一個錯誤的時間、錯誤的地點、向一個錯誤的人提出，你也會完蛋。

當然，索綝這一仗的勝利，只是讓他得到一次提拔——司馬鄴加授他為驃騎大將軍、尚書左僕射、錄尚書事、承制，卻沒有讓局勢變得樂觀起來。

劉曜和趙染再跟前來的殷凱會師，向長安發動更大規模的軍事行動。麴允帶部隊在馮翊迎戰，被打了個大敗。不過，麴允卻一點也不灰心，大敗之後，收拾殘兵，也不整頓一下，在夜裡向殷凱的大營發動攻擊。

剛喝了慶功酒的殷凱就是打死他也料不到，麴允會在完敗的情況下還組織力量發動夜襲戰，一點防備也沒有，被麴允的部隊一直衝到大帳中，直接砍了他的腦袋，拿回去領獎。

殷凱的腦袋一丟，劉曜覺得再打下去也沒什麼意思了，就只好停止對長安的軍事行動。不過，覺得這麼一退兵，實在有點說不過去，就把那個郭默當成出氣筒，帶著大軍來到懷縣，建立了三個大營，把郭默團團包圍。

過不了幾天，郭默的糧食吃光了，知道再硬撐下去，全軍將士以及所

第六節　輕敵的教訓

有軍屬都會變成餓死鬼。這傢伙眼珠一轉，就想了個辦法，派人舉著白旗來到劉聰的大營裡，表示打不過劉老大了，投降！而且還把老婆送過去，說是當人質。然後要求劉老大送點米過來救濟一下啊！

劉聰一看，這個人質的地位很高，看來是真的投降了。便叫人把糧食送過去。

郭默接收糧食後，馬上就變卦，關上城門，大叫：「劉聰你上當了。有本事攻城啊。」

劉聰大怒，叫人把郭默的老婆帶到黃河邊，丟到波浪滾滾的水裡淹死。可郭默一點都不在意，老婆死了，有情婦啊！

劉聰下令猛攻城池，不把郭默打死，決不收兵。

郭默終於支持不住，知道再不想辦法衝出去，就只有在城裡等死了。他派人去跟滎陽太守李矩聯繫，說準備逃到那裡跟他混口飯吃。

李矩派他的外甥郭誦過去接應。可郭誦帶的兵太少，看到漢兵重重疊疊地在那裡，覺得再前進一步就會被人家狂扁致死，就不敢前進。

正在這時，劉琨派參軍張肇帶五百個鮮卑騎兵去長安，因為交通堵塞不能再前進，不得不返回，正好路過李矩的宿營地。李矩勸張肇去攻打漢兵。

張肇就帶著他的五百騎兵去攻打劉聰的部隊。本來，劉聰部隊的人數要遠遠大於張肇的人馬，要是打起來，不過幾分鐘就可以把張肇的全軍消化完畢。

可劉聰這幾年來跟鮮卑人多次交手，吃了幾次敗仗，他的部隊也被鮮卑人打怕了，一看到是鮮卑人打過來了，也不數一數敵人到底來了多少兵馬，連一點抵抗的想法也沒有，都忙著集中精力找逃跑的路。

郭默就這樣撿回那條老命，帶著他的部隊全部投奔到李矩那裡。

劉聰看到劉聰已沒什麼作為，就下令讓他班師，不要再這麼折騰下去了。

第一章　野心家被野心家搞定

可趙染卻硬要折騰下去，帶著部隊去攻北地。麴允出面迎戰。

兩人打得還不分勝負，趙染卻倒了個大楣，在戰場上中了一支飛來的箭頭，而且是致命的，弄了個當場犧牲。從人品上看，趙染絕對不是個好人，但卻很能打仗，這時死去，確實是劉漢集團的一個損失。

現在劉聰手下能在前線衝鋒陷陣的人才已經不多。

可這哥兒們卻一點沒有危機感，只是加快為他那個大兒子劉粲接班打好基礎。好像他現在的任務並不是繼承他老爸劉淵的遺志，完成統一大業，而是把現有的權力平穩地交到劉粲的手中。

他在這年的十一月，任命劉粲為相國、大單于，統領文武百官，真正成為一人之下萬人之上的實權人物。當然，如果劉粲是個像曹操一樣的人物，這時接過大權，對於劉漢政權來說，肯定是個歷史性的轉捩點。可這哥兒們跟劉聰硬是一個樣，以前很有能力，個個以為他將來會是個英明的老大。哪知，當了權之後，卻像中了邪一樣，性格和人品完全改變，不但驕奢淫逸、專橫放縱，更要命的是把忠臣當壞蛋，把小人當人才來重用——把這種人當作接班人來培養，即使是在和平時期，這個政權也有垮臺的可能，何況在戰火紛飛的年代？

劉聰在這方面的安排，其實也不比司馬炎高明多少。司馬炎把大位交給一個腦殘人士，他卻把權力交給一個殘暴之君，後果沒有什麼本質上的差別。

第二章
長安失守

第二章　長安失守

第一節　此起彼伏

還記得周玘吧？這哥兒們是江南望族的代表人物，因為不滿北方那些名士當權，發動了一場未遂政變，後來被司馬睿玩了幾下，就憂憤而死。他在死前，交待他的兒子，如果不為老爸報仇，你們就不是老子的兒子。

他的兒子叫周勰。

周勰絕對是個孝子，對老爸的這話做夢也不敢忘記。他現在覺得機會來了，決定以武力解決北方來的那些當權派，為他的老爸報仇，為他們江東望族討個說法。

不過，這哥兒們雖然有報仇的大志，可實力和本事沒比他老爸進步多少。只是在他老爸的做法上簡單更新了一下。他叫吳興功曹徐馥帶著一張字條，說是他的叔叔從事郎中周札的指示，要求族人團結起來，拿起武器，打到建康去，把以王導和刁協為首的北方當權派徹底打倒。

這時，南方很多地方勢力聽說周家當了群體事件的帶頭人，也覺得這是南方人搞定北方當權派的大好時機，紛紛起來呼應，要跟周家一起行動。就連那個早就過氣了的孫權的後人孫弼也冒出頭來，在廣德宣布起兵。

對周勰來說，形勢似乎大好。

而且在第二年的正月（建興三年），徐馥已經把吳興太守袁琇殺死，集結了幾千人的武裝，完全控制了吳興郡，正決定擁立周札當老大。

哪知，周札在關鍵時候，立場不堅定。他知道周勰讓他當領銜人物後，馬上就猶豫起來，向義興太守孔侃自首，說他們做的事跟自己無關。

周勰也不是個做大事的料，本來這個開頭做得很不錯，可一聽說叔叔

第一節　此起彼伏

不願跟他同陣線，馬上就從一個雄糾糾的大丈夫變成一個洩了氣的皮球，第二步就不敢邁下去了。只可憐那個徐馥，正眼巴巴地盼著他們前來共圖大舉。可盼來盼去，卻盼不到親人子弟兵。大家都慌了手腳，知道他們已經孤立得不能再孤立了，就都怕死起來。這些人一怕死起來，徐馥的生命就有了危險。這些人知道，只有把徐馥的腦袋砍下來，他們的腦袋才安全，因此就立即行動，殺了徐馥。那個孫弼更是什麼市場也沒有，這邊徐馥的腦袋一落地，他也跟著沒命。

倒是周札的兒子周續還發揚著一不怕苦二不怕死的精神，繼續高舉打倒王導的旗幟，進行武力抗爭。

司馬睿召開了個軍事會議，部署討伐周續的軍事行動。

王導卻反對，說：「如果出動的部隊太少，又消滅不了他們；要是出動的部隊太多，建康就空虛。依我看，把周莛叫來，讓他一個人就可以把周續搞定。」

這個周莛是周續的堂弟，現任黃門侍郎。

周莛不但果敢有謀略，而且在政治上與司馬睿保持高度一致。他接受任務之後，果然拍著胸脯說保證完成任務，然後快速來到周續的駐地。

他正要進城，剛好碰到周續。周莛對周續說：「我們一起去見孔侃太守，討論一些事情。」

可周續卻不肯。周莛就硬是把他拉到太守府。兩人剛剛坐定，周莛的臉色就變了起來，大聲對孔侃說：「太守為什麼讓一個土匪頭子坐在這個地方？」

周續一聽，心想，把自家兄弟當作土匪，老子也不把你當兄弟了。周續的衣服裡懷有一把好刀，這時就拔出來，撲向周莛，高喊看刀。

周莛是他的堂弟，而且是有備而來，當然早有防範，看到他拔刀而

第二章　長安失守

來，便大叫起來。那個傳教吳曾身手倒不慢，當場跳了起來，把周續殺死在現場。

周莚把周續搞定之後，準備連周勰也殺死算了。可周札卻不同意，把所有的罪名都推到周勰的堂兄周邵頭上，讓周邵當替罪羊，然後把周邵那顆倒楣的頭砍下去，宣布這件事到此為止。周莚沒有辦法，只得回去向司馬睿報告完成任務。周莚也是很有個性的，大概認為這次回來是辦公事的，公事辦完之後，就直接回去，連母親也不去看一眼。倒是他的母親聽說兒子回來，辦完公事又返回單位，就拚命跑過去，氣喘吁吁了大半天，這才追上這個兒子。

平定了這個事件之後，司馬睿替周札和周莚記了個大功，任命周札為吳興太守，周莚為右衛率。這個事件的帶頭人是周家的人，按照往時的做法，肯定會來個秋後算帳，順便就把周家這個問題大族一舉搞定，徹底消除隱患，也給江東其他望族敲個大大的警鐘。可王導他們知道，周氏家族在江東的勢力實在太強悍，關係網嚴密得很，而他們剛在建康立足，腳跟還沒有完全站穩，既要對付江北的敵人，又要對付江東的本土勢力，實在沒有力量，因此只得咬咬牙，來個大事化小，小事化無。而且對那個真正的帶頭人周勰非但不追究一點責任，而且「撫勰如舊」，讓他繼續過著幸福的生活。

整體而言，王導在處理這個事件所用的手段，還是很加分的。如果按照那些菜鳥政客的辦法，派兵去打個熱火朝天，最後即使取得勝利，但代價的慘重將無法計算，而且那個善於抓住機會的石勒肯定會飛速前來，把他們輕而易舉地搞定，中國歷史在這個時候又要重寫了。王導採取了以周家對付周家的辦法，沒費吹灰之力，就把這個江東頭號大族擺平，為司馬睿集團在江東站穩腳跟更進一步地奠定了一個良好的基礎。

晉長安政府這時知道光靠他們本身力量是難以振興晉朝的，必須依靠

第一節 此起彼伏

江東和劉琨這些實力派,因此,又把那個去年對他們釋出會師長安命令一點也不理會的司馬睿提拔了一下。

建興二月十二日,長安政府以司馬業的名義又釋出了個任命檔案:以琅邪王睿為丞相、大都督、督中外諸軍事,南陽王保為相國,荀組為太尉、領豫州牧,劉琨為司空、都督并、冀、幽三州諸軍事。讓司馬睿成為整個集團內部的實際最高領導人。只有劉琨堅決辭掉司空的職務。

在王浚掛掉之後,劉琨成為晉在北方的唯一代理人,可這個司馬氏集團北方的總代理,手下的力量實在太單薄,靠的全是鮮卑人拓跋猗盧。連長安政府的人都知道,要是拓跋猗盧不合作,他們在北方的那一點地盤就徹底轉讓給別人,因此也提拔了拓跋猗盧,讓他從代公改為代王,而且可以設立文武官員,勢力範圍包括代郡和常山郡。

拓跋猗盧升官之後,就向劉琨提出一個要求,讓劉琨的從事莫含去當他的助理。

劉琨二話不說,叫莫含馬上前去就任。

可莫含覺得去當一個少數民族老大的跟班,心裡很不舒服,就不想過去。

劉琨說:「以并州單弱,吾之不材而能自存於胡、羯之間者,代王之力也。吾傾身竭貨,以長子為質而奉之者,庶幾為朝廷雪大恥也。卿欲為忠臣,奈何惜共事之小誠而忘徇國之大節乎!往事代王,為之腹心,及一州之所賴也。」這話的意思是說,現在我們并州的力量薄弱得不能再薄弱了,我這樣的菜鳥居然能在石勒和這些少數民族的力量中生存而不被搞定,靠的全是拓跋猗盧的力量啊!我現在拚命拉攏他,不但給他金錢,還讓長子劉遵去當他的人質,最終目的都是為了國家啊。你要是想當個忠臣,就趕快過去,而且一定要讓他把你當成死黨。我們并州以後全靠你了。

莫含一聽,原來去當拓跋猗盧的死黨,意義這麼重大,這才過去報到。

第二章　長安失守

拓跋猗盧一看，好啊。老子手下也有智囊人物了。對莫含很尊重，大事小事都跟他商量。

司馬睿手下的王敦還在繼續剿匪。他派陶侃、甘卓去對付那個杜弢。

杜弢原來曾在羅尚手下當過小官，後來不滿羅尚對流民的處置而跑了出來，幾年後，他自己也當起了流民的老大。在這麼多的流民老大中，他算是最有學問的人。前一段時間，他曾經派部下王真襲擊陶侃，把陶侃打得大敗。陶侃只得從林障跑到灄中，躲開他的鋒芒。後來尋陽太守周訪出手，把王真打退，這才救出陶侃。

陶侃元氣一恢復，馬上就找杜弢決戰。

雙方交手十多次，杜弢越來越常吃敗仗，將士傷亡的數量也越來越多。杜弢知道，再打下去，他很快就會打到最後一個人，因此決定投降，不當流民老大，而去當政府官員。他直接寫了一封信給司馬睿，表達了歸順的心願。可是司馬睿卻在信上批了「不准」兩個字。

杜弢不甘心，又寫信給南平太守應詹，信中說：以前與老大「共討樂鄉，本同休戚。後在湘中，懼死求生，遂相結聚。儻以舊交之情，為明枉直，使得輸誠盟府，廁列義徒，或北清中原，或西取李雄，以贖前愆，雖死之日，猶生之年也！」意思是，以前我和老大一起討伐樂鄉時，同甘共苦，大家都團結友愛。後來在湘州，被人家逼不過，為了求生，這才不得不組織武裝，以求自保，鬧到今天這個地步。如果老兄能幫我們到司馬老大面前說幾句好話，給我們重新做人的機會，或收編我們的部隊，給兄弟一口飯吃、能把日子過下去，派我們去攻打李雄，立功贖罪，即使在戰場上光榮犧牲，也在所不惜。

應詹在信上批了幾個字：呈司馬老大閱示。而且還加進了自己的建議：「杜弢原來是個讀書人，以前名望相當不錯。如果沒有這個事件，肯

定是個名士。後來被人所逼,才鬧成今天這個樣子。現在他表示改過自新,老大應該給他這個機會,使得江州和湘州穩定下來。」

司馬睿看到應詹出面求情,而且說的理由也很中肯,現在勢力範圍內需要穩定壓倒一切。如果放過一個杜弢,兩個州從此就穩定下來,那是最好不過的。因此,派海南太守王運代表政府前去接受杜弢的投降,宣布赦免杜弢以前的罪行,任命他為巴東監軍。

杜弢鬆了一口氣,以為從此之後,可以高高興興地當上國家公務員,這份公務員薪資可以活到老領到老了。

可他的高興還沒結束,司馬睿的那幾個部下卻還在不斷地向他展開展軍事行動,把他的部下當作敵人拿來練兵。

杜弢發恨起來,覺得再也不能這麼窩囊做人了,就把怨氣全發洩到王運的頭上。王運的名字雖然有個「運」字,可這傢伙卻一點不走運,被杜弢一把抓住殺掉。杜弢宣布從此獨立到底。派杜弘、張彥殺掉臨川內史,攻占豫章。

周訪再次出手,一仗打死張彥。杜弘只得拚命逃跑,一直狂奔到臨賀,這才歇腳。

而杜弢的元氣已大損。

這年八月,陶侃出兵,再剿杜弢。

杜弢派王貢出戰。這個王貢原來是陶侃的參軍,本來跟陶侃混得不錯,可硬是因為自作主張,假傳陶侃的命令,把陶侃弄得很狼狽,最後怕陶侃不放過他,這才去當了杜弢的手下。這時杜弢居然要他去面對原來的老上司。

陶侃看到王貢出來跟自己決戰,就對他說:「這個杜弢從來就不是什麼好人啊,本來在四川那裡當個小官混飯吃,可後來居然盜用公款,連他

第二章　長安失守

老爸死了也不回去辦理喪事。你這樣的好人，為什麼要跟這種人一起混，去當強盜？天下別的職業都可以做到老，可你看強盜能做到頭髮白的那一天嗎？」

王貢面對老上司時，大概已經有點心虛，就故意把腳橫在馬上，做出傲慢的姿態，給自己打打氣，這時聽到老上司的話，覺得真的很有道理，臉色越來越嚴肅，腳也從馬背上放了下來。

陶侃一看，知道這個文章可以做下去，便派人前去進一步說服王貢。王貢最後決定向陶侃認錯，從今之後，改邪歸正。

王貢一投降，杜弢手下就沒幾個人了。他只得撒腿就跑，可還沒有跑幾步，就在半路自己掛掉。

第二節　劉聰很生氣

此時，漢國的首都平陽繼續出現怪異天象，一場紅色的血雨從天上傾灑下來，而且不落在別的地方，硬是全落在東宮的延明殿上。東宮是下一代接班人的住所。所以，皇太弟劉乂的心情超不爽，望著滴滴答答的血雨，問太傅崔瑋和太保許遐，這是怎麼回事。

這兩個人說：「老大以前讓你當這個接班人，只不過是想拉攏一下大家，做做秀而已。其實他早就在培養劉粲了。高層官員們都在迎合老大的意思。現在他又讓劉粲當相國，所有的排場規格都已經超過東宮，更要命的是朝中大事小事，都由他說了算。他的其他兄弟親王，也都配備戰鬥部隊，威風凜凜。這就充分顯示出，你的市場已經徹底完蛋了。如果照這個形勢發展下去，你不但不能當上接班人，恐怕連性命都不能保證啊！我們

第二節　劉聰很生氣

認為，你不如做好準備。現在東宮的部隊有五千多人，完全有足夠的力量採取行動。而且劉粲雖然力量雄厚，可性格輕佻，天天外出喝酒，只要一個刺客就可以解決了。其他的親王，年紀都不大，手下的兵再多也成不了氣候，不花什麼功夫就可以擺平了。如果你有這個意思，我們可以在短時間內集結到兩萬精銳部隊，殺進雲龍門，宮廷中的部隊都會歸順到我們的旗下。至於劉膽，絕不會有什麼意見。大事就成了。」

可劉乂一聽，我的媽呀，這不是傳說中的軍事政變？不大好吧？就不答應。

他很天真地以為他不政變，就什麼事也沒有。可偏偏有人把這件事洩漏出去。

告密的是東宮舍人荀裕。這傢伙覺得老在舍人這個位子待著，實在有點乏味，一點也不刺激，而且更知道這個皇太弟的前途黯淡得像黑夜，早就想著其他出路。這時知道崔、許兩人勸劉乂政變，覺得立功的機會到了——這種功勞立得實在太容易了，只要找個機會偷偷溜出去，向相關部門舉報就行了。而且舉報的成功率肯定是百分之百——因為大家都知道，劉聰太需要這個舉報了。

果然，荀裕一舉報，劉聰就以最快的速度逮捕崔瑋和許遐，製造了個罪名，把兩人殺掉。然後命令冠威將軍卜抽帶著部隊把守東宮，把劉乂看管起來，不准他參加朝會——徹底剝奪了他的政治權利。

劉乂這才意識到問題的嚴重性，連忙寫了一封信給劉聰，請求英明領袖劉聰讓他放棄貴族的身分，從此以後去做個最底層的老百姓，而且還把他所有的兒子也搭上，取消所有的封爵。他在信裡還對劉粲大力讚美，說只有劉粲才是最理想的接班人，如果讓劉粲成為下一任皇帝，他一定能帶領全國戰勝一切敵人，完成統一大業。

第二章　長安失守

可那個負責管教他的卜抽接過他的信之後，就放在一邊，根本沒有交給劉聰。

卜抽敢把這信當一般老百姓的信件一樣處理，肯定是得到劉聰的授權。劉聰的位子本來就是劉乂的，如果他看到這封信後，什麼態度也不表示，人家會怎麼說？不如來個什麼都不知道，以後出了什麼事，就由卜抽去負責好了。

不過，劉聰擺平劉乂很容易，但對石勒卻一點也沒有辦法。現在的石勒雖然打著他的旗號，天天高喊為大漢帝國而戰鬥，其實都是在為他自己而戰鬥。石勒那雙眼睛天天盯著天下形勢，不斷地分析誰可能成為他下一個最危險的敵人。他以前把劉琨和王浚當成頭號敵人。現在王浚被他一舉搞定，劉琨那裡還暫時動不了手。他就把目光鎖定在曹嶷身上。

這個曹嶷原本是王彌的手下，當初王彌為了發展自己的力量，派曹嶷回老家經營。誰知曹嶷回來之後，卻脫離王彌自立——當然，他這個自立也像石勒和王彌一樣，名義上仍然打著劉家的招牌，可那個天天在女人堆中的劉聰，有時間來管理他們嗎？他有能力來約束這兩個強人嗎？

石勒很快就發現，曹嶷也不是一般的老大，而是一個可怕的潛在對手，得想辦法把他搞定。可現在兩人都打著大漢的旗幟，你要是搞定他，人家會怎麼說？他就寫了一封信給劉聰，說「嶷有專據東方之志，請討之。」他以為這信一上呈，那個腦子裡只有美女的劉聰就會簽上「同意」兩個字。

哪知，劉聰對石勒卻有著清醒的認知，知道「有專據東方之志」的人，不是曹嶷，而是石勒本人。現在有個曹嶷在那裡，正好讓他有一點顧忌，不敢太囂張，因此，就不同意石勒的請求，說曹嶷也是個好部下，你不要誤會了。把石勒搞得很不高興。

第二節　劉聰很生氣

在石勒被劉聰弄得很鬱悶時，劉聰也被那個陳元達弄得很不爽。

前面已經說過，這個劉聰有增加皇后編制的愛好。這時他正著手冊封三個皇后，一個是「上皇后」，一個是「左皇后」，還有一個是「右皇后」。陳元達又跳了出來，說，老大這麼做，不合體制啊！

劉聰一聽，當然不高興，什麼合不合體制？體制不是人定出來的嗎？他知道陳元達是個嘴硬的人，你就是殺了他，他那張嘴巴也不會妥協，而且上一次不殺他，現在更不能對他動刀子。因此，就來個明升暗降，把他從左司隸提拔到右光祿大夫的位子，官職升了一級，但權力下降了很多。太尉范隆覺得劉聰做得太過分了，馬上就請求把自己的位子讓給陳元達。劉聰一看，要整這個陳元達還真不容易，到處卡關，如果處理不好，只怕還要卡下去，只得再提拔陳元達當了御史大夫、而且還加了個儀同三司，享受了宰相級別的待遇。他以為這下陳元達該滿足了吧？

可沒多久，他剛冊封的上皇后靳月光就跟別人有染。如果這種事只被幾個太監知道，估計也沒什麼事。可這事偏偏又被陳元達知道了。陳元達哪容忍得了國母做這種給皇帝戴綠帽子的事？就上書揭發上皇后的行為。

劉聰再怎麼喜歡這個上皇后，到了這個時候也不得不處理了。他下詔廢除靳月光的皇后稱號。靳月光被廢之後，臉皮突然變薄起來，越想越後悔，最後後悔到覺得非死不可的地步，就自殺了。

劉聰知道之後，又懷念起靳月光來。這麼一個美女，就是全國海選也選不出了。就因為你陳元達一張臭嘴，把老子的美女搞死。老子恨你，恨到骨髓裡去。

第二章　長安失守

第三節　陶侃的風度

也是在這一年的八月之後，司馬氏集團另一個強人也浮出歷史的臺面。

這個強人就是王敦。

陶侃把杜弢徹底打垮之後，聯合南平太守應詹收復長沙，平定了湘州境內的流民之亂。司馬睿很高興，任命王敦為鎮東大將軍、都督江揚荊湘交廣諸軍事，兼江州刺史。這個江揚荊湘交廣幾乎涵蓋了司馬睿控制的全部地盤。這就等於把他全部轄區內的武裝力量都交給了王敦。

王敦還有個特權，就是可以根據自己的需求直接任命刺史以下的官員。

王敦這時覺得自己也威風了起來，開始不把別人放在眼裡，甚至對不服從自己的人進行無情打擊。

還記得那個王如吧？這傢伙原來也是個流民老大，前兩年投降過來。王敦有個老弟叫王稜，覺得王如是個戰場上的猛人，是個可用的人才，就請堂哥把這個人才分配當自己的手下。

王敦說：「這種人又陰險又凶狠，最不好對付。你的性格又急躁，只怕到時候惹出麻煩來你處理不了啊！」

可是王稜硬是堅持要這個王如，說連一個投降過來的土匪都擺不平，還有資格當你的堂弟？王敦沒有辦法，就把王如分配給王稜。

王稜得到王如這個人才後，馬上就讓他當自己的頭號保鏢，對他很好。

可這個王如就是不爭氣，憑著自己身強體壯，有幾次在跟王敦手下的人做射擊比賽時，硬是把賽事變成鬥毆事件。如果跟其他人的手下鬧點事，那也就算了。可跟王敦的部下鬧，這還得了？王稜只得處分一下王如，叫人用軍棍打了他的屁股幾下。

第三節　陶侃的風度

　　王如受了這個處分，心裡超不爽，對王稜懷恨在心。被這種人懷恨在心，後果是很嚴重的。

　　王稜的脾氣雖然火暴，但對司馬氏倒是一片忠心。他很快就看出他的堂哥、新科強人王敦對中央越來越鄙視，而且已經到心懷不軌的地步，就不斷地勸說他的堂哥應該「忠君報國」。你想想，王敦是什麼人，能聽得進這些話嗎？如果王稜偶然來幾句，王敦看在自家兄弟的面子上，估計生一下氣就過去了。可王稜卻堅持不懈，只要一有機會，就對王敦背誦幾句愛國的口號，弄得王敦越來越不高興。

　　王敦一不高興，就覺得有這樣的堂弟不如沒有好。王敦雖然不怕殺人，但是對自己的堂弟動手，這臉上無論如何也說不過去，因此只得找其他管道把這個堂弟搞定。

　　他很快就知道王如對王稜早就懷恨在心，天天對著王稜咬牙切齒，馬上就把王如找來，說了一大堆王稜該死的話，要求王如想辦法讓王稜從這個世界消失，要他不要有什麼顧慮，有自己做他堅強的後盾。你要是讓王如去做別的事，他未必做得好，但要他去殺王稜，那是小菜一碟。

　　王稜根本不知道他的堂哥已下決心要他的命，更不知道他重用的人就是他堂哥派出的殺手，還在高興地吃喝玩樂，一點防備之心也沒有。在一次大吃大喝的宴會上，王如對他說：「老大，大家吃得這麼高興，讓我舞舞劍來增加一下娛樂效果吧！」

　　王稜想也不想，當場就答應。

　　王如拔劍就舞了起來，他一邊舞一邊向王稜逼近。

　　王稜到了這時，居然還沒有意識到王如的意圖，只是覺得這傢伙舞劍怎麼舞到老子的跟前來，寒光閃閃的劍都把老子的視線搞亂了，很不高興，就大聲罵王如：「你到底會不會舞劍？」

第二章　長安失守

王如大叫：「老子當然會舞劍！」順手一揮，把王稜的腦袋砍了下來。

王敦在第一時間知道這件事，假裝大吃一驚，馬上派人過去，把王如抓獲歸案，說對這種惡棍不用問什麼話，當場殺掉。王如做夢都想殺掉王稜，但王如做夢也想不到王敦會向他下手。

杜弢的勢力被剿滅之後，另一個民變首領杜曾就成為荊襄一帶最大的動亂勢力。這個杜曾跟別的民變老大不同，除了自立之外，還很刻意拉攏政府官員。

晉國中央任命安南將軍第五猗兼監荊梁益寧四州諸軍事以及荊州刺史。這時，第五猗已經從武關出發，趕往新單位上班。杜曾知道後，馬上趕到襄陽，舉行隆重儀式，歡迎第五猗的到來，而且還讓自己的姪兒娶了第五猗的寶貝女兒當老婆，表示堅定聽從第五猗的差遣，集結一萬多兵力，協助第五猗駐防漢水、沔水。這個第五猗本來只是一個人單薄地來到這個地方，是典型的光桿司令，心裡正發愁，突然得到杜曾的擁戴，高興得合不攏嘴，就當了杜曾的保護傘。

可是司馬睿卻不放過杜曾。他要求陶侃連續作戰，把杜曾也搞定。

陶侃這時也跟很多指揮官一樣，犯了一次輕敵的毛病，覺得這個杜曾沒什麼了不起。

陶侃的司馬魯恬看到陶侃這個態度，就提醒他說：「每次跟人家對戰，都應該先弄清楚對方的底細。現在老大的部下，依我看，誰也比不過杜曾，所以，我建議老大要小心一點，先不急著去跟他接觸。」

可人一輕敵，就很難聽人家的勸告。陶侃對魯恬的提醒也只是哼一聲，一點也不放在心上，派出部隊把杜曾包圍在石城。

陶侃信心滿滿地認為，只要包圍圈一成，杜曾就是讓他安裝兩個翅膀也飛不出他的手心。

第三節 陶侃的風度

　　哪知，杜曾手下的部隊大多是騎兵，動作很迅速，在陶侃的包圍圈還沒有形成時，他就叫兄弟們跨上戰馬，祕密衝出城外，然後繞到陶侃軍的屁股後面大殺一頓。陶侃部隊哪想到這一招？杜曾殺了幾百人之後，迅速撤退，往順陽方向狂奔。這傢伙在跑路時，居然還下馬向陶侃遙遙叩拜了一下，說一聲，我去也！

　　杜曾的部隊雖然對陶侃很客氣，但對那個都督荊州江北諸軍事的荀嵩就不那麼講禮貌了。這個荀嵩雖然弄了個大官位，這時駐宛，手下卻沒什麼力量。杜曾把部隊開過去將他圍了個水洩不通。荀嵩不但兵力不多，糧食也少，一天比一天危急，打算向他的老部下襄城太守石覽求救。

　　這個決定很快做出來，而且這個決定也很正確。可誰能衝出包圍圈狂奔到襄城請救兵呢？

　　荀嵩手下的一群男子漢，沒誰敢站出來拍拍胸脯衝過去。

　　最後是荀嵩的小女兒站了出來，說我不怕。

　　荀嵩這個小女兒叫荀灌，這時才十三歲。一個十三歲的孩子、而且還是個女孩，能做出什麼事？但荀嵩已經沒有別的辦法。

　　荀灌領了任務之後，在夜裡開啟城門，帶著幾十個敢死隊員，向外就衝，還真的被她衝了出去。

　　這個小美女不光不怕死，而且也很有謀略。她知道光靠石覽的力量還不足以把杜曾搞定，因此在見到石覽之後，又代她的老爸寫信給南中郎將周訪，請求出兵援助。她知道，這個周訪才是杜曾的剋星。

　　周訪接到信之後，就派他的兒子周撫帶三千部隊跟石覽部一起，共同向杜曾出擊。杜曾看到人家的援軍到達，不敢再囂張下去，只得撤了下來。

　　杜曾撤軍之後，覺得這樣下去不是辦法，得用別的辦法騙荀嵩一下，

073

第二章　長安失守

就寫信給荀崧，說請荀老大批准他去討伐丹水那裡的民變武裝，立功贖罪。荀崧答應了他這個請求。陶侃知道後，對荀崧說：「杜曾凶狠狡猾，這個傢伙不死，荊州沒有一天安寧。老兄應當記住我的話。」

荀崧雖然同意陶侃的話，但因為覺得自己的實力太過單薄，就想搏個僥倖，讓杜曾當他的外援，因此沒有聽進陶侃的意見。

王敦有個死黨叫錢鳳。這個錢鳳沒別的本事，跟王敦混了很久，除了吃香喝辣把妹很有成就外，沒其他成績，因此就很眼紅陶侃的功勞，不斷在王敦面前講陶侃的壞話。這壞話一講多了，王敦也就把陶侃當成了異己，認為陶侃肯定不會跟自己一條心，心裡對陶侃很有意見。

陶侃不是菜鳥，很快就知道了這些事，決定親自去面見王敦，向他解釋一下。

竟陵太守朱伺勸陶侃說：「你要是過去，肯定回不來了。」

可陶侃認為自己行得正，為什麼要怕？

王敦見到陶侃之後，果然不再讓陶侃回原單位。當然他也不敢對陶侃動手動腳，而是把他調任廣州刺史——雖然級別沒什麼變化，但所有的人都知道，在廣州刺史這個位子上，你再有能力也做不出什麼成績來，跟坐在刺史位子等退休沒什麼差別。王敦就這樣剝奪了陶侃在荊州的權力，而讓他的堂弟王廙接過陶侃的槍，把荊州徹底變成自己的根據地。

陶侃的部下鄭攀、馬雋覺得王敦這樣做不合理，就上書王敦，要求讓陶侃繼續領導他們，當荊州的第一把手。

可王敦能聽從他們的建議嗎？

鄭攀他們一看，陶老大在剿匪戰鬥中，立了大功，最後卻是這個下場，個個都憤怒起來。再加上那個王廙除了猜忌凶暴之外，沒別的能力，大家憤怒之餘又加上了不服氣，覺得不能再在這樣的上級手下混飯吃了，

第三節　陶侃的風度

就帶著三千部下，跑到湞口，跟杜曾合作，向王廙發動軍事襲擊。

王廙當然不是對手，被狂扁一頓之後，逃到江安。杜曾跟著鄭攀北上，再與第五猗組成同盟，共同對付王廙。

王廙當然不甘心失敗，決心也給杜曾點顏色看，立即集結各路人馬去扁杜曾。這傢伙以為上次被打敗，是因為沒有做好準備，這次兵力比對方多，肯定會打個大勝仗。誰知，杜曾卻不是那麼菜，是他想扁就可以扁的。兩人一交手，又被杜曾打得大敗而逃。

王敦接到消息，馬上就認為鄭攀的叛變肯定是陶侃搞的鬼，想把陶侃殺掉。他這次非常憤怒，想親自過去要了陶侃的人頭。他穿上軍裝，提起長矛，怒氣衝衝、雄糾糾地去找陶侃。可一出去，覺得這個猜測好像不大成立，便又回來了，回來之後，又衝出門，這樣來來回回了三四次，還動不了手。

陶侃對他說：「使君雄斷，當裁天下，何此不決乎。」這話的意思就是，老大你向來果斷得很，處理天下的大事，就跟放個屁一樣，為什麼這麼小的事，卻這麼拿不定主意，不會是頭腦短路了吧？

他說過之後，就從從容容地起來，到廁所去解手，也不管王敦下一步怎麼走了。

在陶侃去洗手間處理內急時，諮議參軍梅陶、長史陳頒對王敦說：「老大啊，你不要忘記了周訪和陶侃是親家這件事啊！兩人的關係鐵得要命，你要是殺了陶侃，周訪難道不找你算帳？」原來，周訪和陶侃是很好的朋友，周訪把自己的女兒嫁給陶侃的兒子陶瞻，令兩人的友誼親上加親。而周訪打仗的能力也不比陶侃差，而且手下實力也很強悍，要是他生氣起來，後果真不是一般的嚴重。

王敦雖然驕橫，鄙視天下所有人，但到底也是有頭腦的，聽了這話，

第二章　長安失守

發暈的腦袋也清醒過來，叫大家都到大酒店裡，擺了一大桌好酒好菜，為陶侃去廣州餞行。

大塊吃肉大碗喝酒之後，陶侃怕王敦突然腦子發熱，又要提凶器前來，就連夜收拾行李，出發前往廣州。

王敦為了安撫陶侃，又任命陶侃的兒子陶瞻為參軍。

雖然到廣州當官很不被人看好，但廣州也不是個平靜的地方。

現在霸占著廣州刺史的人就是那個王機。

王機原來是大名士兼大菜鳥王澄的死黨。王澄死了之後，他要求讓他到廣州來當刺史，可王敦不答應。那時的廣州刺史是郭訥。敦訥是個軟腳蝦，沒一點能力。他手下覺得不宜讓他再在這個位子上待下去了，就決定把他趕下臺，讓王機來當他們的上司。王機聽說之後，當然不會放過這個機會，馬上帶著家眷以及所有死黨一千多個人浩浩蕩蕩進入廣州。郭訥派兵去阻擋王機。哪知，原來王機的老爸王毅和哥哥王矩都當過廣州刺史，現在廣州這些帶兵的人都是王家培養起來的死黨，哪能聽郭訥的指揮？這些人帶兵出來之後，不但沒有列成戰鬥佇列，而是列隊歡迎，高呼口號，熱烈歡迎王機的到來。

郭訥馬上變成光桿司令，知道再硬撐下去，只有把自己往死裡撐了，就宣布辭職，把刺史的大印交給王機。

王機就這樣成為廣州的第一把手，當了三年不合法的刺史大人。

王機在廣州刺史的位子上坐著，表面上威風，其實心裡最怕王敦什麼時候心情一不爽派人前來把他修理一頓。他知道自己根本抵擋不了。他一邊當著廣州刺史，一邊觀察著周邊的形勢，想尋找個開脫的機會。

他很快就把目光鎖定在交州。

因為這時交州正發生一起奪權事變。原來交州原刺史顧祕死了之後，

第三節　陶侃的風度

他的兒子顧壽就接過老爸的班，當了世襲刺史。

交州帳下督梁碩不服氣，這是什麼時代了，你居然把刺史當成你家的私有財產？帶著部隊把顧壽殺掉，自己當了交州的老大。這傢伙以為，交州這麼邊遠，中央高層現在正亂得頭腦發暈，連自己也不知道該往何處去，哪能管得到交州。

他哪想到，中央高層是管不到交州，但王機現在卻動交州的念頭。

這時，杜弢的部下杜弘帶著殘兵敗將跑到廣州，宣布從今天起做王機的馬前卒，讓王機的力量又壯大了幾十個百分點。

王機就在這時，向王敦請求去攻打梁碩，想立個功勞，然後當個合法的交州刺史。

王敦正想擺平梁碩，苦於找不到人選，看到王機主動請戰，覺得正好讓這兩個傢伙火併一場，就說，王機有收降杜弘的功勞，任命王機做交州刺史。

王機拿著那張新出爐的刺史任命書，懷著激動的心情帶部隊向交州出發，決心以後一定要做個好刺史，以報答王敦的栽培。哪知，梁碩絕對不是個軟腳蝦，聽說王機帶兵前來，就去請前交州刺史修則的兒子出來，當代交州刺史，帶兵出來與王機決鬥。

王機被梁碩的部隊阻在鬱林，不能前進一步，這才知道這個交州刺史更不好當，便又打退堂鼓起來，想回去當廣州刺史。他把杜弘和溫邵叫來，向他們表達了這個想法。這幾個死黨都說是個好辦法，在廣州比在交州好多了。

這時，陶侃已來到始興（今廣東韶關南），很多人都勸他先在這裡吃喝幾天，觀察形勢以後再作是否繼續南下的決定。可陶侃卻只是笑笑，不把這些保守的意見當意見，繼續南下，進入廣州。而這時，廣州屬下各級

077

第二章　長安失守

政府的官員都已經派人去向王機表示願意追隨他。

王機一看，原來廣州的人心向著老子這一邊，還怕什麼陶侃？哈哈，老子知道你陶侃有本事，可現在你光棍一人，來到老子的地盤，你的本事再大也沒用了。

當然，王機並沒有高興到頭腦發暈的地步，他很清楚地知道，陶侃絕對不是菜鳥。對付這樣的人，你可以在策略藐視敵人，但在戰術上一定要重視敵人。因此，他還對陶侃玩了個詐降計。

這個詐降計的主角就是杜弘。

杜弘可以當個合格的土匪，但絕不是個合格的演員。他按照計畫帶著自己的部隊向陶侃投降，可話還沒說幾句就被陶侃看出破綻。陶侃是個老鳥，當然沒有拍著桌子說你想騙我，而是假裝相信，說歡迎啊歡迎。杜弘以為陶侃完全被自己騙了，心裡充滿了無窮無盡的成就感：不是說這個陶侃厲害嗎？連老子詐降都相信成這樣子？哈哈。

在他打著一連串哈哈的時候，陶侃已經帶兵猛打過來。杜弘這才知道，原來受騙上當的不是陶侃，而是他自己。可到這個時候才知道自己上了大當，就只有接受被人家打敗的下場了，接下來就是拚命逃跑，被陶侃狂追到小桂。

陶侃取得了首場勝利之後，馬上派督護許高去向王機叫板。

王機看到杜弘都打了敗仗，知道自己更加不行，還沒等許高的部隊衝上來，就來個笨鳥先飛。哪知，這傢伙的命運更悲哀，雖然逃命時搶在前面，可才跑到半路，就跟他原來的老闆杜弢一樣，突然兩腿一伸，死翹翹了。

這時，還有那個溫邵在堅持戰鬥。

大家請陶侃發兵過去，來個宜將剩勇追窮寇。可陶侃卻說：「吾威名

第三節　陶侃的風度

已者,何事遣兵!但一函紙自定耳。」這話就是說,我現在的威名已經到處流傳,用不著再動用部隊了。一封信就可以解決問題。他寫了一封信給溫邵,說,願打願降,全由你老兄選擇。

溫邵讀著陶侃的信,心裡就產生了無比的恐懼,既不敢打,也不願投降,捲起包袱就逃。陶侃派兵追擊,在始興把溫邵抓獲歸案。杜弘倒交了個好運,跑到王敦那裡投案自首,不但留下一條性命,而且很快就成了王敦的死黨之一,受到王敦的重用。

廣州就這樣全部平定。

陶侃在平定廣州後,沒有什麼大事要做,他就讓自己變成搬運工,每天早上起來做的第一件事,就是從書房裡把一百塊磚搬到院子裡,到了晚上,又把那一百塊搬回書房。

大家一看,老大這是做什麼啊?不是腦袋進水,就是為以後失業去當水泥工做準備。有人最後忍不住問他,人家當官沒事時,都放開手腳去喝酒把妹,老大卻做這個無聊事?是不是老大太清廉身上一分錢也沒有?你沒有錢,我們可以請老大啊!

陶侃卻笑著說:「吾方致力中原,過爾優逸,恐不堪事,故自勞耳。」這話就是說,我現在是一心一意想著收復中原,聚精會神完成統一大業。怕現在生活得太優越,到時身體就吃不消了,所以現在必須堅持鍛鍊身體。大家一聽,這才知道,老大可不是頭腦進了水,而是他們的頭腦跟不上陶侃的頭腦。

第二章　長安失守

第四節　奸臣真好！

劉聰現在已變成一個純粹的昏君。他把大權基本交到兒子的手裡之後，就全心投入後宮生活。當然，他也像其他昏君一樣，有幾個小人充當他的親信。這些親信的代表人物是：中堂侍王沈、宣懷以及中宮僕射郭猗幾個人。

劉聰有了這幾個太監當他的跑腿之後，喝起酒、泡起妞來就更加放鬆了，常常是一連三天都生活在酒精裡，半年都不出宮門一步。而且從建興三年也就是大漢建元元年的冬天開始，他覺得上朝也是個浪費時間的事情，宣布取消了到金鑾殿的辦公，國家大事都交給他的兒子劉粲去處理，實在需要他簽字的就讓員工們把情況告訴王沈他們，由王沈他們轉告給他。王沈也跟其他小人一樣，開始時還把情況如實向他反映，後來覺得老是當跑腿一點都不過癮，就乾脆自己處理了事。

在王沈他們大權獨攬時，劉聰一點也不過問，也不知道這幾個傢伙在行使他的權力，依然把他們當作親密同袍，覺得有他們在身邊很放心。而這幾個傢伙越做越離譜，利用這個方便，大力進行人事任免，很多功臣早該提拔了，但他們看不順眼，硬是讓你原地踏步，倒是那些跟他們一路貨色的人被大大地重用，有的甚至幾天之內就可以變成高級官員，享受部長級待遇。這個時期正是戰爭年代，可劉聰好像對這一點已經徹底忘記了，從沒慰勞過那些在前線的子弟兵，但對後宮的美女們卻大方得要命，就連那些美女的家屬都得到巨大的福利，享受的生活跟親王差不多。

靳準看出，現在只有跟王沈同一陣線，生活才能越過越幸福，因此在全族開了個激動人心的動員大會，要求大家從今天起加入王沈集團，成為王沈這個利益集團的核心成員。

第四節　奸臣真好！

靳準和王沈都有一個共同的怨恨對象，就是那個早就靠邊站了的皇太弟劉乂。雖然劉乂早就被劉聰一把打倒，現在被軟禁在東宮中，連請求當個普通老百姓都做不到，可這幾個傢伙硬是放不過他，一定要把他解決才覺得心情舒暢。

陷害別人歷來是小人物最拿手的技倆，他們最知道從什麼地方下手，才能把對方一把搞定。他們認為，現在到劉粲那裡講劉乂的幾句壞話，讓劉粲出手，劉乂就會沒有翻身的餘地——因為，現在劉乂雖然過著軟禁的生活，但皇太弟的標籤還貼在他的頭上，他還是合法的皇位繼承人。「皇太弟」這個封號還存在，劉粲的心情能愉快嗎？

郭猗對劉粲說：「老大啊，你是文光皇帝（即劉淵）的孫子、現任皇帝的嫡子，天下的人都擁戴你啊！大夥都想不通，為什麼把天下留給劉乂？而且，我們聽說，現在劉乂已經加快了奪權的步伐，正跟大將軍劉敷商量，等三月三日舉行水濱祭祀時，趁大家都參加宮廷大宴時發動政變。政變成功後，他們就讓皇上當太上皇，劉敷當太子，衛大將軍劉勱為大單于。大將軍和衛將軍雖然都是老大的兄弟，現在為了一點利益就跟劉乂綁在一起，以後他們能保全皇上的性命嗎？老大和其他人的處境就更不用說了。現在大禍越來越近了，老大應該早做決策啊。我們雖然多次向皇上彙報這些情況，可皇上卻顧著兄弟之情，哪肯聽我們這幾個人的話啊！我只好過來跟老大彙報了。老大先不要把這個事洩漏出去，只祕密向皇上報告。如果老大不肯相信我的話，可以請大將軍從事中郎王皮、衛軍司馬劉惇過來，跟他們談心，把他們當成自己人，說服他們自首，他們肯定會把事情的前因後果如實說出來。」

劉粲一聽，當然全部同意。

郭猗看到劉粲對他的話全盤接收，馬上執行第二步計畫，找到王皮和劉惇，一臉神祕地對他們說：「劉敷和劉勱要造反的事情，老大和相國都

第二章　長安失守

已經知道得很清楚了。現在要準備行動了。你們是不是都已經成為劉敷他們的死黨了？」

這兩個傢伙一聽，臉色同時大變——要知道，成為造反者的死黨，那可是死罪，兩人不但腦子不靈光，膽子不大，而且也確實不知道有這麼一回事，因此就趕緊說：「我們絕對沒有參與這件事。」

郭猗長嘆了一聲，說：「事情已經到了這個地步。我們都是好朋友，可憐兩位就要跟劉敷他們一起受到嚴厲處置了。」這傢伙很有表演天才，說到這地方時，就流下眼淚來，又是嘆氣又是哭泣，悲傷得像老爸和老媽同時逝世一樣。

二人一見，更覺得問題已嚴重到不可挽回的地步，都在淚流滿面的郭猗面前跪了下來，求郭公公無論如何也要救他們一命啊！

郭猗一看，效果比想像中好多了，就對他們說：「兩位老兄啊，看在大家是朋友的面子上，我教你們一個辦法。就是相國問到你們的時候，你們什麼都承認下來，來個坦白從寬。到時相國肯定會責問你們為什麼不事先向他報告。你們可以這樣回答，因為我們知道，皇上是個寬容的皇帝，老大又是個厚道的人，如果我們事先舉報，皇上和老大肯定不會相信。我們就會成為犯上誣告的人，這可是個死罪啊！所以不敢報告。當然你們可以不按我說的去做。不過，我實在也沒有別的辦法了。你們看著辦吧。」

這兩個傢伙感激郭猗都來不及，哪會不按照他說的辦？兩人這幾天都努力背誦著郭猗教給他們的這一段話，以備拿來救自己的性命。

沒過幾天，劉粲果然分別把他們叫過去，問他們這些內容。兩人分別對著劉粲，很流利地背著那一段話，心裡直把郭猗當作他們的再生父母。

劉粲一聽，果然有這樣的事。

這時，靳準又過來，對劉粲說：「老大現在應該去東宮裡住，再兼任

第四節　奸臣眞好！

相國，提前造勢，讓全國人民都知道，以後老大是全國人民的英明領袖。現在外邊都在議論，說大將軍和衛將軍要跟皇太弟發動政變，時間就定在春末。如果皇太弟真的當了第一把手，恐怕最難受的人就是老大啊！」

劉粲說：「你說，我該怎麼辦？」

靳準說：「如果有人告發皇太弟政變，皇上肯定不信。我們還得想個辦法，讓皇上相信才行。這個辦法就是，放鬆一下東宮的管制，讓皇太弟的朋友們自由地去串門，皇太弟向來愛跟知識分子們交往，一定會歡迎他們來串門。這些知識分子中肯定會有人替他出主意。到了這個時候，我就公開揭發他們的罪行。老大馬上把那些跟皇太弟有交往的人都抓起來，審問他們，得了口供，皇上就沒有理由不相信了。」

劉粲一聽，這個辦法很好。馬上就通知卜抽，讓管制東宮的部隊放幾天長假。

你一看這幾個傢伙做的這一套計畫，一步緊接一步，一環緊扣一環，跟當初孫秀的手段不相上下，表現得很有才。只是花這麼大的力氣和智力去搞定一個大家都知道早就沒落了的皇太弟，只能說明這幾個傢伙永遠是個合格的小人。

而這時，劉聰對王沈他們的信任更上一層樓，信任到誰跟王沈們過不去，就等於跟他過不去的地步。

少府陳休和左衛將軍卜崇屬於官場好人，他們向來看王沈這夥人不順眼，跟他們的關係鬧得很僵，僵到見了面也不招呼一聲。

王沈當然更看他們不順眼，在劉聰面前講了幾句話，劉聰一聽，在二月到上秋閣玩耍時，順便就下個命令，把陳休和卜崇以及特進綦毋達、太中大夫公師彧、尚書王琰、田歆、大司農朱誕等全都抓起來，連個手續也不辦理，一個理由也不給，就押往刑場，同時開刀。

第二章　長安失守

　　侍中卜幹看到老大抓了這麼多高官，連個罪名都沒有就直接殺頭，實在太不像話了，就流著淚對劉聰說：「老大不是天天說要招攬人才來為國家服務嗎？可現在一天之內就砍掉了這麼多高官的腦袋。他們都是好人啊，也是難得的人才，一個都不該死啊！即使老大覺得不爽，要殺他們，也要依法把他們移交相關部門，宣布他們的罪狀，讓人家知道他們被殺的理由啊！現在詔書還在我那裡，沒有釋出，老大要收回還來得及。」他一面陳述一面用頭叩地，把自己搞得血流滿面——以前那幾個老傢伙用這個辦法救陳元達一次，他以為再來一次血流滿面，也能救一下這七個倒楣的好人。

　　可現在的劉聰不是以前的劉聰了，你再流多少血也跟他無關。何況以前還有劉皇后幫忙說話。現在卻只有王沈他們在旁邊。

　　王沈沒等劉聰表態，就大聲罵起來：「卜幹，原來你想扣押詔書？敢不把皇上的命令當一回事？」

　　這話大大地刺激了劉聰，把劉聰氣得當場站起來，揮一揮衣袖，帶著巨大的憤怒，大步回宮，坐下喘了一口氣後，大聲下令，免去卜幹的官職，讓他回去當平民。

　　太宰河間王劉易、大將軍勃海王劉敷、御史大夫陳元達、金紫光祿大夫西河王劉延等都集體跑到宮門前，上書說：「王沈等矯弄詔旨，欺誣日月，內諂陛下，外佞相國，威權之重，侔於人主，多樹奸黨，毒流海內。知休等忠臣，為國盡節，恐發其奸狀，故巧為誣陷。陛下不察，遽加極刑，痛徹天地，賢愚傷懼。今遭晉未殄，巴、蜀不賓，石勒謀據趙、魏，曹嶷欲王全齊，陛下心腹四支，何處無患！乃復以沈等助亂，誅巫咸，戮扁鵲，臣恐遂作膏肓之疾，後雖救之，不可及已。請免沈等官，付有司治罪。」這話的意思就是，王沈這幾個混蛋，天天都在玩弄詔書和聖旨，把欺騙誣陷做得公開透明。一邊拍皇上的馬屁，一邊巴結相國，勢力越來越

第四節　奸臣真好！

大，權力跟皇帝沒什麼差別，而且做的都是危害國家的勾當。他們知道陳休他們都是忠臣，早晚要揭穿自己的嘴臉，因此就加以誣害。老大的頭腦一時發暈，上了他們的當，就判他們死刑，大家都感到悲哀。現在國內外形勢都不容樂觀啊！晉國雖然一路跌停，但還沒有徹底破產，李雄還在四川那裡當老大，而我們內部的石勒占領趙、魏一帶，對中央早就不放在眼裡；曹嶷也打算在齊地稱王要自立。現在我們的地盤上，沒一個地方是穩定的，跟一個全身是病的人沒什麼兩樣。可老大卻硬是聽從王沈他們的話，天天都做危險的事。這等於在玩火啊！只怕以後再補救就來不及了。請老大馬上逮捕王沈，依法處置。

只要有點腦筋的人一看這篇文字，就知道這些話對漢國來說，是大有道理的，可劉聰卻一點不認為有道理。他讀完之後，就把它遞到王沈的手上，還笑著說：「這幾個小屁孩被陳元達牽著鼻子走，全都變成豬頭了。」

王沈們接過文字一看，都趕緊低頭哭著說：「我們只不過是一群生活在底層的小人物，有幸得到皇上的重用，才能夠天天幫老大做點家務，成為皇上的侍從。而那些王公和大臣們都把我們當成土匪強盜，而且還不斷地擴大怨恨，現在怨恨都擴大到了老大的身上。我們願把身體放到鍋裡煮得爛透，讓他們拿去配酒算了。這樣，老大的天下就太平了，也沒人會說什麼了。」

誰一聽這話都有想吐的感覺，可劉聰說：「此等狂言常然，卿何足恨乎！」這種狗屁不通的話，老子聽得耳朵早就長繭了，你們還放在心上做什麼？做你們的事，讓人家說去吧。

不過，劉聰後來的腦袋又突然靈光一閃，偷偷去問劉粲，王沈他們的人品怎麼樣？劉粲到了這時，也不比他的這個老爸英明多少，而且也早就跟王沈他們結成對付劉乂的統一戰線，當然會說這幾個人是大大的好人，是堅貞不屈的大忠臣，是全國人民學習的好榜樣。劉聰聽到兒子這麼一

第二章 長安失守

說，那絲偶然閃出的靈光就徹底地消失，滿臉堆笑地封王沈他們為列侯，讓這幾個傢伙加入貴族的行列。

那個劉易大概覺得自己堂堂太宰，哪有不能把幾個太監拉下馬的道理，就又獨自跑到宮門前，再上一書，狠狠地講了一段大道理。

劉聰接過劉易的上書之後，暴跳如雷，當場把劉易認認真真地用小楷寫的信撕成無數碎片。

劉易這才知道，你的官再大，也大不過這幾個太監，你的資格再老，也比不過人家侍奉皇上，便搖搖晃晃地回去，從此生活在鬱悶之中，沒幾天就「忿恚而卒」。劉易不但官大，資格老，而且人品很好，歷來是陳元達的保護傘。陳元達多次嘴硬，而且能每次全身而退，全靠劉易的保護。這時，劉易一「忿恚而卒」，最悲痛的就是陳元達了。陳元達收到劉易與世長辭的消息之後，懷著無限悲痛的心情背誦了《詩經》的兩句話：「『人之云亡，邦國殄瘁』，吾既不復能言，安用默默苟生乎！」這話的意思就是，德才兼備的人都掛了，國家遭殃了啊！我以後沒有再說話的機會了。這張嘴不能再硬下去，還活在這個世界上做什麼？說過這話之後，就跑回家中自殺，結束了他的人生之路。

這兩個人一死，劉聰覺得心情愉快了很多。

第五節　長安政府的倒臺

而且，這段時間那個帶兵在外的劉曜也把晉國長安政府逼得沒法活下去了。

這個時期是中國歷史上一個很有趣的時期。在別的動亂年代，總會出

第五節　長安政府的倒臺

現一個或幾個能力特別強悍的老大，互相打得不亦樂乎，發揮自己最大的能量，把劇情搞得高潮不斷——像三國時代那樣，叫人看了還想再看。偏偏這個時期，幾個集團的老大都是豬頭中的豬頭，即使原來不是豬頭，可一旦把屁股放到皇帝的座位上，腦袋就變得跟屁股沒兩樣——典型的就是劉聰父子。在劉聰大力重用這幾個太監的時候，晉國長安政府的老大司馬業手下的重量級人物也沒幾個是好人。

長安政府的支柱人物就是麴允和索綝。這兩個傢伙到現在為止還算盡心盡力，可能力實在太菜，這些年來不但一點局面也打不開，而且原有的地盤也不斷地縮水。他們雖然不斷地以司馬業的名義向全國各地發出各種命令，可這些命令卻沒多少人理會，且不說江東的司馬睿勢力，一來遠離長安，二來只顧發展自己的實力，除了對任命的詔書外，其他的公文基本都當作廢紙處理，就連長安以西的很多郡縣也不把他們當作一回事了。皇上是個小孩，兩個靈魂人物的能力又菜，內部像一盤散沙，而且那個劉曜現在覺得只能欺負他們了，因此天天把圍剿長安勢力當作首要工作，只要一有時間，就向長安發動軍事攻擊，搞得主管軍事的麴允很累。

這年的七月，劉曜覺得又到了一個該收穫的季節，帶兵包圍北地，把北地太守麴昌死死地圍困在那裡。麴允帶三萬急行軍前去援救。

劉曜這時向麴允玩了個陰謀詭計，他叫部隊繞著北地的城垣燃起大火，製造大量的煙霧，讓天空嚴重汙染，使得能見度降到刷新歷史紀錄，然後派人向麴允報告：「北地早就被漢兵攻進去了。現在去救已經來不及了。」

麴允也不用頭腦想一下，更沒有派人去重新考核，就很天真地相信了這話。三萬部隊一聽到這個消息，個個都認為，這次狂奔前來，跑得帽子都掉在地上，原來是來送死，都慌亂起來。三萬大軍本來戰鬥力也不弱，要是有個好上司，這時完全可以跟劉曜決一死戰。可麴允不是一個好上級，無法在這個時候穩定軍心。軍心一不穩，大家就只有四處潰散，麴允

第二章　長安失守

也只得隨波逐流了。劉曜抓住這個時機，帶兵猛追，在磻石谷追到麴允，再次把麴允痛扁一頓。麴允大敗之後，逃回靈武，不但丟了北地，而且自己也元氣大傷。

麴允掌握著長安政府的軍權，雖然人品不錯，但是厚道得過分，沒有一點威嚴，做事不果斷，平時只是用官位來當凝聚力，拉攏人心。這辦法一頻繁利用，就搞得很多其實只有里長資格的人都可以享受「將軍」稱號，佩戴著將軍的印信，天天在村民面前耀武揚威、威風凜凜。而且，麴允的厚道只限於對待上層人士，對生活在底層的人從來不聞不問，因此造成了高層人士任性囂張，基層人民天天鬱悶的狀況。這時，關中危急，他派人去向焦嵩求救。這個焦嵩不但沒有一點大局觀，而且向來看不起他，居然說：「等麴允無路可走的時候，我們再顯身手。」任何人聽到這話，看到一個集團裡竟然有這樣的豬頭，這個集團還能有幾天好活？

麴允卻一點辦法也沒有，只是眼睜睜地看著劉曜進抵涇北，不費什麼力氣，就讓渭水之北的所有地盤全都劃進漢國的版圖，俘虜了威將軍魯充、散騎常侍梁緯、少府皇甫陽幾個高官。劉曜老早就知道魯充是個人才，很想拉攏魯充，曾懸賞生擒，這時抓到了他，就一邊舉著酒杯一邊對他說：「得到先生，還怕天下不太平？」這話雖然短，可跟當年劉備對諸葛亮說的話沒什麼兩樣。

誰知魯充是一個很古板的人，對劉曜的話一點不買帳，說：「我是大晉的高官，現在國家都到了滅亡的邊緣，我這樣的人還有什麼臉活下去？如果你真的看得起我，就趕快把我這顆老頭砍下來。我覺得很光榮。」

劉曜能力只能算一般，跟長安政府這幾個菜鳥打了這麼多年，卻還沒有徹底把司馬業打垮，但這傢伙的內心也很有名士情結，一聽到魯充的話，覺得這個老兄的人品大大的好，就說：「義士也。」然後送一把寶劍給魯充，讓他自盡。在這一次戰鬥中，劉曜還發現了個美女。這個美女就是

第五節　長安政府的倒臺

梁緯的老婆辛氏。劉曜向來就有把戰俘老婆轉換成自己情婦的愛好，這時看到梁氏老婆這麼好看，當場就拍板：「從今天起，妳當老子的情婦，從此以後，妳過著比以前更幸福的生活。」

他以為他這幾句話，就可以把美女搞定，哪知，辛氏是個貌美心也美的女子，馬上對他說：「我的丈夫都死了，我活著也是白活。而且，一個女人跟兩個男人上床，絕對不是一件光彩的事。」

劉曜知道，他的本事再大也搞不定這個美女了，就讚一聲：「貞女也。」也讓她享受魯充的待遇，並且為他們舉行隆重的葬禮。

劉曜終於決定向長安發動最後的進攻。他於這年八月，帶兵來到長安的外圍，進一步逼近了晉國這個孤零零的首都。

而平陽城內的劉乂也離人生的盡頭不遠了。先是皇太弟集團的劉敷鬱悶而死。劉敷雖然是劉聰的兒子，但很看不慣老爸的生活作風，看到老爸整天只顧美女，而且居然封了這麼多個皇后，就多次去勸老爸，而且每次都勸得淚流滿面，最後還失聲痛哭，搞得劉聰很不爽，罵他說：「你是不是盼你的老爸死得早一點？天天來這裡哭老子這個活人。告訴你，老子還健康得很，現在不是你哭老子的時候。」

劉敷聽了這話之後，一回到家裡，就「憂憤，發病卒」。

劉聰雖然早就讓劉乂靠邊站，但還沒有真的想要他的命。這年的九月，他突然從美女群中醒來，拍拍腦袋，想起了那個曾經把皇帝位子讓給他的老弟來，就來到光極殿，擺下一桌隆重的酒席，宴請這個破落的皇太弟，而且叫文武百官作陪。

劉乂出現時，「容貌憔悴，鬢髮蒼然，涕泣陳謝」，把個破落相表現得十分到位，跟個貧困戶的小老頭也沒什麼差別了，連劉聰看到，也跟著「為之慟哭」起來，內心覺得真的對不起這個老弟，便「縱酒極歡，待之如

第二章　長安失守

初」。這次劉聰偶然天良發現，劉乂如果趁機把那個皇太弟的帽子返還給劉聰，甘願當個純粹的貴族，以後不問政治，估計他就可以逃過性命之劫。可這哥兒們到了這時，也不知是心存僥倖，還是頭腦發暈，卻只顧喝酒，終於丟掉了這個救命的良機。

此時，長安的晉中央已被劉曜圍困到最危險的時候。安定太守焦嵩、新平太守竺恢、弘農太守宋哲都帶兵前來援救首都；散騎常侍華輯命令京兆、馮翊、弘農、上洛四郡的部隊進駐霸上。可這些部隊都害怕劉曜，一個也不敢前進。司馬保派胡嵩率部東下援救，在靈臺跟劉曜打了一仗，硬是把劉曜打了個灰頭土臉，取得勝利。如果胡嵩這時乘勝擴大戰果，其他部隊全力配合，共同把劉曜的部隊打殘，在一定時期內不能自理，是完全可以做到的。可這個胡嵩，也跟焦嵩一個樣，怕把劉曜搞定後，長安中央政府的聲望就會大幅上漲，麴允、索綝這兩個人的勢力也會變得更強，以後對他們大大不利，就把長安城西各郡的部隊都向渭水北岸轉移，非但不再前進，反而退到槐里當觀眾，看那兩個人還能威風到什麼時候。

到了這個時候，這些人居然還抱著這種心態，晉國不亡，那簡直是老天沒有眼。

劉曜打了一次敗仗，心裡已有點底氣不足，覺得這次戰鬥難以稱為「對長安的最後一戰」了。可看到晉國的援軍打完勝仗之後，居然退回安全地帶，變成了他和長安之外的第三勢力，而且很有兩不相幫的樣子，眼睛一轉，馬上就意識到，這幾個傢伙在關鍵時刻還在對著自己人耍威風。這不是千載難逢的時機是什麼？

他知道，要把晉國的這些援軍打敗，很不容易，但解決長安城中的武裝，現在沒什麼困難──只要這些援軍繼續當觀眾，不前來加入戰鬥，他們就會取得徹底的勝利。

第五節　長安政府的倒臺

劉曜這次看得絕對準確，命令部隊向長安發起進攻，沒費什麼力就攻破了長安外城。索綝、麴允帶著司馬業退到長安內城死守。這時，內城不光消息跟外面完全斷絕，就連米也已經嚴重缺乏，一斗米的價格狂漲到黃金二兩的地步，完全可以稱得上史上最強的糧價。再後來，城內的人們沒辦法，就拿起武器互相殘殺，然後把對方的屍體當免費的大餐。只幾天時間，城中餓死的人超過總人口的百分之五十，還能行動的都在搶著跑路，誰也控制不了。

麴允在皇家太倉裡翻了大半天，翻得全身是汗，這才找到以前那些釀酒師因為偷工減料而剩下的幾升米。麴允把這點米磨成粉之後，送給皇帝享用。可沒幾天，這點米就一點不剩了。

好不容易堅持到十一月，司馬業終於覺得睏了累了支持不住了，哭著對麴允說：「今窮厄如此，外無救援，當忍恥出降，以活士民。」

他把這話說完之後，作了一次深刻的回憶，長嘆一聲：「誤我事者，麴、索二公也！」原來此前，麴允曾打算把司馬業送到司馬保那裡，可索綝卻堅決反對，說：「要是司馬保掌握了皇帝，我們還有什麼市場？」因此這事就沒有進行下去。這兩個傢伙到了這個時候，也跟不顧大局的焦嵩和胡嵩一樣，腦子裡想的都是自己的「市場」，一點也沒有想到，這麼在內部你搞我我搞你下去，這個市場還能存在幾天？

司馬業只是個招牌，什麼權力也沒有，只有到了這時，那兩個支柱人物已變得單薄起來，這才可以說幾句話。可到了這時才說話，這話還算什麼話？

司馬業派侍中宗敞當使者，送去一封信給劉曜，表示要投降。

索綝知道後，私心又作怪起來，要是這麼跟著投降，自己的前途是一點也沒有了，得想辦法撈點資本，讓以後的生活幸福一點。他這麼一打算

第二章　長安失守

之後，就把宗敞偷偷地截留下來，卻派他的兒子跑過去面見劉曜，說：「現在長安城裡有的是糧食，士兵們再大吃大喝半年都沒有問題。你想攻進去難得很。當然，你也知道，現在長安城裡說了算的人就是我的老爸。你要是同意任我老爸為『開府儀同三司』，封萬戶郡公，我們願意和平解決。」

劉曜一聽，你以為老子的智商就跟那個司馬衷同一個級別嗎？要騙人也要找個好對象，也要有點技術。到了這個時候，居然還跑到老子面前撒謊？你們要是還能大吃大喝，為什麼你瘦成這個樣子，路都走不穩了，還能守什麼城打什麼仗？老子最恨的就是投機分子。來人，把這個傢伙拉下去砍了。

他殺了索綝的兒子之後，割下人頭，叫人送回給索綝，還交待了一番話：「帝王之師，以義行也。孤將兵十五年，未嘗以詭計敗人，必窮兵極勢，然後取之。今索綝所言如此，天下之惡一也，輒相為戮之。若兵食審未盡者，但可勉強固守；如其糧竭兵微，亦宜早寤天命。」這話的意思是，堂堂王者的子弟兵，應該完全依照大義來行事。我帶了十五年的兵，從來不耍什麼陰謀詭計去打敗敵人，都是在戰場上跟人家決鬥，把對方打殘到喪失行動力之後才宣布取得勝利。現在索綝居然對老子說這樣的狗屁話，誰聽到誰都噁心。現在老子把來使殺了。如果你們還有糧食，還能堅守，就請你們繼續堅持死守到底。如果你們糧食已經吃光，部隊也已經玩完，那就請早日做棄暗投明的打算。

索綝本來想叫他兒子去為自己謀利益，哪知卻是讓兒子去送死，這才知道，什麼事老是為自己打算，最後也等於自尋死路，臉色變得灰白，再也不敢利用職權黑箱作業了。

宗敞這才得以出發，於十一月十日到達劉曜的大營，向劉曜表達了真誠的投降之意。

第二天，年輕的晉朝皇帝司馬鄴坐著羊車從內城出來，像當年的孫皓

第五節　長安政府的倒臺

一樣，脫下衣服，在冬季的寒風中裸體前進，口中還像賈寶玉剛出生時一樣含著一塊玉，帶著一副棺木，來到東門，向劉曜投降。

司馬業手下的所有官員都流淚大哭，攀著他的車，握著他的手。司馬業也跟著大哭。他這時才十七歲，和平時期，也就是個高中生模樣的小帥哥，回到家裡，還可以向老爸老媽茶來伸手、飯來張口，可現在他卻必須代表一個國家去向別人投降，成為一個亡國之君——而且這個國家的滅亡，並不是他的責任。可他卻必須負這個責任。幸虧他才十七歲，身體還不差，這才可以在冬天秀著肌肉，完成這個投降儀式。

劉曜接受了那塊玉，叫人把那口棺材燒掉，然後叫宗敵陪司馬業先回宮裡住，等候處置。

十一月十三日，劉曜把以司馬業為首的晉國所有高官們都集中到他的大營中，全部押送到平陽。這傢伙雖然能力不高，但前次攻破洛陽，俘虜了一個晉朝的皇帝，這次又攻進長安，再把晉國的另一個皇帝捕獲歸案，成就感實在比天還大。這時把這麼一支龐大的戰俘送進首都，使得這個成就感更上一層。

十一月十七日，這批俘虜來到平陽。第二天，劉聰從美女的肚皮上擠出寶貴的時間，在光極殿上辦公，接受司馬業的投降——別的事可以不管，但這一次一定得出鏡。這傢伙覺得自己這一生真是威風的一生，自己只在宮中把妹，還連續兩次俘虜敵國的元首。大家翻一翻歷史，還有哪個皇帝能像老子這樣？

絕對沒有！

劉聰坐好之後，司馬業進來，上前對劉聰叩頭。麴允看到自己的老闆這個樣子，就覺得無比悲哀，伏在地上，放開音量大哭起來。

劉聰這時心情正越來越爽，聽到麴允這麼大聲哭，而且這麼大的一個

093

第二章　長安失守

男人放聲大哭，實在難聽得要命，就叫人把他扶起來。哪知，麴允卻硬頸得很，幾個大力士去扶，就是扶不起來。劉聰看到這個老傢伙硬在這裡表演自己痛哭的本領，讓自己高興的心情大打折扣，就生氣起來，你以為你是劉備，這麼哭就能感動老子？一揮手，叫人把老傢伙帶下去，關到監獄裡，他愛哭到什麼時候就哭到什麼時候。麴允到監獄裡後，停止了哭聲，也以自殺的方式結束了生命。

劉聰把司馬業封為光祿大夫，懷安侯。為了弘揚一下精忠報國的精神，還對那個先哭後自殺的麴允進行表彰，追封他為車騎將軍，諡節愍侯。至於對其他人，就不那麼客氣了。特別是那個死到臨頭還投機了一把的索綝，下令將他五花大綁，先在冬天的大街裡作一日遊，讓人們看一下奸邪之徒的嘴臉，然後才在街頭砍下那顆一心只為自己著想的腦袋。長安政府裡的其他官員，以及那些寧願帶兵當觀眾也不救援一下的太守們，劉曜通通殺掉。這些人到了這時才知道，當這個觀眾，代價實在太大了——不但害了麴允和索綝，連他們自己也跟著死翹翹。

第六節　劉琨這次輸得很慘

晉國在西部的殘餘力量就這樣結束。倒是劉琨的勢力又有點起色。

大家知道，劉琨能在并州一帶混得這麼久，靠的全是代王拓跋猗盧的力量。這個猗盧對劉琨還真的不錯，只要有困難，說一聲，給點現金，馬上就派他的鮮卑子弟兵前來，衝鋒陷陣。不過，這傢伙打仗很得力，可也跟很多強人一樣，處理家庭事務卻很菜。拓跋猗盧雖然不是皇帝，但他是這一帶鮮卑索頭部落的老大，在他的轄區裡，他的職權跟皇帝沒兩樣，而

第六節　劉琨這次輸得很慘

且也有指定接班人的權力。他也有很多兒子,而且他的長子六修也是很厲害的角色,是個很好的繼承人。可老頭子卻特別喜歡他的小兒子拓跋比延,喜歡到想把自己的位子讓他來坐的地步。可他又怕六修不服,因此,他就叫六修離開首都,到一個離首都盛樂很遠的地方新平當一把手,而且還把六修的老媽廢成平民。

為了進一步把六修的底氣搞掉,磨光這個長子的稜角,拓跋猗盧還不斷地向六修採取種種動作。六修有匹好馬,一天可以奔狂五百里,他沒飆車幾天,拓跋猗盧就叫他交出來。他交出之後,拓跋猗盧直接就送給比延,把六修氣得夠嗆。後來,六修不遠幾百里來到首都,向老爸述職,拓跋猗盧卻說老爸知道你很稱職,還述什麼職。不過,你得向你的兄弟比延下拜一下。

拓跋六修一聽,臉色一變,當場拒絕。

如果這時,拓跋猗盧修正一下自己的政策,讓比延把能力和人品展現出來,用功勞把六修比下去,甚至真正執行「能者上,庸者下」的人才政策,讓六修當接班人算了,估計後果就很不錯。可這個比延要人品沒人品,要本事也沒本事,只有老爸在後面硬撐著。而拓跋猗盧根本沒有讓六修當接班人的打算。他看到六修不向比延下拜,就想了個辦法,叫比延坐在他的豪華座駕上,叫人在車前引導,好像是他在出巡視察首都街道一樣。

六修一見,果然以為是老爸在車上,趕忙在路邊下拜。可拜過之後,他就發現,原來車上坐的竟是他的弟弟比延。六修發現自己原來被玩了一把,站在路邊,又生氣又羞得要命,當場咬牙切齒地返回新城。

拓跋猗盧知道六修氣沖沖地回去之後,也覺得問題嚴重起來,馬上派人再把六修叫回來。可六修卻不再聽從老爸的召喚了。

拓跋猗盧一看,老子還活得好好的,你就不聽老子的話了。等老子翹

095

第二章　長安失守

辮子了，你不造反誰造反？現在老子就把你當造反來處理。他率領部隊，向六修發動軍事行動。

拓跋六修這時已鐵了心跟老爸過不去，看到老爸率軍前來，當然也不講什麼禮貌了，也帶著部隊出戰。父子兩個成了戰場上一對敵人，廝殺起來。最後以拓跋猗盧的失敗而告終。

拓跋猗盧知道這個兒子的性格，知道他肯定不放過自己，因此打了敗仗之後，就以最快的動作換上平民的衣服，扮成一個老百姓，跑到村裡去躲藏。可是卻被個女人發現，並向六修告了密。六修抓到這個老爸，當場就殺了。

拓跋六修殺了老爸之後，以為整個索頭部落沒誰是他的對手了，他可以當全部落的最高領袖了。哪知，他的堂兄弟拓跋普根卻一點也不服他。這個普根是拓跋猗㐌的兒子，也是拓跋猗盧的姪兒。這時，他在邊界駐防，聽說六修殺了叔叔，二話不說，立即組織力量，向六修發動進攻，把六修一舉消滅，然後宣布自己當了索頭部落的最高領導人兼代王，全盤繼承拓跋猗盧的遺產。

可這傢伙也不是個當第一把手的料，才當這個最高領導人沒幾天，控制區裡就亂了套——原來，這個地方的形勢也跟江東差不多。江東有北方人與南方住民間不可調和的矛盾，鬧得很不和諧。這個地方也有著類似的情況。普根所部全是純正的索頭人，而拓跋猗盧原來的部下，有索頭人，也有漢人和其他人。這樣，普根的部眾被稱為「舊人」，而拓跋猗盧原來的部下就被稱為「新人」。原來拓跋猗盧還活著的時候，舊人和新人什麼事也沒發生。可普根一上臺，兩幫人就鬧起了糾紛，這個糾紛一鬧下來，沒幾天就發展成流血衝突，殺了個不亦樂乎。

索頭部落的左衛將軍衛雄、信義將軍箕澹是拓跋猗盧的心腹，在這一

第六節　劉琨這次輸得很慘

地區的人氣很高，心裡極端不服普根，不願意服從普根的領導，就商量著跳槽去投奔劉琨。兩人在密謀之後，就大造輿論說，現在舊人的勢力大得要命，他們要對新人實行「三光」政策。我們得想辦法啊！這個輿論一擴散，漢人和烏桓人都怕了起來，都表示，以後就把性命交給兩位將軍了。兩人就帶著劉琨原來留在這裡當人質的兒子劉遵，率領這裡的漢族和烏桓人共三萬多戶、馬牛羊十萬頭，去劉琨那裡報到。

劉琨高興得沒法形容，馬上跑到新城迎接。他的勢力又得到了恢復。

本來，如果劉琨得到這支生力軍之後，用心把根基打好，再全面發展，前途是大有希望的。可這傢伙長期以來，天天想著把敵人消滅光，而手裡又沒有資本，這時有了這點本錢，心情就浮躁起來，要與石勒決一死戰。

正巧石勒這時出兵攻打玷城，駐守在這個地方的樂平太守韓據向劉琨求救。劉琨當場拍板出兵。

衛雄和箕澹反對，理由是：「此雖晉民，久淪異域，未習明公之恩信，恐其難用。不若且內收鮮卑之餘穀，外抄胡賊之牛羊，閉關守險，務農息兵，待其服人感義，然後用之，則功無不濟矣。」意思是，我們帶來的人馬，雖然都是晉國的良民，可長期以來都在索頭部落裡生活，現在剛到新環境生活，情緒還沒有穩定，對老大還不很信任。在這種情況下，想讓他們為老大賣命，實在很難。我們的意思是，先整合一下內部的力量，盤點一下鮮卑人留下的糧草，對外盡量掠奪劉漢國的牛羊，緊閉邊關，先來個休養生息，把人心全都凝聚之後，再發動戰爭，肯定取得全部勝利。

後來的事實證明，這個建議是絕對正確的。可惜劉琨卻一點不採納。

劉琨向全軍發出了開赴戰場的動員令，動員了全部的力量參加戰鬥。他命令箕澹率步騎二萬人作先鋒，自己率大軍駐紮廣牧，作為後援。

劉琨下的這一步棋，聲勢很大。

第二章　長安失守

如果他的對手是別人，估計就會被他的聲勢嚇得逃跑。可是，他現在的對手是石勒。

石勒聽說箕澹部隊殺來，馬上就決定迎戰。

石勒的很多手下都知道，箕澹帶的部隊是鮮卑人，前一段時候已經多次證明，這是一支很能打仗的部隊，因此都建議石勒：「老大啊，箕澹的部隊強悍得很，戰鬥力很強，我們不如先躲開他們的鋒芒，修好工事，讓他們的銳氣消磨光之後再打，才能取得勝利啊！」

可是石勒卻一點都不同意這個建議，說：「你們知道什麼。這個箕澹部隊的數量雖然多，裝備雖然先進。可他們跑了那麼遠的路過來，累得都站不住了，而且人心不齊，還能有多強？現在敵人都舉著大刀砍到眼前來了，我們為什麼要放棄消滅他們的機會而逃跑？而且，我們大軍才行動，就突然掉頭閃人，敵人要是趁我們撤退時，在屁股後面狂追狂扁，不把我們扁得遍地找牙才怪，還能修什麼工事？這個建議是讓老子自取滅亡的建議。」這傢伙這麼一認定，就把那幾個勸他修工事的人殺死，然後讓孔萇當前鋒都督，重申：「後出者斬！」誰最後一個衝出軍營的，就斬！

當然，他這麼決心大打一場，內心並不真的輕敵，而是在戰前作了充分的準備，還耍了一點花招。下令部隊在險要的地方，構築陣地設防，還在山上布置疑兵，設了兩道埋伏，然後派幾個騎兵去跟箕澹的部隊打了一仗，可才一接觸就假裝大敗而逃，向後撤退——如果是個高明的指揮官，這時看到敵人這麼敗退下去，明顯就是傳說中的誘敵深入之計，根本不用追擊。可箕澹在這方面卻不敏銳，看石勒的部隊原來就這麼菜，此時不追更待何時？命令全軍出動，給老子狠狠地打。

箕澹的部隊就這麼高喊著雄壯的口號，一古腦兒地衝向石勒設下的埋伏圈。

第六節　劉琨這次輸得很慘

石勒一聲令下，伏兵四面衝出。淇澹的部隊一看，原來中了敵人的埋伏，軍心立刻潰散，大家爭相逃跑。

石勒部大獲全勝，獲得幾萬匹配備精良的戰馬。箕澹和衛雄只帶著一千多人跑回代郡。韓據更是支持不住，棄城逃跑。

劉琨主政的并州人心惶惶。

更讓劉琨倒大楣的是，他的長史李弘覺得前景灰暗，竟然連個招呼也不打，就把并州無償貢獻給石勒，弄得劉琨連一塊立足的地方也沒有了。

劉琨這時才知道，箕澹和衛雄原先的建議沒有錯。

在劉琨超級鬱悶的時候，幽州刺史段匹磾做了一回好事，請他去幽州容身。

建興四年的十二月五日，劉琨帶著他的殘部，繞道飛狐谷，投奔段匹磾。

段匹磾對劉琨很敬重，先是跟他結成兒女親家，後來覺得光做親家還不能體現出兩人的團結友愛，乾脆又結拜為異姓兄弟。

這一次，劉琨可說是輸了個到底，就差短褲沒有脫出去。石勒再一次取得輝煌的戰果。這傢伙連續搞定王浚和劉琨兩大勢力，基本上掃除了北方最強悍的敵人，「葛坡對」的策略設想進一步實現。

石勒把陽曲和樂平的居民都遷到襄國，在安撫了并州各地之後班師。而孔萇乘勝攻打代郡，沒幾回合就把箕澹斬掉。

第二章　長安失守

第七節　司馬睿的表演

　　長安的淪陷，對司馬業他們來說，當然是大壞事，可對司馬睿來說，卻是一個歷史機會。

　　司馬業一被劉曜生擒，從晉國的皇帝變成漢國的光祿大夫，晉國又一次走進無政府狀態。以前司馬熾被搞定時，晉國各地還有很多強人，在沒有皇帝的日子裡，紛紛另立中央，只幾天時間就有五個臨時中央政府，搞得到處是中央指令，讓人眼花。可現在晉國的強人只有司馬睿了。

　　司馬睿雖然不是什麼英明人物，但他知道歷史正給他機會，他得把這個機會抓得死死的，決不能讓它像細沙一樣從指縫中滑掉。

　　他聽到長安被攻破的消息後，努力壓抑住心中的興奮，做了一次精采的表演，下令大軍北伐，為皇帝報仇。

　　大家都知道，司馬睿內心最不願聽到的兩個字，就是「北伐」。以前司馬業還當皇帝時，命令他北伐，他根本不理會，連個姿態也不做給司馬業看。後來祖逖強烈要求北伐，他不好反對，但卻讓祖逖自己去經營，好像做企業一樣自負盈虧。可現在他居然高調北伐，有腦子的人都猜得出他這是在作秀，是在放手大撈一個巨大的政治資本。

　　為了把這個政治秀做足，司馬睿還穿上軍裝，在野外結營，向四方各州下達命令，定期發兵北伐。

　　大家看到他做得這麼有聲有色、氣勢磅礡，都以為這一次，肯定有好戲可看了，可以好好發揮一下晉國雄風。

　　哪知，司馬睿把北伐的聲勢做到最大之後，突然宣布，糧草運輸沒有跟上來，大軍沒有糧草，無法行動啊！這個責任當然就由督運令史淳于伯來承擔了。淳于伯正在兢兢業業地準備後勤，覺得自己做得還很稱職，聽

第七節　司馬睿的表演

說老大要召見他，就高高興興地過去。哪知，一到老大那裡，還沒有說上一句話，就被人綁了起來，而且直接就送到刑場處決。

他只能大叫冤枉啊！可他不冤枉，司馬睿就不能收兵，這個政治秀就搞砸了。

司馬睿抓到淳于伯之後，大張旗鼓地開了個審判大會，然後才開刀。

可在執行死刑時，卻發生了一件怪事。

據說，劊子手在完成砍頭任務後，覺得刀上的血太多，就把刀放到柱子上抹一下，想把那些血擦掉。誰知刀上的鮮血突然動起來，而且能忽略地球的引力，順著柱子往上衝，一直衝出柱梢兩丈開外，這才落下。大家一看，驚訝之餘，都認為這是因為淳于伯死得太冤了。

司馬睿知道後，覺得這個冤案非但讓他的作秀沒有效果，反而讓全國人民把他當作製造冤假錯案的惡棍看待，因此也急於找個倒楣鬼當替罪羊。

多虧了丞相司直劉隗，這個替罪羊很快就找到。

劉隗說：「淳于伯的罪不至於被判死刑。這主要是周莚這些人辦事不力的結果，才會造成這個冤案。請老大撤銷周莚的職務。」

這時，王導他們也上來湊熱鬧，紛紛過來表示大家都有責任，請司馬睿解除他們的官職。

司馬睿一看，這些手下在這個時候跟老子配合得這麼好。他一概不追究這些人的責任，而是向司馬師學習，把責任攬到自己的身上，說：「政令失當，量刑錯誤，都是我的頭腦發暈所致，不能怪大家啊！這是我的責任。」就這樣，反而把壞事變成好事。

當然，北伐的事就這樣在大夥的一場熱烈的反省中拖延著，最後不聲不響地告吹。

101

第二章　長安失守

　　司馬睿的好運還在繼續。

　　建興五年，晉黃門侍郎史淑和侍御史王沖從長安逃出，來到涼州。這兩個傢伙的官位雖然不顯赫，也沒有別的豐功偉業和引人注目的手藝，放在平時完全可以歸類為可有可無那類人，但卻是皇帝身邊的工作人員，知道最多內線消息，可以在某個特定時期，傳達皇帝的最高指示。他們到了涼州之後，估計也知道，按照現在的形勢，司馬睿的江東集團肯定是晉國殘餘力量中唯一的老大了，司馬氏的全部遺產肯定由這哥兒們繼承，因此就大聲宣布：司馬業決定投降的前一天，就派他們送詔書出來，任命涼州刺史張寔為大都督、涼州牧、侍中、司空，而且還有承制的特權，並且還說，司馬業最後聲稱：「朕已詔琅邪王時攝大位；君其協贊琅邪，共濟多難。」為司馬睿成為皇帝繼承人製造了強大的輿論。

　　二月二十八日，弘農太守宋哲因為上個月被漢兵打了個全盤皆輸，最後損失人馬、丟掉地盤，狂奔來到江東，投靠司馬睿。這傢伙也是個聰明人，知道就這麼破破爛爛地來到建康，誰也看不起他，以後想過幸福生活實在難上加難。

　　因此，他一來到建康，連個臉也來不及洗，就大聲說：「我這次拚命跑過來，是為轉達司馬業的最後交待而來的。這個交待就是，命令丞相、琅琊王司馬睿代理最高領導人，以後大家都要緊密團結在他的周圍，為開創晉朝的新局面而努力奮鬥。」

　　司馬睿需要的正是這話。當然，他聽到這話之後，並不當著大夥的面嘎嘎大笑，高聲叫喊老子終於熬出頭來了，你們跟著老子，算跟對了。而是繼續保持低調的作風，換上一身看上去很艱苦樸素的衣服，跑到別殿去吃喝拉撒三天，表示對司馬業沉痛的哀悼——其實他早就希望司馬業掛掉。

第七節　司馬睿的表演

很多人看到他這個表演，自然回憶起劉備哀悼漢獻帝的故事來，知道這是當皇帝的前兆，是他們這些手下拍馬立功的時候了。

一大批有這個共同愛好的人，跟當初諸葛亮他們一樣，集中在一起公開密謀了大半天，然後隆重推出資格最老的司馬羕——這哥兒們現在是西陽王，而且是司馬亮的兒子，是個要資格有資格、要位子有位子、要能力沒能力的人，這種人最適合做的事就是當領銜人物，共同把司馬睿往皇帝的位子上推過去。

司馬睿看到這麼多人出來叫自己當皇帝，而且個個態度堅決，好像自己不當皇帝，他們就活不下去一樣，心裡高興得不得了，原來老子這個皇帝是眾望所歸。

他知道，這個皇帝他是當定了。

可他還得把謙虛的美德表演一下，擺出一副堅決得不能再堅決的態度，說我不是當皇帝的料啊，說著說著，把劉備的伎倆也全盤抄襲一遍，淚水流滿了臉，說了這麼一句話：「孤，罪人也。諸賢見逼不已，當歸琅邪耳！」這話是說，我其實跟個罪人沒什麼兩樣。現在部下們硬是把我逼到這個地步。我沒有辦法，就回到原來的封地上，當個土財主算了。而且他說過這話之後，馬上招呼身邊的人員，準備車馬和路費，馬上出發回老家。

在場的就是腦殘也知道，他這話是屁話，這話的意思是，要他們再加一把勁，把他逼得更緊一點，讓他做得更加理直氣壯。司馬羕他們趕忙叫老大你先留下啊，什麼事都好商量，只要你不要離開大家。這事就這樣處理，你看行吧？我們依照以前的曹丕和武帝的慣例，先稱晉王，這樣你總給我們這個面子吧？

司馬睿最後為了顧及大家的面子，只好說那就這樣吧。

103

第二章　長安失守

這樣，司馬睿於三月九日任命自己當了晉王——雖說是當了個「王」，離皇帝的位子還有一點距離，但所有的儀式卻全照新皇帝的樣子進行：大赦、改年號為建武元年，設立文武百官，而且立宗廟，建社稷。

那些馬屁高手繼續拍下去，司馬睿才當晉王幾天，晉王職務還沒有全面開展，馬上就上書，請求老大把目光放得再長遠一點，把接班人也指定了。

司馬睿這時不再扭扭捏捏，當場答應把這個問題擺到議事日程上來。他很喜歡他的次子宣城公司馬裒（這個字念坏。這哥兒們其他高難度動作做不了，倒是善於找到這些難認的字來當兒子的名字），但他卻不敢專斷，就很委婉地向王導提出：「我認為，選個接班人，他的人品最重要。」

王導是什麼人？當然知道他這話的意思。王導也知道他的這些兒子中，誰最有能力，因此在這件事上，他堅決不同意司馬睿的話，當場就否定：「世子、宣城，俱有朗雋之美，而世子年長。」這話是說，老大的長子和次子，人品和能力都很好，一點都沒有問題，可是司馬紹是老大的長子啊，照傳統應該講一下論資排輩才對。

你知道，司馬睿能有今天，都是王導的功勞，他從來不敢否定王導的話。這時看到王導說這話，也不再堅持自己的意見，而是馬上轉變思想，扭轉立場，宣布司馬紹為繼承人，次子司馬裒為琅琊王。不過，還讓司馬裒都督青、徐、兗三州諸軍事，鎮廣陵。然後就大封一批堅定勸進之臣和死黨：以西陽王羕為太保，封譙剛王遜之子承為譙王，以征南大將軍王敦為大將軍、江州牧，揚州刺史王導為驃騎將軍、都督中外諸軍事、領中書監、錄尚書事，丞相左長史刁協為尚書左僕射，右長史周顗為吏部尚書，軍諮祭酒，賀循為中書令，右司馬戴淵、王邃為尚書，司直劉隗為御史中丞，行參軍劉超為中書舍人，參軍事孔愉長兼中書郎。

這個任命書釋出後，王敦主動辭了江州牧的職務，他的弟弟王導也覺

第七節　司馬睿的表演

得哥哥現在是六個州的最高軍事長官，全國的槍桿子都牢牢地握在哥哥的手中，也跟著辭去那個「都督中外諸軍事」的職務，免得讓人家說他們兄弟的嫌話。

司馬睿的能力比司馬炎差了一個等級，不過，在決定接班人這事上，卻比司馬炎高明了無數倍。司馬紹是晉朝這麼多個皇帝中，最有能力的一個，只是壽命太短，沒什麼作為——當然，這是後話，暫時不表。

這時，那個遠在北方的劉琨也認為司馬睿應該當上國家元首。他和段匹磾一起發誓，一定為晉國的復興貢獻自己的一生。三月十九，劉琨到處宣傳、製造輿論，號召大家擁護司馬睿當皇上，並派左長史兼右司馬溫嶠和段匹磾的左長史榮卲一起，拿著他們的勸進表去建康，勸司馬睿繼位。這兩個人整整走了三個月，連腿毛都掉光了，才來到建康。劉琨是溫嶠的姨父，因此，在溫嶠前去建康的時候，劉琨對他說：「晉祚雖衰，天命未改，吾當立功河朔，使卿延譽江南。行矣，勉之！」意思是：現在晉朝股票指數雖然跌入谷底，但天命還向著司馬氏。以後我在北方經營，努力把事業做大做強，讓你在南方的名聲上漲起來。你可以先走了。

司馬睿這時不但努力使這些晉國的舊部下們勸他當皇帝，還想辦法讓別的勢力也加入這個行列。

他派人不遠千里跑到關外，找到慕容廆，把一大串官職讀給這個鮮卑老大聽：都督遼左雜夷流民諸軍事、龍驤將軍、大單于、昌黎公。可慕容廆早就自稱鮮卑大都督，覺得大都督這三個字涵蓋面廣又簡潔，為什麼要在名片上打這麼多字？要人家背上大半天也記不住，職務好像很多，其實一點效果也沒有，就不接受。

慕容廆手下的征虜將軍魯昌馬上提醒他：「現在晉國的兩個首都都已經完蛋，晉國的其他強人也都玩完，就只剩下這個司馬睿了。大家都知道

第二章　長安失守

這哥兒們肯定要當皇帝，屬於傳說中眾望所歸的人物。現在老大雖然有一塊自己的地方，在這裡威風凜凜，好像什麼話都是老大說了算。可是很多部落仍然不把老大放在眼裡，甚至來跟老大叫板。主要原因不是老大長得不夠威風和酒量不夠大，而是因為老大的官位是自己任命的，沒有經過中央允許的緣故。因此，我建議，一定要向司馬睿靠攏。派人過去勸他當皇帝，然後請他派你去討伐別人，誰敢不服？這可是成本最低、收穫最大的政治投資啊！」

那個遼東隱士這時也冒出來，對慕容廆說：「要成功地完成霸業，一定要有強悍無比的政治眼光和超級強大的號召力。現在晉國已經薄弱不堪，可是全國還是有很多人把他們當成合法的正統，這是因為他們的政治資本太雄厚了。這個政治資本，我們不能讓他獨吞，也要想個辦法來跟他們分享一點。所以現在應該派人去江東，讓大家都知道我們是與中央同一陣線的，以後我們的所有行動都是代表中央的。這就是我們最有力的政治資本啊！」

慕容廆一聽，原來叫人家當皇帝，自己還有這麼多好處。現在才知道什麼叫政治了。政治就是大家互相利用，你利用我，我利用你，表面上互相尊重，其實內心各懷鬼胎。他派長史王濟當使者，去建康完成這個任務。可是從遼西到建康，要經過很多其他勢力，難保一路平安，王濟就坐船渡過黃海和東海，來到建康，勸司馬睿當皇帝，表明他們將在遙遠的遼西大力擁護司馬睿。

第三章
內亂和外亂同時進行

第三章　內亂和外亂同時進行

第一節　祖逖！祖逖！

在司馬睿仰望著皇帝寶座、加快撈取政治資本的步伐時，劉粲也加快了打擊劉乂的力度。

劉粲經過這一個時期的準備，認為前期作業已經完成，現在已經到發動最後一擊，把劉乂徹底打倒，再踏上一腳，讓他永世不得翻身的時候了。

劉粲的最後一個圈套是這樣設立的。

他叫他的心腹王平跑到劉乂面前，對這個皇太弟說：「老大，剛才我接到皇宮的消息，說首都將要發生叛亂，要你趕快準備戰鬥。」

稍微有頭腦的人一聽這話，就知道是屁話。要是首都真要發生叛亂，皇帝真的發了這麼重要的命令，為什麼不直接發給身為皇太弟的劉乂，而是靠這個傢伙來傳話？

可劉乂卻硬是相信這傢伙的話。大概這哥兒們在這裡被軟禁得久了，也想做出一點作為來，也想立個功來表現一下，好讓自己從沒落中崛起。可他卻徹底地忘記了，劉聰和劉粲他們只要他沒落下去，絕對不願意看到他的崛起——照他這麼天真的想法來看，他實在不是個合格的政客，實在不宜在官場混飯吃。

劉乂馬上下令東宮的全部人員都穿上鎧甲，外面罩上平常的衣服，要求大家保持清醒的頭腦和戰鬥的姿態，時刻準備應付事變。

在他發出這個命令的時候，劉粲緊急通知了他的合夥人靳準和王沈：「劉乂上當了。我們按計畫行動。」

靳準和王沈等的就是這句話。兩個人聽到這個消息之後，馬上跑過去

第一節　祖逖！祖逖！

面見劉聰。

勒準說：「報告老大，我得到可靠的消息，皇太弟將發動政變。現在他已經把東宮的人都武裝起來了。」

劉聰的臉色霎時變白，叫了一聲：「怎麼會發生這樣的事？」在他的心目中，劉乂並不是個會造反的人啊！

王沈馬上說：「其實我們早就知道皇太弟的陰謀，也多次向老大報告。可是老大太善良了，硬是不信。」

劉聰看到這幾個死黨都這麼說了，對自己的判斷就產生了懷疑，馬上命令劉粲帶部隊包圍東宮，阻止事變發生。

劉粲他們等的就是這個命令，而且早就做好了準備，一接到命令，工作效率空前的高。劉粲還怕到時光這些證據還搞不定劉乂，還叫靳準和王沈把氐羌族十多人部落的老大都抓起來 —— 因為，現在劉乂還有個大單于的職務，大單于的主要職責就是統領這些少數民族。他們抓到這些部落老大之後，就把這十幾個人都吊到高架子上，然後用燒紅的鐵鉗來挖他們的眼珠。這十幾個人意志都不堅定，一受了這些酷刑，都叫喊連天，說你們想要什麼老子就做什麼啊！

王沈他們說，只要你們一起誣賴劉乂，說他叫你們跟他一起造反奪權，就放過你們。

這十幾個傢伙一聽，原來是要我們承認這件事。反正這是劉乂的事，跟我們無關，為什麼不承認？連汙衊也不會，那就太腦殘了。

這些證據很快就送到劉聰那裡。劉聰一看，這不是證據確鑿、鐵證如山是什麼？差點被劉乂這傢伙給騙了。幸虧有靳準和王沈這幾個忠臣的眼睛雪亮，看穿了他的嘴臉。要不老子可就慘了。他這麼一想，對王沈他們充滿感激，說：「你們這一次挽救了國家，也救了我。希望你們以後要堅

109

第三章　內亂和外亂同時進行

持『知無不言』的原則，有什麼話一定要說出來，以前我不聽你們話的事不要放在心上。」

劉聰下令把東宮全部人員拉去通通殺掉，還要求把那些平時跟劉乂同一陣線的人都殺死。

靳準他們看到這個命令之後，馬上就利用職權，把那些平時跟自己不同調的人全列為劉乂集團的核心成員，然後斬首。最後還把殺人的範圍繼續擴大，連東宮的武裝衛隊一萬五千人也都活埋在一個大坑裡。

不過，劉聰還不打算把他這個現在在世的唯一弟弟殺死，只是廢掉皇太弟的稱號，改封為北海王。可劉聰雖然放過老弟，劉粲卻不放過這個叔叔，他把靳準叫來，說：「你幫我把這個北海王搞定了。」

靳準這些人，你叫他去做別的事，可能難度比較大，但做這些缺德事，那可是很有本事的。幾天後，大家都知道，劉乂被人殺死。但刺客跑了。

劉聰當然也知道這個消息，目光突然發直起來，然後大哭：「老子現在就只有這個兄弟了。可現在卻成這個樣子，一個容不下一個。」其實並不是劉乂容不下他，而是他以及他的兒子容不下劉乂。

不久，氐羌族部落的首領因為無故被王沈他們折磨了一場，個個都有資格加入身心障礙聯盟，因此對劉氏集團也很生氣，就紛紛走向叛變。

劉聰任命靳準為行車騎大將軍帶兵去把這些叛軍平定。靳準就這樣又成為漢國的軍事強人。

這年的七月，劉聰封劉粲為皇太子、相國、大單于，而且「總攝朝政如故」，大致完成權力轉移，就更加放心地去把妹。

那個以憤青的姿態硬要北伐的祖逖，透過一段時間的自力更生、艱苦創業，這時也算做得有模有樣。

這傢伙在出發時，雖然像個憤青，可腦子還真不錯。他知道自己的這

點資本根本算不得什麼，因此，大量收買人心，把很多零星武裝收編到手下來。

這一帶原來就有張平和樊雅兩人，各帶著一批幾千人流民武裝，到處打擊大地主瓜分田地。以前司馬睿就有意收編他們，派行參軍桓宣過來，請他們加入江東政府。這兩個傢伙也沒什麼遠大理想，更沒有想到要自立，看到政府派人來收編，就很爽快地答應。當然，這種收編也只是承認一下他們是江東集團的人，其實他們既不領司馬睿的薪資，也沒得到別的幫助，更沒有向政府納過什麼稅，跟自立沒什麼差別。

祖逖當上豫州刺史後，很快就把勢力推進到蘆州，離張平他們的地盤已經不遠，就派他的參軍殷乂前去接洽。這個殷乂當過參軍，沒參出什麼謀略來，倒是把囂張的性格表現得很到位。他覺得自己是政府的正規軍，張平只不過是個土匪頭子，算什麼，因此這次出差，是帶著看不起土匪頭子的心情去的。

他一進張平的地盤，那雙目中無人的眼睛一翻，瀏覽了一下張平他們的營區，說：「呵呵，這種房子，拿來養馬倒是可以將就一下。」弄得張平臉色一片慘白。

殷乂根本不管張平臉色的變化，又去視察張平的後勤部，看到一口特大號的鍋子，就哼一聲，說：「砸爛了可以鑄很多鐵呢！要不賣給撿破爛的，也可以拿到半餐酒的錢。」

張平馬上說：「你要看仔細一點。這不是一般的鍋子。這是帝王鑊，天下太平的時候才能用啊！千萬不能拿它去鑄鐵。」

殷乂說：「笑死我了。現在是什麼形勢，你老兄的腦袋都保不住了，還保這個破鍋子？」

他這話一出，張平的怒氣就噴了出來，大叫道：「看看是誰的腦袋先

第三章　內亂和外亂同時進行

保不住？」

殷乂還沒有意識到問題的嚴重性，大叫：「你這個土匪頭子，想做什麼？」

張平冷冷一笑，說：「做什麼？你馬上就知道了。」說完在座位上拔出武器，當場殺掉殷乂。

他殺了殷乂之後，馬上動員部眾，守住城寨，再次公開舉起自立的大旗。

祖逖想不到這個殷乂居然一點也不明白他的政策，把事情搞成這個局面，但派錯了人，你就得接受這個惡果。沒有辦法，只得派部隊去攻打。哪知，打了一年多，卻一點進展也沒有。最後，他使用了個陰謀詭計，收買了張平的一個死黨謝浮，讓謝浮在內部突然動手，殺了張平。這才讓祖逖順利過關，把勢力開到太丘。可那個樊雅仍然擋著他前進的道路。

祖逖知道，不能再耽擱下去了，就請南中郎將王含伸出援手，幫他一把 —— 都是為了晉朝天下，總不能讓我一個人去啃這種骨頭吧？

王含就派桓宣帶五百個士兵前去聽從祖逖的指揮。

祖逖一看，來的居然是桓宣，太妙了，就對桓宣說：「你有過說服他們的經驗。現在就請你再去跟他們談談。」

桓宣也不說什麼，騎上馬，只帶著兩個人，就去見樊雅。

樊雅本來正在備戰，準備跟祖逖死纏到底，可一看，卻是桓宣來了。他曾經跟桓宣打過交道，覺得桓宣是個好人，交這種朋友肯定沒錯，就叫兄弟們開啟寨門，讓老朋友進來。

桓宣進來之後，就對樊雅說：「祖逖其實只是想把石勒和劉聰搞定，正想跟你合作。那個殷乂絕對是個豬頭，目中無人，但那絕對不是祖老大的意思。你要好好想一想。」

樊雅一聽，就說：「老子聽你的。」跟在桓宣的屁股後面，過來面見祖逖，表示以後永遠當祖逖的手下。

祖逖就這樣進了譙城。

石勒派石虎過來包圍譙城，想一舉打敗祖逖。

祖逖知道自己本來力量就很單薄，而且剛進譙城，什麼工作都還沒有進行，肯定打不過石虎，只得又請王含出手。王含再派桓宣出戰。石虎看到敵人援軍出動，也不敢戀戰，撤軍了事。

祖逖覺得桓宣是個人才，就上書推薦他當了譙國內史，成了地方的一把手。

在祖逖取得進展的時候，司馬睿又藉機做了一次北伐秀。

這一次的秀不是由他出面主導的，而是讓他最衷愛的兒子司馬裒來領銜主演。他向全國各地發了個布告，稱：「石虎敢帥犬羊，渡河縱毒，今遣琅邪王裒等九軍，銳卒三萬，水陸四道，徑造賊場，受祖逖節度。」意思是，石虎這小子竟敢帶著石家匪徒，渡黃河南下，毒害人民。現在派琅琊王司馬裒帶領九路大軍三萬精銳部隊，他水陸四道，衝上前線，痛扁敵人。而且九路大軍都接受祖逖的指揮。

可布告發出之後沒多久，就以其他藉口把司馬裒召回首都。那九路大軍也人間蒸發了，只剩下祖逖一個人在前線奮鬥。

第二節　猛人周訪

而這時，荊州的杜曾還在活躍。而且王敦為了打擊陶侃，把陶侃調離荊州，讓王廙接陶侃的班，陶侃的老部下鄭攀很不高興，最後發展到跟政

第三章　內亂和外亂同時進行

府軍反目的地步。可一宣布造反之後,鄭攀手下的人又覺得這樣下去,後果會很嚴重,就不斷地偷跑,脫離組織。

鄭攀看到部隊人員不斷地減少,就打算去投靠杜曾。

這時王敦決心修理一下杜曾,下令武昌太守趙誘、襄陽太守朱軌聯合向杜曾發動軍事行動。鄭攀有點怕了起來,趕快向王敦表示投降,說以後再不敢調皮了。杜曾也覺得這一仗打不下去了,派人去請求王敦,說老大你把我們消滅光了,你也沒有什麼利益,不如讓我們幫你去搞定那個第五猗。

這時,王廙正得意地拿著刺史委任狀去荊州當刺史,只留下他的長史劉浚守在揚口壘。竟陵內史朱伺對王廙說:「杜曾狡猾得很,他絕對是假投降,想騙我們的主力西上,然後回兵襲擊揚口壘。請老大不要上這個當。」

王廙能力不怎麼樣,但自命不凡的本事卻大得很,一聽朱伺的話,覺得這個老傢伙懂什麼?你要是這麼厲害,都六十多了,還在老子手下混飯吃?這也怕,那也怕,晉朝故土要過多久才能恢復,這事你不要再多嘴了。於是王廙命令大軍繼續西進。

杜曾看到揚口壘沒幾個人員守衛,覺得機會來了,果然馬上就帶著部隊過去。

王廙接到報告,這才知道朱伺果真是有遠見的,就誠懇地說,前幾天我的腦袋有點錯亂,錯怪了你。認錯之後,連忙派朱伺回去守住揚口壘。

朱伺帶著那一大把白鬍子跑回軍營。可當他氣喘吁吁地進入大營、連掛在鼻尖的鼻涕都還沒抹掉,就被人家死死包圍,跟自投羅網沒什麼兩樣。不過,他的那把老骨頭還算硬,雖然陷入敵人的嚴重包圍之中,可並不消極對待,還是和劉浚一起分工合作,聽從劉浚的指揮。兩人的分工是:劉浚守北門,朱伺守南門。

第二節　猛人周訪

這時，杜曾的一個同盟軍，也就是原來陶侃的部下馬雋也配合杜曾攻擊朱伺，囂張得很。可馬雋的老婆還在揚口壘裡面，被朱伺緊密地控制著。估計這傢伙早就對老婆心生膩味，正愁找不到甩掉的藉口，因此率領兄弟們對朱伺的地盤猛攻。

朱伺手下的士兵已經很累了，就建議老大：「乾脆把馬雋的老婆抓來，然後剝下那張美女的臉皮送給他。看他還囂張不囂張。」

可朱伺卻堅決反對，說：「殺他一個老婆對戰場形勢也沒什麼用。」

這時，劉浚宣告北門失守。北門一失，就等於宣布揚口壘也失守了。敵人已經衝到了眼前。朱伺這麼一大把年紀，哪能有力氣衝殺出去？沒跑幾步，身上就中了刀傷，而且很嚴重。不過，朱伺卻沒有倒下，硬是逃到船上，最後鑿破船底，改行當潛水員，游了五十公尺，這才逃出去。

杜曾也不再為難他，派人追過來，對他說：「馬雋為了報答你不殺他老婆之恩，也保證你全家老少的安全。不過，我們還是歡迎你回來跟我們一起打拚。」

可朱伺卻固執得很，說：「老子都六十多歲了。你們聽說過六十多歲的高齡強盜嗎？你們的建議，老子絕對不能答應。至於老婆和孩子，就交給你們了。」他拖著重傷，打算去找他的菜鳥上司王廙，可才到王廙的營區，還沒有看清上司的臉就死了。

八月，受王敦命令前來圍剿杜曾的趙誘、朱軌以及陵江將軍聯合向杜曾發動攻擊。雙方在女觀湖擺開陣地進行對戰。結果證明，政府軍的這幾個帶兵的傢伙，全是戰場上的菜鳥。戰鬥一開打，政府軍就被打得辨不清方向，最後被扁了個全軍覆沒，連那幾個全軍的帶頭人也壯烈犧牲。杜曾經此一戰，威震長江、沔水地區，一下就成為當時的風雲人物，事業幾天之內飛漲到歷史新高。

第三章　內亂和外亂同時進行

可這個歷史新高卻沒有保持多久，就迎來了他的剋星。

他的剋星就是陶侃的親家周訪。

在杜曾形勢大好的時候，司馬睿不得不對他重新評估，派出周訪去對付他。這時周訪是豫章太守，官位不算大，與趙誘那一夥同個級別，而且手下的兵力也不比他們多。可周訪的腦子跟他們根本不是一個級別的——在戰場上，兵力固然是戰鬥力，可腦子才是第一戰鬥力。

周訪這時手下只有八千人。但他卻一點也不怕正威風得沒有天理的杜曾，接到命令之後，一句話也不說，就帶著全部八千人馬開赴前線，來到沌陽。這時杜曾的部隊正威風得不能再威風，完全當得起「銳不可擋」四個字。

可周訪卻不信這個邪，他命李恆在左翼指揮，許朝負責右翼，自己居中，對抗杜曾。

杜曾一看，都說這個周訪很厲害，可現在他才這幾個兵，你再厲害也沒轍了。哈哈，只要把周訪一舉搞定，以後誰也不是我的對手了。他知道這樣的機會並不多，因此馬上命令部隊先攻擊周部的兩翼，等兩翼全被攻下來了，那中間一翼就是有十個周訪坐陣，也是小菜一碟。

周訪知道，這次戰鬥自己的兵力太少，兵力一短缺，軍心就不穩，軍心一不穩，後果的嚴重性就連豬頭也可以猜得出。所以，他認為，現在工作的重中之重是穩定軍心。為了把軍心穩定下來，周訪還特意組織了一次小規模的打獵活動。他在陣地後面打了幾隻野雞，表示自己現在一點壓力也沒有，大家都不用慌啊！

周訪結束這次打獵之後，馬上下令：「如果一翼被消滅，你們就把戰鼓連播三聲，要是二翼被消滅，就連播六聲。其他的事你們就不要管了。」

第二節　猛人周訪

那個剛被杜曾暴扁而犧牲的趙誘的兒子趙胤帶著他老爸的殘部過來，周訪把他安排到左翼陣地。趙胤在杜曾的猛烈進攻之下被打敗，之後又組織起來，再次戰鬥，可仍然支撐不了。趙胤急忙上馬，狂跑到周訪面前訴苦。

周訪大聲叫罵，說什麼話都不用說，你只有回去，戰鬥到底。

趙胤沒說二話，大叫大喊著回馬過去，像瘋子一樣加入戰鬥。

激戰從早晨打到下午，周訪的兩翼全部被杜曾搞定。

但周訪的臉上並沒有一點害怕的神色，更沒有撤軍的意思，他挑選了一支八百個人的敢死隊，然後回到帳中叫人拿酒來。好像什麼事也沒有發生一樣，舉起酒杯就大塊吃肉，大碗喝酒起來。他還吩咐八百個敢死隊：「沒有我的命令，敵人就是大刀砍到頭上也不要動。但一聽到我的鼓聲，你們就全力出擊，見兵砍兵，見官殺官。」

在他交待這番話時，杜曾的部隊已經喊殺連天地大刀長矛衝了進來，全都喊著活捉周訪。到了這時，只要一看到這個場面，恐怕大家都會認為，周訪馬上就會被活捉——如果是其他人，估計這時老早就把信心全失，骨頭硬點的，不是衝上來送死，就是自殺，自己搞定自己，免得麻煩人家；沒骨氣的，就投降當叛徒了事。

可周訪現在鎮定得很，看到敵人的士兵衝了過來，好像是在看戲一樣，直到離自己只有三十步，這才放下酒杯，一捋鬍子，拿起鼓椎猛擂戰鼓。

杜曾一見，這老傢伙死定了，到了這個時候不想辦法跑掉，居然還在擂鼓，你這是擂給誰聽啊！

可當杜曾他們信心滿滿的時候，周訪的那八百敢死隊猛衝了出來，大刀飛舞，齊向敵人的頭上砍過去，個個力氣大得要命。

第三章　內亂和外亂同時進行

而這時，杜曾的部隊已經連續作戰了一整天——這麼拚命一天，就是力大如牛，這時也已經消耗完畢，拿刀的手只能勉強舉著，哪禁得起這八百敢死隊的大砍大殺，氣勢馬上就被壓下來了，嘴裡「活捉周訪」的口號也就成了「我的媽呀」之類的叫聲。只片刻之間，杜曾軍就損失了一千多人，其他士兵看到這個樣子，哪還敢把戰鬥繼續下去？個個掉頭就跑。

周訪下令：「連夜追擊。」

幾個部下都說：「老大，夜戰不好打啊。還是等到明天吧。大夥吃飽睡足之後，才有力氣啊！」

周訪說：「杜曾不是一般的強悍，打敗他不容易啊。剛才他們睏了累了，才被我們搞定。要是讓他們緩過一口氣來，我們什麼機會也沒有了。所以最好趁他們筋疲力盡的時候，追上他們，才可以把他們一扁到底。」

周訪說完之後，下令猛擂戰鼓，向有杜曾部隊的地方殺過去。

杜曾只得退到武當地區，終於不折騰了。

王廙這才得以進入荊州，到新單位報到。

周訪這一次的表演，非常精采，從頭到尾，從裡到外，全是名將風度。司馬睿為了表彰周訪的這一戰，提拔他當了梁州刺史——這個梁州現在還在劉聰的手裡，周訪的這個刺史只是來個「遙領」，跟個虛銜沒有本質的差別。

就在這年十月，那個差點成為司馬睿接班人的司馬裒突然來了個英年早逝。這哥兒們一死，對司馬睿的打擊絕對巨大，但對司馬氏的事業倒是個好事。因為，要是這哥兒們還活下去，說不定以後還會出現窩裡鬥的精采故事。

第三節　司馬睿終於當上皇帝

　　這段時期以來，晉國各地的強人們不斷地勸進司馬睿，可是司馬睿卻硬是沒有把晉王變成晉帝。大夥都覺得有點不可思議，老大你假裝謙虛一下，作個秀也是可以的，可也不要拖得這麼久啊！做假做得久了，也會成真的。

　　其實司馬睿比誰都想當皇帝，可現在他覺得仍然有一個障礙。這個障礙就是司馬業。司馬業雖然已經向劉聰舉起白旗，宣布放棄司馬氏的大旗，還領了一張劉聰發給他的「光祿大夫」的金色委任狀。所有人都已經不把他當皇帝看。可司馬睿卻有這個顧慮，只要司馬業還睜著眼睛在這個地星球上吃喝拉撒，他這個皇帝做起來就有點彆扭。

　　當然，他不可能派個武林高手過去暗殺司馬業。但他相信，總有一天，劉聰會幫他解決這個問題。

　　司馬睿對別的事預料得一點不準確，可對這件事的預料卻很對。而且沒多久，劉聰就幫他搬掉這個障礙物。

　　這年冬天，劉聰舉行了一次大規模的打獵活動。這傢伙也是個喜歡擺顯的人，這次出宮，先任命司馬業行車騎將軍，叫這個原大晉皇帝穿上軍裝，而且全副武裝，手執鐵戟，當皇家車隊的前導，跟個開路警車司機差不多。路上的人都指著司馬業說：「大夥來看啊，這個帥哥就是從前在長安城的皇帝。呵呵，現在成了開路官。」

　　大家一聽，都跑來看熱鬧。有幾個一直視大晉為正統的老頭感情特別豐富，當場就哭了起來。

　　劉粲看到居然有人還為這個廢材流眼淚，心裡很不高興，就對劉聰說：「以前周武王殺紂王，不是因為紂王長得不帥，看不順眼，而是因為

第三章　內亂和外亂同時進行

怕他的手下打著他的旗號，互相呼應，製造叛變。現在很多地方的人都打著司馬業的旗號，招兵買馬。我認為，不如把這個傢伙一刀砍掉算了。」

劉聰這時還不想對司馬業動刀，說：「我上一次殺了庾珉他們，人民還在議論。所以，現在不想再下這個狠心了。再觀察一段時間吧。」

劉聰馬上就想了幾個辦法，來觀察一下司馬業到底還有沒有人氣。

回宮之後，也就是十二月，劉聰在光極殿上大宴群臣，又宣布任命司馬業為首席勸酒官，兼職洗杯子。弄得司馬業勸完酒又去當洗碗工，狼狽得很。不過，他還是硬著頭皮完成了任務。劉聰又派了第二項任務。他說朕的龍肚有點絞痛，要上廁所了。司馬業，你就過來替朕撐傘吧！司馬業當然只得過去，跟在劉聰的屁股後，兢兢業業地撐傘，直到龍屎龍尿排洩完畢，又跟著劉聰回到大廳。那些跟著投降過來的晉臣們看到過去的皇上現在被這個胡人老大當猴耍，自尊很受傷，忍不住當場老淚縱橫起來。後來，那個辛賓還衝動起來，跑過去，抱住司馬業，然後放聲大哭，表現得十分悲痛。

劉聰叫人把這個愛哭的傢伙拉出去斬了，一個投降皇帝受點委屈有什麼好哭的？以後誰再為這事掉淚，就得掉腦袋。

到了這個時候，劉聰仍然沒有殺掉司馬業的意思。

真正讓他滿臉橫肉地下令砍下司馬業的頭的事件是漢兵大規模投奔晉國。

事件的起因是晉洛陽尹趙固跟河內太守郭默突然聯合發兵攻擊漢國的河東郡。當這支晉軍抵達絳縣時，戰鬥還沒有打響，漢國的右司隸屬下的部眾居然自發跑到晉國的陣營中改行當了晉軍，而且數量巨大——居然有三萬人之多。騎兵將軍劉勳聽說後，馬上帶兵過去追殺，那些逃亡出來的部隊雖然有三萬人，但因為缺乏組織紀律，難以有效抵抗，只一下就被殺了一萬多人。趙固和郭默又退了回去。

第三節　司馬睿終於當上皇帝

這時，劉粲帶著步騎十萬人到小平津駐防。小平津就在洛陽北面，跟趙固的勢力相對。趙固這傢伙打仗不怎麼厲害，但嘴巴卻硬得很，天天大叫大喊：「劉粲來了最好。這傢伙是來送死的。不過，老子這次不讓他死，而是要活捉他，用來交換我們的司馬業老大。」

這話聽起來很響亮，很雄壯，但卻直接地要了司馬業的命。

劉粲一聽，氣得不行，還想換回司馬業？馬上上書給他的老爸：「如果司馬業掛了，李矩趙固之流就沒有旗號可打，老百姓就不會再跟著他們了。我們用不著去打，他們也會變成一盤散沙。」

劉聰一聽，覺得這話很對，就下令把司馬業拉下去砍了。時間是建武元年十二月二十日，歷史上西晉的最後一個皇帝的人頭被大刀咔嚓一聲，落到地上。

殺了司馬業之後，劉粲派劉雅向趙固的洛陽發動進攻。以趙固的力量當然無法守住，看到敵人喊殺連天而來，就馬上逃跑，到陽城山去躲了起來。

趙固圖個嘴巴爽快，結果不但要了司馬業的命，連自己也成了逃命將軍，不過卻讓司馬睿鬆了一口氣──最後的心理障礙終於沒有了。

那時的資訊實在慢得要命。司馬業於建武元年十二月被殺，可到第二年的三月七日，這個重大的消息才傳到建康。

司馬睿當時的心情如何，史書沒有詳細的描述。不過，估計他的心裡肯定是樂不可支的。但是悲痛的秀還是要做的。他立即叫人把麻布喪服拿來，披到身上，而且還把臥室搬到地窖裡，矇頭大睡，說是要化解悲痛，其實是一個人躲在那裡偷著樂──這種樂見不得陽光，只能在地窖裡進行，就像貪官們的名錶一樣，不能戴出去給別人看到，只能在棉被底下偷偷欣賞著。

121

第三章　內亂和外亂同時進行

　　文武百官知道又一次勸進的機會來了，便又跑過來，要求老大快當皇帝啊！天下可以沒有別的東西，但不能缺皇帝啊！

　　大名士紀瞻這時也出馬，說：「晉氏統絕，於今二年，陛下當承大業；顧望宗室，誰復與讓！若光踐大位，則神、民有所憑依；苟為逆天時，違人事，大勢一去，不可復還。今兩都燔蕩，宗廟無主，劉聰竊號於西北，而陛下方高讓於東南，此所揖讓而救火也。」

　　這話的意思就是，我們大晉沒有國家元首已經兩年了。老大應當繼位為皇帝，這是一種責任。因為在皇室之中，還有誰比老大有資格繼承這個位子？老大當了皇帝，大家就有了堅強的精神支柱。要是老大一定要跟大家過不去，硬要謙讓，寧死不當皇帝，那我們的事業跟大勢已去沒什麼兩樣，要想再振興，恐怕得等到太陽從西邊冉冉升起的那一天了。現在兩個首都都已經被敵人燒成了灰，皇家的祭廟也沒人去管理，老祖宗都在陰間裡孤苦伶仃地生活。劉聰在西北作威作福，而老大在東南保持著自己的清高，這就等於用謙讓的態度去救大火。這樣去救大火，能救得了嗎？

　　可是司馬睿別的本事不怎麼樣，但這種假謙讓的態度卻很能演，聽了紀瞻這麼一大堆話之後，仍然表示不能這樣啊！還叫殿中將軍韓績把那張皇帝的椅子搬走。

　　其實大家都知道，司馬睿是口是心非，當務之急，就是大家繼續勸進。

　　紀瞻看到韓績就要動手，就大聲罵了起來：「帝坐上應列星，敢動者斬！」

　　司馬睿一聽，心裡肯定在說，紀瞻太識相了。不過，他不能把這個高興表現出來，而是神色莊嚴肅穆。

　　大家看到這個臉色，知道表演已經接近尾聲，艱難無聊的勸進也即將結束，升官發財的機會已經盤旋在頭頂，心裡都大大地鬆了一口氣。

第三節　司馬睿終於當上皇帝

可那個奉朝請（奉朝請是官職）周嵩不知是錯誤地理解了司馬睿的表情，還是別的原因，硬是在這個時候出來，說：「古之王者，義全而後取，讓成而後得，是以享世長久，重光萬載也。今梓宮未返，舊京未清，義夫泣血，士女遑遑。宜開延嘉謀，訓卒厲兵，先雪社稷大恥，副四海之心，則神器將安適哉。」

這話的意思就是，我們翻開歷史教材來看看，古代那些最後能當上好皇帝的，都是在人品上沒有什麼汙點，都謙讓到不能再謙讓後才接受皇帝稱號的。所以，他們的事業才長久。現在我們是什麼情況？兩位先帝的屍體都還沒有運回來舉行安葬儀式；連首都也沒有收復。大家都還懷著悲痛的心情。所以，我認為，當前工作的重中之重，不是當不當皇帝，而是制定正確的方案，加強軍事建設，去報仇雪恨。到了那時，皇帝的大印還怕落到別人的手上？

那些勸進的話，不管說得怎麼過分，司馬睿的臉色再怎麼難看，但那難看絕對是假的，絕對不會對說話者有什麼處分。可周嵩這話一出，司馬睿忍不住了，他沒有當場責罵周嵩，而是把他調出建康，到新安去當太守。不久之後，又找了個罪名對周嵩進行了處罰，讓大家知道，實話實說的下場就是如此。

在大家沒日沒夜的強烈要求下，司馬睿終於答應順勢而為當了這個皇帝。

三月十日，據說是當年最好的日子，晉王司馬睿終於決定丟掉「王」字，當上了晉朝的皇帝，從此以皇帝的身分帶領全國人民，把司馬氏的事業進行到底。

司馬睿這次即位，是晉朝歷史上的一個轉捩點，不過程序也沒有特別隆重，照例是改元——把建武改成太興元年，大赦——讓犯罪分子得到

第三章　內亂和外亂同時進行

切身的實惠,其餘就是大量提拔有功之臣。這些有功之臣當然不像那些開國皇帝的那些有功之臣那樣,打拚了大半輩子,死裡逃生了無數次,殺了大量的人命,身上也留了很多傷疤,而是跟著大家起鬨,廢寢忘食地不斷地勸他當皇帝的那夥人。司馬睿的智商不算高,但絕對不糊塗,知道自己能坐到這個位子,靠的不是自己的能力,而是王導——而且現在大事小事也確實是王導說了算,因此,他在把屁股放到龍椅上時,請王導到御床上跟他一起坐著,說是讓王導跟他一起分享勝利成果。

所有的人當然也都知道,現在中央的實際最高領導人不是拿著皇帝大印的司馬睿,而是王導和王敦兩兄弟。王導的人品那是沒話說的,基本上是一心一意為了晉朝;可王敦卻不一樣了,拿著軍權,現在差不多爬到權力的最高峰,誰要是惹他不高興,那可慘了。因此要是王導按照司馬睿的指示,坐到御床上,大家也沒敢說什麼。大夥非但不敢說什麼,而且還流行一句話:王與馬,共天下。這個王就是王導,馬就是司馬氏家族。

但王導不是笨蛋——除非他真的有廢掉司馬睿的膽量,否則一坐上去,王家的後果甚至江東事業的後果就不堪設想。他當場「固辭」。兩人你請我辭,「至於三四」,最後王導說:「若太陽下同萬物,蒼生何由仰照。」這話的意思是,如果太陽跟地下的其他東西一個樣,我們怎麼能夠抬頭去仰視太陽呢?老大現在是太陽,我是地面蒼生中的一員啊!老大不要搞混了。

司馬睿於是停止自己的盛情邀請,那大屁股這才莊重地坐上去,辦皇帝的公。他下令文武百官一律更新二等。然後提出,凡是上書懇切要求他當皇帝的人再加一等,凡是簽名勸進的平民,也都提拔他們到政府機關當公務員。這兩個「凡是」一下達,統計部門一計算,與這「兩個凡是」沾邊的居然有十二萬人。江東才這麼幾個巴掌大的地方,一下子多出這麼多公務員,那是一種什麼樣的負擔?

散騎常侍站起來反對，要求停止這「兩個凡是」。

可是司馬睿卻不接受，硬是要讓大家都知道，誰擁護他，誰就有利可圖。

這些事辦完，已到三月二十四日，司馬睿宣布了繼承人的名單。當然這個名單已無懸念。在他還沒有宣布之前，大家就已經知道，繼承人就是司馬紹。因為，司馬紹不光是他的長子，而且文武雙全，既會寫文章，也精通武術，人緣也不錯，更重要的是，司馬紹得到王導的全力支持——王導的這一票，可以說是一票頂萬票。

把內政搞定之後，司馬睿也注重外交建設，聯繫一切可以聯繫的力量。他派人前往昌黎，「授慕容廆龍驤將軍、大單于、昌黎公」。慕容廆覺得這個大單于已經夠了，還要那個昌黎公有什麼用，就回絕了。

這時，司馬睿直接控制的江東集團，還在江東一帶整頓內部、平定內亂，沒有真正跟外部敵對勢力交手。倒是那個李矩卻在與劉聰的大漢國不懈地戰鬥。

第四節　做白日夢真的要不得

李矩是滎陽太守，是個比較有能力的人物。前年，在跟劉聰的堂弟劉暢的一次對戰中，打得很漂亮。那時，劉聰對劉暢說：「老弟，你幫我把李矩搞定。我給你三萬部隊。」

劉暢那時還不知道這個李矩是個厲害的角色，只知道李矩手上沒幾個兵，力量對比，跟自己的三萬步騎根本不在一個等級上，就拍著胸脯說：保證把姓李的人頭拿過來。

第三章　內亂和外亂同時進行

他威風凜凜帶著大軍向滎陽出發，在離滎陽七里的地方駐紮下來，囂張地派人去找李矩，說：「你趕快投降吧。要不，被我的大軍砍成肉醬，我可不負責。」

李矩此前從沒有想到劉暢的大軍突然會出現，一點也沒有準備——而且即使有準備，這仗也沒法打下去，就派了個使者去見劉暢，滿臉堆笑地對劉暢說：「劉老大啊，來之前怎麼不打個招呼？弄得現在連投降的準備都來不及做好啊！」

劉暢這傢伙不知道是沒聽過「詐降」兩個字，還是真正的頭腦發暈，就一點懷疑也沒有地相信了李矩的話，滿腦子都是「老子這不就不戰而屈人之兵了」。這個不戰而屈人之兵，是孫子說的打勝仗的最高境界啊，連孫子也做不到的事，老子一出兵就做到，不好好地慶祝一下，對不起自己，對不起孫子啊！他當場就對使者說：「好，回去準備好了，就過來投降。老子也要利用時間準備一下。」

李矩的使者才出門，劉暢就叫後勤人員殺豬殺牛，全軍上下，不分官兵，今晚一起好酒好菜大吃大喝。而且要拿出戰鬥的精神來大打一場酒肉仗，誰不喝醉誰的年終考核就不過關。

李矩知道後，知道自己的詐降計已經成功。他叫大夥做好準備，在夜裡出動，襲擊劉暢。

大家聽說之後都覺得，我們才多少人馬？劉暢是多少人？我們能襲擊他？老大，放棄這個冒險想法啊！

李矩當然不能放棄。他看到士兵們臉上全是懼色，就玩了個花招，說，不是都說子產廟靈得很嗎？我們去問一問，這襲擊能不能發動。郭誦，你去子產廟那裡問一下。要是子產說不能，我們就堅決不動。要是子產都說能了，我們還怕什麼？

第四節　做白日夢真的要不得

李矩事先就把那幾個巫師叫到一邊，告訴他們要是說不能襲擊劉暢，老子就砍你們的腦袋。當然，如果你們認為，你們有神仙保佑，我的刀砍不下，那你們就說不能襲擊。反正老子不信這個邪。

那幾個巫師當然不敢相信神仙會保護他們。因此，在劉誦問他們的時候，他們都高聲地說：「把你們的耳朵豎起來，神仙有話向你們交待。只要你們出擊，神仙就會派天兵天將幫你們的忙。神仙說，他們已經在天上時刻準備著，現在已經等得不耐煩了。」

你知道，這些士兵都是四肢發達、頭腦簡單的人，聽說原來這次有神仙幫忙，只要戰鬥一打響，就可以和神仙並肩作戰了。這仗不打，還等什麼仗才打？個個都向李矩請戰。

李矩一見，心裡哈哈大笑，挑了一千個人組成了一支敢死隊，叫郭誦帶領，在夜裡直接衝進劉暢大營。

劉暢部隊現在全都醉得不成樣子，士兵喝得連杯子都舉不起來了，哪還能揮刀迎戰？馬上就損失了幾千人。

劉暢還沒喝到爛醉，看到敵人狂砍過來，拚命逃跑，最後也僅逃出一命。這傢伙本想來一次不戰而屈人之兵，哪知，反而上了大當，為李矩人氣的上漲作出了重大貢獻。

趙固和郭默等都服從李矩的領導。

這時，趙固被劉粲逼到陽城山。李矩當然不能不管。他派郭默和郭誦帶兵過去救援。

郭誦帶部隊來到洛汭。這傢伙這時又玩了一次夜襲行動。半夜裡，他派部將耿稚帶隊渡河，襲擊漢兵。

這次行動其實是故技重施，而且做也不算高明，漢兵的具丘王翼光劉覬事先就得到情報，在第一時間告訴了劉粲。哪知，劉粲卻不當一回事，

第三章　內亂和外亂同時進行

你以為我是劉暢？他敢對老子發動襲擊？你這情報肯定是小道消息，不要隨便散布出去，鬧得士兵們情緒不穩定，夜裡睡不著覺，影響戰鬥力。

可話還沒說完，耿稚的部隊已經衝到營門，而且兵分十路，規模看起來很大。劉粲的大營立刻崩潰，人員傷亡過半。劉粲只得退守陽鄉。於是，「稚等據其營，獲器械、軍資，不可勝數」。又打了一場漂亮的夜襲戰。

劉粲實在不服氣，到天亮的時候，派人前去偵察，結果得知，敵人的兵力少得很啊！於是劉粲馬上組織殘部向耿稚發動進攻。這時，劉聰也派太尉范隆前來助戰，共同對抗耿稚。哪知，這個耿稚也不簡單，以不多的部隊跟兩路大軍硬碰硬，硬是相持了二十多天，沒讓敵人取得一點便宜。

李矩率部前來支援耿稚，可漢兵在黃河把守，使他不能渡河。

耿稚看到援兵來不了，知道再支撐下去已經沒有希望了，就叫大家把俘獲的牛馬都殺掉，兄弟們放開肚皮大吃一餐，然後放火，把軍用物資燒得跟高樓一樣壯觀，然後在大火的映照下，突出重圍，到虎牢關那裡安身。

鑑於李矩的傑出表現，司馬睿下詔：以矩都督河南三郡諸軍事。司馬睿封官封到現在，終於封了一個真正的功臣。

在司馬睿集團皆大喜歡，共同分享新皇帝登基帶來的好處時，司馬保卻很鬱悶。這哥兒們是司馬模的兒子，在司馬業還是皇帝時，被任命為相國，跟司馬睿一南一北，位子並列。司馬保在北方時，估計看到司馬業那個樣子，心裡也很有想法，因此雖然離司馬業不算遠，可對司馬業的號令表現得很遲鈍，甚至在長安被圍攻得就要完蛋的時候，他的部隊在完全可以前去解救而且也有能力解救的情況下，卻像宣布中立一樣地當起了觀眾，最終讓長安成為漢國的土地，皇帝成了敵人的俘虜——如果你說他

第四節　做白日夢真的要不得

沒有其他想法,別人能相信嗎?

當司馬業死時,司馬保的真正心態終於顯露出來,做好了準備要宣布自己將全面繼承司馬氏的遺產。可這傢伙只想當皇帝,但卻沒有像司馬睿那樣,老早就收買人心,拉到了大量的選票,連離他老遠的的北方很多勢力都派人爬山涉水來勸他當皇帝。司馬保在這方面的眼光就差多了。在他的這個想法流露出來時,連跟他同一戰壕裡的同袍也不擁護。

破羌都尉張詵知道後,馬上找到張寔,說:「司馬保是司馬懿弟弟司馬馗的曾孫,是司馬氏這麼多人中,離皇帝座位最遠的人。現在卻沒有想到為老爸和國家報仇,而只是爭著當這個皇帝。這樣的人能當皇帝嗎?我認為,還是司馬睿有前途。他既是司馬懿的曾孫,而且現在人氣狂漲,他向皇帝位子前進的步伐,誰也阻擋不了。老大應該帶領大夥一起擁護他才是王道。」

張寔是這一帶的實力派人物,聽了張詵的話,覺得有理,就派牙門蔡忠帶著勸進奏章前往建康,代表西北人民要求司馬睿當皇帝。蔡忠來到建康時,司馬睿早就當上了皇帝。不過,張寔還是犯了個政治錯誤,硬是嫌司馬睿的年號不順口,仍然用司馬業的年號,人家的日曆早就改為太興元年,他老兄的日曆卻是建興六年──這叫不奉正朔,意味著不與中央保持高度一致,認真計較起來,完全可以殺頭,而且無人幫你喊一聲冤。當然,現在的建康政府拿張寔一點辦法也沒有。

四月,司馬睿又對王氏兄弟進行一次提拔,加授王敦江州牧,王導驃騎將軍、開府儀同三司。兄弟倆一個在內掌管一切,一個在外意氣風發。

王導是一個很有抱負的人,他很想把自己的工作做好,為晉朝的復興作出更大的貢獻。他上任之後,派了八個從事,分別往揚州所屬的八個郡去視察,這些人回來之後,同時向他報告所見所聞。只有顧和緊閉嘴巴,

第三章　內亂和外亂同時進行

一言不發。王導問他：「你怎麼不說話？是不是只顧玩樂，忘記了視察？這是不對的。」

顧和說：「明公作輔，寧使網漏吞舟，何緣採聽風聞，以察察為政邪！」這話的意思是，老大是皇帝的首輔，卻讓可以吞船的大魚漏網，硬是不放過不魚小蝦。請老大不要相信這些言論。靠八卦來管理國家，不是為政之道。

這話的真正內涵是什麼？就是叫王導堅持和稀泥的原則，大腐敗小腐敗一個不抓，不管誰舉報上來，通通聽不見。

王導一聽，覺得有理，馬上停止了這個工作。

從此，王導就以這個方針為中心，成了史上最強的和稀泥工作者。

漢國的首都完全可以稱為一個「問題首都」，之前多次出現怪異現象。現在怪異現象已經沒有了，可又發生了一個更大的事件。這個事件就是有名的「螽斯則百堂」失火事件。這次事件發生的原因，是違規燃放煙火造成的，還是別的原因，史書沒有說明。總之這次大火，把劉聰的二十一個皇子全部當場火化。劉聰聽到之後，倒在床上，這麼多年的努力，最後一把火就給滅了，當場「哀塞氣絕，良久乃蘇」。

劉聰悲痛之後，情緒很快就穩定下來，繼續他的選美。這一次，他選到了王沈的一個養女。

大家都知道，王沈是個太監。但他也像很多太監一樣，自己沒有兒女，就招收養子養女。當然，大多數人收的都是兒子。可王沈有王沈的打算，硬是收了個美女當他的養女。他知道，現在的皇帝是個不愛江山愛美女的皇帝，要是收了個美女，找個機會把這個美女獻出去，自己說不定還能當上國丈呢！

王沈天天在劉聰的身邊，把這個養女推薦出去，容易得像放個屁。沒

第四節　做白日夢眞的要不得

幾天功夫，就把美女送到劉聰面前。

劉聰一看，漂亮啊！王沈的品味就是高。收個養女也收個這麼漂亮的。好啊，老子收下這個美女了。他收下這個美女後，覺得光收下還不行，還要封她一個左皇后。

尚書令王鑑、中書監崔懿之、中書令曹恂覺得皇上收個太監的養女放到龍床上睡覺，已經是件丟臉的事，現在居然還要封為國母，實在有點不像話了，就去勸阻，舉了歷史上有名的例子，說明有資格當皇后者應當是名門望族，這樣才能讓大漢興旺發達，哪有封太監的養女當皇后的——就是封他的姪女當皇后都還不行啊！

這三個人的嘰嘰喳喳才完畢，劉聰心裡的氣就已經狂噴出來，馬上命令劉粲：「王鑑這幾個傢伙狂妄得沒有分寸，一點不把老子當皇帝看待。你幫老子處理這件事。」

劉粲二話不說，把這幾個嘴巴發癢的傢伙全都抓起來，叫人拉出去殺了。消息傳出去後，金紫光祿大夫王延狂奔到皇宮，要為他們求情。可侍衛卻不讓他進去。

王鑑被抓之後，王沈跑了出來，用棍子把他狂扁一頓，還罵：「你這個書呆子，居然也來跟老子作對。老子的事，跟你有什麼關係？你有本事，也為皇上貢獻一個美女來？」

王鑑大罵說：「以後毀滅大漢的，肯定是你和靳準這兩個混蛋。我死了之後，一定把你們告到先帝那裡，讓他在地下收拾你。」

靳準說：「老子是在奉命行事。有什麼不對了？為什麼大漢滅亡，是老子造成的？」

王鑑說：「你殺害皇太弟，使皇上背上了不義之名。國家重用你這樣的人，想不滅亡都難。」

第三章　內亂和外亂同時進行

崔懿之說：「你這種人一定會成為國家的禍害。你天天在吃人，有一天，人家也會吃你的。」

但靳準不管他這一套，先殺了他再說。

劉聰殺了這幾個老傢伙後，心情很快就恢復，馬上又把宣懷的養女要了過來，封了個中皇后。

第五節　劉琨之死

這時，劉琨也進入了他人生的後期。

本來，他跟段匹磾是好朋友，既是親家又是結拜兄弟，在這一帶越混越好。開始時，段匹磾還是真心擁護他的，在去年（即建武元年的七月）推舉他當了大都督，還叫他的哥哥段疾陸眷、叔父段涉復辰、老弟末柸一起在固安會師，共同去討伐石勒。

這個出發點本來也不錯。可是段末柸跟石勒的感情已不是一般的深，哪願再做討伐石勒的事？就對哥哥說：「你們一個是段匹磾的叔叔，一個是他的哥哥。現在倒好，都聽他的命令。告訴你們，這事成功了，功勞可全記在他的名下，我們什麼功勞也沒有。」大家一聽，馬上就撤退回家。劉琨和段匹磾也只得跟著退回薊城，從此，劉琨再也沒什麼作為了。

事情往更不利於劉琨的方向發展。

建武二年正月——即司馬睿稱帝的同年，段疾陸眷掛掉，他的叔叔段涉復振接過姪兒的班，當上了老大。身為弟弟的段匹磾當然要去參加這個隆重的葬禮。這傢伙還不知道段末柸對石勒的感情比對他的感情深厚得

第五節　劉琨之死

多了。而且這時，段末柸已經充滿了野心。他不光想搞定段匹磾，還打算扳倒他的叔叔。他對他的叔叔段涉復辰說：「叔叔啊，你以為段匹磾這次是來奔喪的，那你就錯了。他是想搶你的位子。」

這個段涉復辰的名字很複雜，可腦袋卻很簡單，而且剛剛當上老大，還沒有當過癮，最怕就是別人來搶他的位子，因此聽到姪子這麼說，馬上就緊張起來，二話不說就派部隊過去，阻止段匹磾。

他把部隊一調走，遼西就空虛起來，這正是段末柸所要的。段末柸乘虛發動襲擊，把剛當上老大的叔叔一刀砍死，然後自稱單于，帶兵過去與段匹磾決戰。段匹磾打不過，只得退回薊城。

段匹磾這次去奔喪，劉琨為了向遼西段家示好，還派自己的兒子劉群一起前往。段匹磾打了敗仗之後，劉群也被段末柸俘虜。

段末柸當上單于之後，最怕段匹磾以後跟他過不去，使他這個老大當得不安心，因此現在最想搞定的就是段匹磾。他俘獲劉群之後，馬上執行優待俘虜的政策，讓劉群吃好喝好，對他尊重得不能再尊重，同時把他的老爸大大誇獎一番，說能跟劉老大合作，是今生的榮幸。希望你回去之後，向你的老爸轉達我合作的意願。只要劉老大答應跟我一起消滅段匹磾，以後我就永遠當劉老大的手下。

當然，他並沒有把劉群放回去，而是叫劉群寫了一封信，派人帶回去送給劉琨。信的內容是，請劉琨裡應外合，跟他一起共同完成消滅段匹磾的大業。

這個送信的人粗心大意，才進入段匹磾的防區，就被段匹磾的巡邏隊抓住，信也被搜了出來。

這時，劉琨的部隊駐防征北小城，根本不知道這一切，而且他本人正跟段匹磾在一起。

第三章　內亂和外亂同時進行

段匹磾當場把信交給劉琨，說：「我是真心相信你的，所以把這信給你看。」

劉琨看過之後，說：「我跟你的交情也不是一兩天，而且我是個有信念的人，一心一意就是為光復晉朝而拚命，從來沒有其他想法。即使這封信送到我的手中，我也不會為了一個兒子，就改變我的信念，辜負你的恩情。」

段匹磾這時也相信劉琨的話，準備送他回防地。

可是，這時另一個人出現了。這個人就是段匹磾的老弟段叔軍。這傢伙的出現，徹底改變了劉琨的命運，也改變了晉朝北方的勢力結構。

他對段匹磾說：「在晉朝人心目中，我們只不過是一群胡人。此前漢人們能聽我們的話，是因為我們人多，力量強悍。現在我們自相殘殺，搞得力量越來越單薄，正是漢人們翻身的機會。如果這時有人打著劉琨的旗號起來鬧事，我們幾個都得死光光。」

段匹磾一聽，覺得很有道理，因此就不放劉琨回去。

最後在劉琨身上加上那根要命的稻草是他的長子劉遵。

劉遵聽說老爸被人家軟禁，心裡就害怕起來，跟劉琨的左長史楊橋幾個人商議了大半天，也沒商議出什麼好辦法來，最後決定關閉城門，以為這樣就可以自保了。

哪知，他們一關閉城門，就大大地刺激了段匹磾的心。段匹磾大怒，這不是要在老子的地皮上搞割據是什麼？可卻攻不進去。這時，城內又出了個內奸。這個內奸叫龍季猛，因為城關了幾天，已經沒有糧食。這傢伙為了保命，就把楊嶠的頭砍下，向段匹磾投降。

代郡太守閻嵩和後將軍韓據兩人雖然官做得不小，但腦子裡根本沒什麼大局觀，聽說這些事後，也不做個全面分析，就決定來個襲擊，搞定段匹磾。兩人雖然把這個行動定位為「陰謀」。可這謀卻陰不起來，計畫才

第五節　劉琨之死

擬定，段匹磾就得到了可靠的情報，只派幾個捕快過去，就把這兩個人逮捕，然後誅殺。

段匹磾到了這時，覺得劉琨這個兒女親家兼結拜兄弟已經沒有留下來的必要了。當然他沒有直接就派人過去手起刀落，而是到處散布說剛剛接到中央的命令，要他對劉琨執行死刑。當然，連腦殘人士聽到這個消息也知道是個假消息──晉朝中央現在正倚重劉琨，為什麼要殺他？而且恰恰在這個時候動手讓段匹磾來動手？

不過，段匹磾也管不得這些了，宣布之後，叫人拿根繩子去把劉琨勒死──這年劉琨四十八歲，至於那個怕死的兒子以及姪兒共四條漢子也全都斬首。

在司馬氏走下坡的這一段時期，原晉國各地的強人有很多，但像劉琨這樣從頭到尾都堅決打著晉朝旗號的人並不多。不過，劉琨的腦袋雖然不差，但名士習氣太多，很能結交名士，能清談，卻對人很不服氣。

他最不服的人就是他的好朋友，那個曾經跟他一起聞雞起舞的祖逖，曾在給朋友的信中說：「吾枕戈待旦，志梟逆虜，常恐祖生先吾著鞭。」最怕的就是祖逖會搶在他的前面，把功勞一把撈走，所以時刻都想在第一時間把功勞搶過來。可是，他手中卻沒什麼實力。在晉陽時，他被敵人重重包圍，城裡的人個個怕得要命。他卻一點沒有懼色，把名士風度大大地發揮了一下：在一個月光如水的晚上，他像一個賞月的詩人一樣，登上城樓，一陣長嘯，聲音悽婉幽遠，把城外士兵的情緒都撥動起來，個個「悽然長嘆」。到了半夜，他又來個胡笳獨奏，這一下就更不得了，那些本來滿臉橫肉的士兵都被胡笳聲吹得多愁善感起來，在那裡「舉頭望明月，低頭思故鄉」，沒有一點戰鬥的情緒。天亮的時候，劉琨再來一曲胡笳，那些士兵都大叫：「我受不了了啊，我要回家看老婆孩子了」。個個收拾行李回家去也。

第三章　內亂和外亂同時進行

　　晉陽城之圍就這樣解除了。讓大家卓實見識了一場名士風度。

　　可這風度也害了他，他只顧著跟名士結交，卻不注重打造自己的親民形象，在最需要依靠百姓支持的時候，卻動員不了群眾，只好不斷地拉攏那些少數民族，先是依靠拓跋猗盧。等拓跋猗盧一掛，那些投奔過來的索頭部落新人加入他的團隊，成為手下，實力大振。可這傢伙卻不珍惜這支來之不易的力量，心情浮躁起來，馬上去跟石勒對戰，鬧了個徹底翻盤。然後又去投奔段家，再一次玩起他的老手法。這一次，他終於玩不下去了，死在段家的內部爭鬥裡，實在不值得。

　　當然，劉琨並不是一個怕死的人，有幾次跟部下談起國家來，就忍不住慷慨激昂地說了一大段話，說過之後，心中的蠻勁爆發，就要提刀上馬，衝到敵人的陣營裡，打到壯烈犧牲為止，都是那些部下把他攔住。哪想到，他最後卻死在自己人手裡。他被段匹磾抓住之後，就知道這一下死定了——如果是其他敵人，也許有放過他的可能，可最好的朋友一成為敵人，後果是最嚴重的。在他的部下中，他最看好的人就是別駕盧諶。在他知道自己要死的時候，就寫了一首詩，送給別駕盧諶：

握中有懸璧，本是荊山球。
唯彼太公望，昔是渭濱叟。
鄧生何感激，千里來相求。
白登幸曲逆，鴻門賴留侯。
重耳憑五賢，小白相射鉤。
能隆二伯主，安問黨與仇！
中夜撫枕嘆，想與數子游。
吾衰久矣夫，何其不夢周？
誰雲聖達節，知命故無憂。

第五節　劉琨之死

宣尼悲獲麟，西狩泣孔丘。

功業未及建，夕陽忽西流。

時哉不我與，去矣如雲浮。

朱實隕勁風，繁英落素秋。

狹路傾華蓋，駭駟摧雙輈。

何意百鍊剛，化為繞指柔。

意思是要別駕盧諶繼承遺志，效法張良和陳平。當年張良能讓劉邦從鴻門宴裡成功逃出，使得漢家事業死裡逃生；陳平勝利解除白登之圍，讓劉邦再一次活著回去。希望別駕盧諶像這兩個人一樣，把自己的聰明才智貢獻給晉朝，為晉朝奮鬥到底。

劉琨犧牲後，從事中郎盧諶和崔悅就帶著劉琨的殘部逃了出來，跑到遼西，團結在劉群的周圍。另外其他部下，大多向南，成為劉琨死對頭石勒的手下，全面與段匹磾為敵。

到了這時，段匹磾才知道，自己聽信老弟的一句話，搞定了劉琨，結果弄得不管是漢人還是胡人都背叛自己。

不過，司馬睿雖然知道劉琨死得冤，但又覺得段匹磾在北方的力量強大，要好好地利用一下，不宜再刺激下去了，所以也不替劉琨開個追悼會，表彰一下這個為晉朝獻身的老將。很多劉琨的部下也都上書司馬睿，要求對劉琨進行褒恤。但直到幾年之後，中央才追贈劉琨太尉、侍中，諡「愍」。

段末柸看到段匹磾的實力消耗得差不多了，就派他的弟弟去攻打段匹磾。

段匹磾抵敵不住，只得帶著幾千部屬當南下支隊，準備投靠冀州刺史邵續。

第三章　內亂和外亂同時進行

可到了這個時候，石勒又把矛頭指向他。石勒得知段匹磾南下的消息後，哪能讓他這幾千人馬成為邵續的部下，讓邵續的實力大增。因此派兵在鹽山堵截，又把段匹磾打了個大敗。段匹磾只得拚命走回頭路，繼續躲到薊城，能守一天算一天，跟那個撞鐘的和尚沒什麼兩樣。

第六節　漢宮之亂

劉琨死了不久，也就是這年的六月，劉聰終於也把自己玩完。

劉聰的死，也跟人家的死不一樣。據說，有一天，「鬼哭於光極殿，又哭於建始殿。雨血平陽，廣袤十里」。這些怪現象發生之後，劉聰突然在大白天，不知道是活見鬼，還是老眼昏花起來，硬是見到他已經死去的兒子劉約。劉聰覺得很鬱悶，知道自己的生命之路就要到盡頭，掙扎著處理自己的身後事。他任劉膘為丞相、石勒為大將軍，並錄尚書事，共同接受遺詔，說以後你們要好好地輔佐劉粲啊！哪知，這兩個傢伙卻一點不領情，堅決表示不接受任命。不過，劉聰還是叫劉膘當丞相，兼雍州牧；叫石勒為大將軍，領幽、冀二州牧。可石勒還是不接受。這傢伙現在對劉聰的提拔也不理會了。但劉聰卻不同意，硬要石勒接受。接著劉聰又任命了一批人：

王景為太景為太宰，濟南王劉驥為大司馬，昌國公劉顗為太師，朱紀為太傅，呼延晏為太保，並錄尚書事；范隆守尚書令、儀同三司，靳準為大司空、領司隸校尉。這幾個人以後都進入決策層，國家大事由他們共同討論決定。

到了七月十九日，漢國第二代領導人劉聰終於精盡人亡，與世長辭。

第六節　漢宮之亂

　　劉聰一掛，劉粲就懷著高興的心情，在第二天登上了皇帝的位子。

　　按照慣例，太子繼承皇位的第一件事，就是定好老爸遺留下來的皇后的名分。以往人家只有一個皇后，叫個皇太后就了事。可劉聰的皇后太多，劉粲在這事上就麻煩得多了：尊皇后靳氏為皇太后，樊氏號弘道皇后，武氏號弘德皇后，王氏號弘孝皇后。

　　然後才立其妻靳氏為皇后，兒子劉元公為太子，大赦，改年號為漢昌元年。把他的老爸諡為昭武皇帝，廟號「烈宗」——其實這傢伙一點都不烈。

　　劉聰選的這個接班人，果然把老爸的基因全盤繼承下來。以前劉聰剛當上皇帝時，就把他老爸劉淵的老婆納為妃子，鬧了不少緋聞。現在劉粲也有這方面的天才。

　　劉聰的大、小老婆們這時都不到二十歲，個個長得美艷動人。劉粲當然不放過這些美女——反正向老爸看齊是沒有錯的，老爸的皇位可以繼承，為什麼老爸的美女不可以繼承？基於這個想法，劉粲化悲痛為力量，天天都跟美女在一起，好像未曾喪父一樣。而大小政務，他就對靳準說：「你辦事，我放心。」靳準就這樣成為漢國最有權勢的人物。

　　在劉粲全面向老爸學習的時候，靳準知道機會來了。這傢伙是劉漢政權裡最陰險的傢伙，靠著向劉聰父子貢獻三個美女發跡起來，得到劉聰父子的重用，把這兩個好色皇帝玩得團團轉，叫他們殺誰就殺誰，終於把他自己的潛在對手都殺得精光，最後成為劉聰的託孤之臣。他這時看到他的女婿皇帝又一心一意寵幸美女，知道這傢伙不想管事了。他找了個機會，對劉粲說：「老大，跟你彙報個重要的情況。」

　　劉粲說：「什麼情況？現在沒什麼重要情況吧？老爸死了是重要情況，還不是穩定了？」

第三章　內亂和外亂同時進行

靳準說：「這個情況是真的重要。有幾個別有用心的人在挑動群眾要舉行伊、霍之事，先搞定太保呼延晏，然後讓大司馬劉驥全面接班。老大可要作好準備啊！」

劉粲這時腦袋還算清醒，哪有這事？你不要神經太過敏了啊！

靳準想不到劉粲居然不把他這話當話，心裡也慌了起來。不過他慌亂之後，並沒有停止計畫。他把兩個女兒叫過來——以前他的兩個女兒在劉家，算是婆媳關係，現在又被劉粲恢復成姐妹關係了——說：「妳們要是不說有人要篡位，我們靳家男女老少就會全部死光光。」

這兩個女兒當然把老爸的話當最高指示來執行，輪翻在劉粲耳邊吹風，說有人要謀反啊，要讓皇上當上廢皇帝啊！皇上當了廢皇帝，我們可就又變成人家的老婆、情婦了，以後再想見皇上一面，恐怕得到來生來世了。

劉粲可以把靳準的話當耳邊風，但對美女的話卻很重視，連聽了幾次，頭腦就發了暈，很快就認為，一定是那個太宰劉景、大司馬劉驥、車騎大將軍吳王劉逞、太師劉顗以及他的老弟大司徒齊王劉勱在搞鬼，就派人把他們抓起來。這幾個人剛進入決策層，正想著如何把工作做好，從來沒想到要做什麼「伊、霍」之事，根本沒有想到自己會被逮捕法辦，因此完全沒有準備，使得劉粲的行動進行得很順利。劉粲抓到他們之後，要求相關部門，盡量簡化手續，提高辦案效率，只一下就全殺了。

朱紀和范隆兩人動作快，居然跑了出來，投奔劉曜，這才保住性命。

劉粲把這個冤案做完後，突然信心爆棚起來，把討伐石勒的事擺上議事日程，任劉曜為相國、都督中外諸軍事，仍鎮長安——算是為他保住後方；任那個兩朝國仗靳準為大將軍、錄尚書事。做完這事之後，劉粲覺得自己做了一件大事，應該讓美女們慰勞一下，就對大家說，以後有什麼

第六節　漢宮之亂

事，都到老子的丈人那裡反映，他的話就是老子的話——那個討伐石勒的議題就這樣不痛不癢地擱置了下來。

靳準這時更不把這個女婿放在眼裡了，居然用個假冒的詔書，任命他的堂弟靳明當上車騎將軍、靳康為衛將軍，準備全面掌握軍權。

靳準做完這些前期準備之後，覺得一舉推翻劉粲的時機已經成熟。不過，他覺得光有兩個老弟當幫手，還不好辦，就請王延過來，跟他商量一下。他以為王延不姓劉，肯定會站在他那邊。可王延卻是一心向著劉家，聽了靳準的話，馬上一口回絕。而且回絕之後就奪路而逃，跳上快馬，要去舉報靳準。可才跑不出幾步，就碰上了靳康。靳康一把將王延抓住，帶到靳準那裡。

靳準不再拖延時間，帶著部隊衝進光極殿，叫衛士把劉粲抓起來，然後擺出一副義正詞嚴的樣子，宣布了劉粲的罪狀，最後判處劉粲死刑，當場就殺了這個女婿，而且送了個諡號給劉粲：隱。殺了劉粲之後，靳準馬上擴大打擊面，要求手下把劉氏的男男女女，不論年齡，一律押赴東市，執行死刑。

誰也不知道這傢伙為什麼把劉聰和劉粲恨成這個樣子，動起手來，毫不留情，連劉家死去的人都不放過，下令挖開劉淵和劉聰的墳墓，把劉聰還沒有腐爛的屍體挖出來，再砍下那顆頭，連劉氏的皇家宗廟也一把火燒了個精光。據說事發當天，「鬼大哭，聲聞百里」。

靳準把劉家的活人和死人都擺平之後，就封自己當了個大將軍，還發明了個「漢天王」的稱號套到自己的頭上，重新建立一套政府機構。不過，這傢伙所做的這一切，好像全是為了報復劉家而已，自己並沒有當上皇帝。他對胡嵩說：「歷史上就沒有胡人當皇帝的例子。現在把這個傳國璽交給你，你負責把它送到司馬氏手裡。」

第三章　內亂和外亂同時進行

可胡嵩卻不願意。靳準當場生氣起來，叫人把胡嵩拉下去殺了。

他殺了胡嵩之後，又派人去找晉國的司州刺史李矩，對李矩說：「劉淵算老幾？只不過是匈奴屠各部落的一個小丑，趁晉朝內鬥的機會，鬧出這麼大的事來，使晉國死了兩個皇帝。現在我就要帶著大家把兩位皇帝的靈柩還給晉朝，請你幫我轉告。」

李矩一看，這事還真是大事，忙派人報告朝廷。

司馬睿當然也把這件事當成大事來對待——如果是把活著的前皇帝送來，估計他就不會這麼積極了，可現在只是兩副屍骨。他把這兩副屍骨處理得越隆重，就越得民心。司馬睿馬上派太常韓胤作為全權代表，前去迎接。

靳準雖然向晉國表達了合作的意願，並採取了行動，可事情卻還沒有平定下來。先是北宮純號召所有的漢人集中在東宮，修築工事，明擺著要跟靳準對抗下去。靳康帶兵打過去，很快就消滅了這支力量。靳準還叫王延出來當光祿大夫。可王延到了這個時候還不買他的帳，不光不當他的官，還大罵他：「你個這叛徒，為什麼不趕快殺我，把我的左眼挖出來，放在西陽門，看相國的部隊入城；把我的右眼放到建春門，看大將軍的部隊進來。」

靳準只得把這個不願當官而一心找死的傢伙殺了。

靳準的這次政變，雖然沒費什麼力氣就成功地把皇帝拉下馬，高舉屠刀殺了一大批與他不同政見的人，好像很痛快淋漓，其實，對於劉漢而言，這場史上有名的慘案，也只是損失了一個昏庸的皇帝，以及一批只有酒量沒有能力的花花公子，真正的實力並沒有受損。因為，現在兵權還牢牢地掌握在劉曜和石勒的手裡。靳準之所以不斷地向晉國展開外交，就是因為這兩支力量的存在。他知道，玩宮廷政變，玩小人伎倆，劉曜和石勒

加起來也不是他的對手，但要在戰場上擺開架勢，真刀真槍地對壘起來，無論是實力還是能力，他都不是他們的對手。

而這時，劉曜和石勒也聞知了政變的情況，都決定採取行動。劉曜帶部從長安出發，石勒帶三萬精銳部隊從襄國西來。兩支部隊的口號都是打倒靳準。

石勒首先在襄陵跟靳準的部隊接火。

靳準派兵不斷地向石勒挑戰。可石勒卻沉住氣，只在堡壘裡躲著，沒有應戰，讓靳準的士兵自個兒在陣地上大叫大喊，白費力氣。

十月，劉曜的大軍抵達赤壁，太保呼延晏也從首都逃了過來，當了劉曜的部下，並且動員太傅朱紀一起，聯名勸劉曜當上皇帝。

劉曜也不推辭，宣布當上大漢國第三任皇帝，也來一次大赦。不過，這個大赦令裡還特別注明，全部的犯人都可以赦免，「唯靳準一門不在赦例」。年號改為光初，以朱紀領司徒，呼延晏領司空。自太尉范隆以下的文武官員，全都恢復原來職務。特別提拔石勒為大司馬，大將軍，加九錫，增封十郡，進爵為「趙公」。

石勒在堅守一段時間後，終於向平陽發動進攻。在石勒的猛攻之下，平陽的巴氐人、羌人、羯人都紛紛脫離靳準的陣營，向石勒投降。據統計，當時投降過來的人住滿了十多萬頂帳蓬，人數之多，可想而知。石勒把這些人全都遷移到他的勢力範圍裡，成為他的人口資源。

劉曜派劉雅、劉策進抵汾陰，與石勒共同夾擊靳準。

雙方打到十一月底，靳準終於支持不住，派他的侍中卜泰，帶著皇帝的車輛、衣服等皇帝專用品送給石勒，要求跟石勒談和。可石勒卻什麼也不說，把卜泰連同那些皇帝的專用品，一同送到劉曜那裡。

這時，表面上，靳準是劉曜和石勒的共同敵人，劉石兩人是立場堅定

第三章　內亂和外亂同時進行

的同盟軍，其實兩人都清醒地知道，靳準被搞定，是遲早的事。搞定靳準之後，他們就得面對面攤牌。石勒老早就有自立的打算，一直以來，也為自己的自立做準備，對劉漢中央的命令，也是覺得有利時就表示服從，沒利益時，就當一張廢紙。劉曜當然也老早就知道石勒的意思。

基於這樣的形勢，兩人的策略思想也發生了根本的變化，從一心一意討伐靳準變成了如何把靳準的力量全盤吞併下來，成為自己的力量。

石勒把卜泰送到劉曜那裡，就是明確地告訴新科皇帝劉曜，現在靳準是向老子投降，你還是不要花這個力氣了。

劉曜也不是個傻子，馬上也調整了政策，對卜泰說：「先帝實在是個荒唐的人，做了太多見不得人的事，是一個很不稱職的皇帝。靳準向伊尹、霍光學習，採取政變，這才讓我當上皇帝。他的這個功勞，我永遠不會忘記。如果他跟我同一陣線，等這個事件平息之後，我還要把國家大事都交給他處理，豈止免他一死？你回去，把我的意思向他說明清楚。」

卜泰回到平陽，把這話原封不動地向靳準作了彙報。

靳準一聽，覺得真的有道理——沒有老子這次政變，劉曜只能在劉粲的手下當一輩子強人，強人再怎麼強，也只是人家的手下。可他又想到，這次事變時，他連劉曜的母親和哥哥也殺了個乾乾淨淨，所以又怕了起來。

靳準在殺人的時候，果斷得很，可到決定自己命運的關鍵時刻，卻猶豫再猶豫，主意老是拿不定。而且現在平陽城裡的大多數人，也知道靳準的前途已經徹底黑暗，再跟著他只有死路一條，連他的弟弟靳康也有這個想法。

靳準的猶豫從十一月一直延長到十二月，而且還有延長下去的態勢。左將軍喬泰、左車騎將軍王騰以及他的弟弟靳康已經失去耐心，宣布與靳

第六節　漢宮之亂

準徹底劃清界線，而且行動迅速，不再給靳準一點機會。他們殺掉靳準，一致推舉靳明代理第一把手，派卜泰帶著皇帝的六顆大印，跑到劉曜那裡，很簡潔地辦理了投降手續。

石勒本來是想玩一下劉曜。哪知，劉曜在這件事上卻一點都不菜，一步就搶了先機，不由大怒，率軍向靳明進攻。靳明出城迎戰，被打了個大敗，又退回平陽死守。

不久，石虎又帶著幽、冀兩州的部隊前來助戰，跟他的叔叔石勒一起向平陽發動總攻。

靳明在屢戰屢敗的情況下，只得不斷地向劉曜求救：劉老大啊，你再不伸出援手，老子全部完蛋了。

劉曜派劉雅和劉策帶軍過去接應。靳明這才鬆了一口氣，帶著平陽城中的男女老少一萬五千人出來，全部投奔劉曜。

劉曜移師粟邑，宣布把靳氏家族全部逮捕，一個不能少地都拉下去執行死刑。

石勒衝進平陽，看到無人可殺之後，就叫士兵們放火出氣，把皇宮全都燒光。不過，這傢伙還是留了個心眼，派裴憲和石會去重新修整了劉淵和劉聰的墳墓，還把劉粲以及一百多人的屍體全部收拾埋葬，派了守衛部隊，然後班師。

從石勒對劉家這幾個死人還很有禮貌這件事看來，石勒現在雖然已經很強大，但他還不想跟劉家撕破臉，他還想從劉家那裡撈一點政治資本。

可不久，他跟劉曜就徹底攤牌。

第二年，也就是晉太興二年，即劉曜的光初二年，石勒派他的左長史王修去向劉曜進行工作彙報。劉曜就派司馬徒郭汜前往襄國，其任務是對石勒進行新一輪的表彰，準備讓石勒當「太宰、領大將軍，進爵趙王，加

第三章　內亂和外亂同時進行

殊禮，出警入蹕，如曹公輔漢故事」，讓石勒享受曹操一樣的待遇。

誰都可以看得出，劉石兩人這麼做都是表面文章。石勒是想從這裡撈夠資本之後，再走下一步，而劉曜卻是沒有辦法，只得採取不斷增加待遇的方式來拉攏石勒，能拉一天算一天。只要不到最後時刻，表面文章就一直做下去。

可這時，曹平樂出現了。

曹平樂不是什麼大人物，只是王修的一個跟班，銜頭是舍人。他也跟王修來到粟邑。這傢伙覺得跟王修混，起點太低，這輩子要混出什麼名堂來，實在難上加難，就想留在粟邑，到中直機關任職，起點又高，提拔又快。可中直機關的官員，不是想當就能當的，沒有點功勞，誰會看上你？這傢伙眼睛一轉，馬上就找到了一個辦法，跑到劉曜面前，打了石勒的一個小報告：「老大啊，你知道這次王修來的真正目的嗎？」

劉曜說：「不知道啊。」

曹平樂說：「石勒派王修前來，表面很有禮貌，其實是叫他過來打探老大的虛實啊！我可以用人格保證，王修回去之後，石勒的大軍就會開過來。」

劉曜本來對石勒就已經有意見，這時聽到從石勒陣營來的人這麼說，哪還會懷疑，立刻把郭汜叫回來，下令把「探聽虛實」的王修綁起來，押赴街市斬首。

王修的副手劉茂逃了出來，一口氣跑回襄國，把情況向石勒作了報告。

石勒氣得放開音量大罵：「老子對待你們劉家，已經好到不能再好了。你們能成為皇帝，天天威風地做人，還不是靠老子在前線拚死拚活地戰鬥。現在才混出一點模樣來，就想搞定老子。趙王算什麼？就是趙帝，老子想什麼時候當就什麼時候當，用不著請示他們。」當然，現在他對劉曜

只能隔空發火，卻不能有別的舉動。但他對曹平樂的家屬一點也不客氣，大聲命令，把曹家三族都給老子滅了。這個曹平樂完全是個小人，為自己能撈個一官半職，居然連家族也不管了 —— 誰跟這種人當親戚誰倒楣。

劉曜不久就回到長安，同時把長安定為首都，立羊獻容為皇后。羊獻容原來是司馬衷的老婆，是晉國的皇后。劉曜攻破長安後，看到羊皇后漂亮，就強迫她當自己的老婆。不過，他對這個羊皇后還真不錯，一直到現在，仍然讓她當正室，現在還讓她當了國母。羊獻容以前當司馬衷的皇后時，因為八王之亂，被廢來廢去，當皇后都當得麻木了，可以說是歷史上被廢次數最多的一個皇后。現在她居然又成為敵國的皇后。一個美女成為兩國的皇后，中國歷史上，就只有她了。這種人大概是真正的皇后命，是不管到哪裡，都能成為皇后的人 —— 或者可以說，哪個男人得到她，哪個男人就可以當皇帝了。

劉曜曾經問她：「我跟司馬家的男人，誰更強悍？」

羊皇后說：「皇上是創業型的老大。可是司馬衷是個亡國的腦殘皇帝，你們根本不能放在同一個等級上。司馬衷堂堂一個皇帝，可連他自己以及老婆孩子都保不住。以前，我以為，全世界的男人都是這個樣子。但後來跟了皇上，才知道，天下還是有真正的男子漢大丈夫的。」

劉曜一聽，高興了好長一段時間。

第七節　四權分立

當靳準事件在漢國弄得精采紛呈時，司馬睿還在慢慢地調整著他的官場體系。

第三章　內亂和外亂同時進行

這年太興元年十一月，司馬睿任命王敦為荊州牧，加陶侃都督交州諸軍事。不過王敦態度堅決地辭掉那個「牧」字，只當刺史。

十一月十八日，司馬睿又發表了個政策，來個全國總動員，進行一次政治大討論。御史中丞熊遠上書反對，認為，現在胡人把國家弄得國已不國，兩個皇帝的靈柩都還沒有回來，而我們不能派兵去討伐，這是第一個大失誤；各級政府官員都不把國恥當一回事，仍然天天玩名士風度，大力吃喝賭嫖，把官場當成享樂場，這是第二大失誤；任用人才，提拔官員，唯一的標準就是看他人氣有多高，而不管能力；負責官員考核的人，從不物色有能力的人，只想著任用他之後，自己有什麼好處；大家把努力工作的人都當作傻子，把對工作麻木的人看成是瀟灑有風度；把勇於放蕩不羈的人看作是有坦蕩情懷的好漢；把傲慢的人當成性情中人，這是第三大失誤。有了這些失誤，這些官場還是個有效率的官場嗎？在這些官場上混的人，還有心思為民服務嗎？誰還有心思為了晉朝的復興而努力奮鬥？

如果司馬睿聽了熊遠的話，著力整頓一下名士風度，任用人才，把統一大業當成目標，晉朝的復興也不是沒有機會。可這傢伙不但本身沒什麼能力，更談不上有政治家胸懷，幾乎沒什麼進取心，而且圍繞在他身邊對他有直接影響的人都是一群名士，他能聽得進熊遠的這一番話嗎？

他雖然停止了這場大討論──你想想，大敵當前，國家只剩下半壁江山，大家擠在長江邊，形勢逼人得很，卻不想著如何發展，如何對付敵人，而去舉行這種虛渺的討論，這種皇帝要是有什麼作為，那也是人間怪事了──他對熊遠的意見麻木不仁，來個冷處理。你有權說話，老子也有權不聽。

司馬睿之前是琅琊王，因此，他也封自己喜愛的孩子為琅琊王。可這個琅琊王對他來說，好像是個運氣，但對他的孩子而言，似乎都不是什麼好東西。先是司馬裒，當了琅琊王沒幾天，年紀輕輕就掛了。這時司馬睿

第七節　四權分立

又把另一個兒子司馬煥封為琅琊王。這個司馬煥是司馬睿目前最喜愛的鄭妃所生，只有兩歲，司馬睿很喜歡他。可沒多久，司馬煥生起病來。司馬睿怕這個愛子挺不過幾天，就趕緊封他為琅琊王。

封王的詔書是十二月五日下發的。

二月七日，詔書的油墨還沒有乾透，司馬煥就死了。

司馬睿很悲痛，為了表達悲痛之情，他要求用成人的葬禮，為這個年僅兩歲的兒子舉行一次隆重的追悼會，而且還撥出專款，為這個小屁孩修建一座規模巨大的陵園。此舉遭到右常侍孫霄的反對，說現在正是非常時期，國家的每一分錢都應該用在該用的地方，不能浪費這麼多的錢財舉行一個追悼會、修建一座陵園啊！

司馬睿一聽，就生氣起來，根本不把這個意見當意見。這哥兒們在祖逖北伐時，摳得要命，可對這個死去的孩子卻出手闊綽。從這點我們就可以看出，這傢伙滿腦子都是偏安思想，只打算在長江邊上過一輩子，盡取心早就丟到長江裡邊，讓長江的前浪後浪不知推到哪個沙灘上了，什麼北伐，什麼統一大業，全是在有政治需求的時候，拿來矇騙全國人民的。

雖然司馬睿在心裡堅定了偏安的信念，可是鼓太守周撫覺得這麼下去，一點也不刺激，就殺死沛國內史周默，算是為漢國立了個大功，然後帶著這個功勞、帶著他的部下向石勒投降。

這一下，把司馬睿那平靜的想法攪亂了起來，他可以不北伐，但不能讓部下跳槽去當投降派──他還得需要這些人來守住長江邊。只有守住長江。他才能有偏安下去的資本。他下命下邳內史劉遐兼任彭城內史，會同徐州刺史蔡豹、泰山太守徐龕一起去搞定周撫。要求他們一定要取得勝利，對投降派一定要無情打擊，堅決消滅。

太興二年二月，劉遐他們向周撫發動進攻。這時石勒他們正在處理靳

第三章　內亂和外亂同時進行

準的事,主力部隊都在西北地區,哪有精力來救周撫?周撫孤掌難鳴,在寒山被劉遐他們徹底打敗,連性命也保不住。

司馬睿任命劉遐為臨淮太守。

這段時期,在晉漢兩大勢力之間,還存在一些中間力量。因為天下太亂,很多地方有名望的人就組織當地的人,建立地方武裝,其目的是保他們那一帶的平安,因此也不打誰的旗號。這些武裝不斷地擴大,就形成了這些誰也不容忽視的中間力量。蘇峻的隊伍就是屬於這類武裝。這傢伙的事業做得有聲有色,附近的人不斷地來投奔他,勢力越來越大,而且他的根據地就在掖縣,與山東半島的另一個強人曹嶷的勢力沾連在一起。曹嶷看到蘇峻的力量一天天壯大,就覺得不高興起來,打算對他進行一次軍事行動,把他徹底消滅。

蘇峻絕對不是個傻子,知道曹嶷看他不順眼,後果會很嚴重,因此什麼也不說,帶著部下,把所有的家產都搬到船上,從海上南下,自願去當司馬睿的手下。司馬睿讓他當了鷹揚將軍,叫他跟劉遐一起去進攻周撫。滅了周撫之後,又讓他官升一級,當上了淮陵內史,成為地方老大。

雖然劉遐他們順利地完成了打擊周撫的任務,讓司馬睿大大地鬆了一口氣,可是司馬睿卻在論功行賞中犯了一個錯誤。本來,這次戰役是由劉遐、蔡豹、徐龕三支力量聯合行動的,而且在周撫敗逃時,是徐龕的部下於藥追上周撫,一刀砍下周撫腦袋的。應該說,這次功勞最大的應該是徐龕。可是司馬睿在記功時,硬是讓劉遐在徐龕之上。這樣一來,劉遐高興得合不攏嘴,可徐龕卻氣得要命。徐龕最後覺得再在這個賞罰不公的朝廷裡做下去,實在沒什麼前途了,就決定把泰山貢獻給石勒,而且自稱兗州刺史。

司馬睿打死了一個投降派,又逼出另一個投降派,而且還損失了泰山,

第七節 四權分立

實在得不償失。

這時，晉國的另一個強人司馬保又製造了一個麻煩。這傢伙在上邽待了這麼久，覺得自己同樣是司馬氏的人，為什麼司馬睿能當皇帝，老子就不能當？他馬上就宣布另立中央。不過，他畢竟底氣不足，不敢直接就當皇帝，而是抄襲了司馬睿的做法，先稱「晉王」，設立了一套完整的中央政府機構，讓那個曾經表示擁護司馬睿當老大的張寔當征西大將軍、開府儀同三司。

司馬保另立中央，他的那個老部下討虜將軍陳安也做著背叛老闆的事。他先自稱秦州刺史，然後向漢國投降。可投降漢國沒多久，覺得太沒受到重視，便又跳槽到李雄那裡。這傢伙所處的地理位置，實在很便於跳槽。

陳安跳槽之後，司馬保的轄區又發生了一場自然災害，出現了幾年不遇的大饑荒，弄得轄區中的所有人都在挨餓，連司馬保也覺得不能再在這個地方待下去了。他的部將帶著司馬保往南安住下來。司馬保這個晉王當得不怎麼樣，難民卻做得很到位。

陳安看到司馬保成了難民，就打起他的主意來。張寔忙派韓璞帶兵過去救援，陳安覺得自己不是對手，不得不退到綿諸。司馬保這才回到上邽，可陳安的部隊還是前來騷擾。司馬保這傢伙當老大的想法十分強烈，可手中的勢力卻單薄得很，連個陳安都對付不了。後來，還是靠張寔派出部隊，把陳安嚇跑。你想想，像司馬保這樣的人能當老大嗎？

在這個亂得不能再亂的時期，各個集團的市場不斷下跌，但石勒絕對是優質股，依然不斷地漲停。他在收拾靳準之後，南邊的工作也開展得不錯。

這時，祖逖正在打另一個叛將陳川。這個陳川本來也跟蘇峻一樣，靠

第三章　內亂和外亂同時進行

亂世白手起家,組織了一支軍隊,自己當了陳留第一把手。不過,他也知道,自己這個分量,要在晉國和石勒兩大實力的夾縫中生存,實在很難,因此那雙眼睛就時時在瞄準機會,想投靠一邊當上正規軍。恰好祖逖帶兵過來,收拾了樊雅。陳川就向晉國靠攏,從此跟著祖逖幹,所以也派他手下的死黨李頭帶兵去配合祖逖參加圍剿樊雅的戰鬥。

李頭的名字雖然不怎麼好,但作戰卻勇敢,是真正能夠做到身先士卒的將領,因此祖逖很看好他。李頭不但在戰場上是條好漢,平時也是個很重義氣的人。他看到祖逖不但對他好,而且能力也強,因此就常常在人前大讚祖逖:「能在這樣的老大手下做事,就是死也值得。」這話一傳出去,陳川就覺得不爽。你靠老子吃飯,卻說祖逖才是好上司?祖逖是個好上司,老子難道是爛上司?他越想越氣,最後居然氣得殺機大起,乾脆把李頭一刀殺掉,看看誰是好上司。

李頭死黨看到李頭什麼錯誤也沒有,竟然被陳川砍了腦袋,覺得這個地方萬萬不能待下去了,就帶著自己的部下,去投靠祖逖。

這麼一來,陳川的不爽更上一層樓,下令對豫州各郡進行一次大規模的打劫。

豫州是祖逖的地盤。你在這個地方打劫,不是向祖逖叫板是什麼?祖逖要是能容忍還算是祖逖嗎?他馬上派兵對陳川部進行攻擊。陳川當然不是對手,被打了個大敗。

陳川最後就獻出浚儀,投降石勒。

祖逖繼續對陳川用兵。

可這時,石勒的主力已經回師,馬上派石虎出馬,帶著五萬大軍去解救陳川。雙方在浚儀會戰,祖逖吃了個敗仗,不得不退回梁國。石勒再派桃豹帶兵到蓬關,進一步壓逼祖逖。祖逖沒有辦法,只得再退一步,回到

淮南。石虎把陳川部屬五千戶全遷到襄國。

這時，石勒已連續吞併北方多股勢力，手中的資本已相當雄厚，可以威風地四處挑戰了。他在擺平祖逖之後，又叫石虎北上，找鮮卑人的麻煩，先是把朔方的鮮卑老大曰六延打了個滿地找牙，取得輝煌的戰線：殺敵二萬，俘虜三萬。另一個大將孔萇則在幽州境內，肅清了晉國在幽州各地的力量。那個刺史段匹磾的部隊，已全部變成饑民，不斷地逃跑。段匹磾帶著殘部想到上谷暫時安身，卻又被代王拓跋鬱律痛扁一頓，連老婆孩子也丟了，孤身一人跑到樂陵，投奔邵續。

北方大部領土就這樣全歸石勒的版圖。

周訪這時還在荊州境內與杜曾作最後一戰，把杜曾打得徹底崩盤。杜曾的部下馬雋看到大勢已去，就把杜曾抓起來，獻給周訪。周訪一刀結束了杜曾的性命。

在這次戰鬥中，周訪還俘虜了司馬業任命的荊州刺史第五猗，把第五猗送給王敦，並向王敦建議：第五猗雖然老是跟我們搶荊州。可他到底是先帝任命的官員，同時也很有一些人氣，最好寬大處理。可王敦卻不聽，硬是把第五猗斬首。

本來，在杜曾還很囂張的時候，王敦心裡也有點擔心，覺得不好對付，就對周訪說：「你要是把杜曾搞定，你就是荊州刺史。」

這時，周訪把杜曾搞定後，王敦卻不兌現自己的諾言。而這時那個王廙正在荊州當他的刺史。這傢伙殺敵的本領沒幾下，可殺陶侃的部下卻很有本事。在周訪眼巴巴地盼望王敦讓他當荊州刺史時，王廙卻正以荊州刺史的名義大殺陶侃原來的部下。他不但殺陶侃的原部下，就連受到陶侃尊敬的皇甫回也抓起來殺掉──罪名居然是不來跟自己見面。大家看到這個情況，都很憤怒。

153

第三章　內亂和外亂同時進行

　　這些情況，司馬睿很快就知道了，馬上把王廙調回中央，讓他當散騎常侍，再任命周訪為荊州刺史。

　　王敦看到周訪當上了荊州刺史，心裡很鬱悶。因為他知道，周訪不但能力強、人氣旺，而且跟他根本不同調。他想扳倒周訪，可人家的任命書是皇帝親自發放的啊！郭舒對王敦說：「荊州現在雖然破爛得不成樣子，跟個貧民窟差不多。可這地方是軍事要地啊。老大應該自己當這個刺史才對。周訪當個梁州刺史就已經夠了，憑什麼讓他一個人當兩個州的刺史？」

　　王敦就去晉見司馬睿，讓司馬睿改任他為荊州刺史。司馬睿對王家的要求，當然答應得很爽快。他再下了個詔書，提拔周訪為安南將軍，但免去他荊州刺史的職務，其他的職務照舊。至於荊州刺史的空缺，就讓王敦填補了。

　　周訪接到這個詔書，就是用屁股去想也知道是王敦搞的手腳，心裡大怒，但也沒有辦法，只得老老實實地辦好交接手續，去襄陽上班。襄陽是梁州刺史暫時的辦公處。

　　王敦不用想也知道周訪很憤怒，就寫了一封信給周訪，解釋了一大篇，還送周訪玉環、玉碗，表示誠意（據說，玉環的環字表示「歸還」的意思，而碗表示的是「完整」之意），讓周訪放心。可周訪是什麼人？能買他的這個帳嗎？他把玉環、玉碗狠狠地摔到地板上，高聲罵道：「把老子當成收破爛、走街頭的小商販了？這幾件破東西就可以把老子搞定？」

　　不過，生氣歸生氣，周訪在襄陽還是努力工作，制定相關政策，推廣農業技術，加強戰鬥部隊的訓練。他知道王敦現在的野心已經越來越膨脹，因此就在心裡做好對付王敦的打算。按照規定，他現在是王敦的下級，任命屬下的官員，都必須請示王敦，得到王敦同意後，這才釋出。可

周訪卻反過來行事，先把委任狀發下去，這才上報王敦備案。王敦氣得要命，可又不敢對周訪怎麼樣。

　　劉漢自劉聰繼位以來，看上去國力貌似很強，其實老早就是一堆泡沫而已。劉家能在北方稱王稱霸，到處威風，靠的是劉曜和石勒這兩大強人。石勒跟劉家越離越遠，劉家老早就控制不了這個傢伙。劉曜拿著全國的兵權，但能力卻很有限，長期在西北跟差不多斷氣的晉國長安政府較量，居然糾纏多年而搞不定。這時經過靳準事件後，劉曜跟石勒已經決裂，漢國的泡沫也不斷地破滅。

　　劉曜也覺得「漢」字對他們來說，已經不是什麼吉祥字了，想換個商標，重新包裝，樹立新的品牌。他下了個詔書，徵集新的國號：「吾之先，興於北方。光文立漢宸廟以從叱望。今宜改國號，以單于為祖。亟議以聞！」這話的意思是，我們的祖先是北方來的狼。後來文光皇帝（劉淵）為了廣告效應，這才借用了漢朝的國號。現在到了應該更改的時候了。這次我們要用自己的東西，也就是用我們的單于為祖先。請大家認真研究之後上報。

　　這詔書一出，官員們馬上來個大膽假設，小心求證，最後研究出了一個新的國號──其實也是舊的：「文始封盧奴伯，陛下又王中山；中山，趙分也，請改國號為趙。」意思是，以前劉淵被晉國中央封為盧奴伯，後來老大又被封為中山王。中山，是以前趙國的領土，而盧奴又是中山的首府。所以，我們認為，改國號為趙最合情合理。

　　劉曜一聽，覺得有理，就下令把國號改為「趙」。這傢伙這麼一改，自己也變成了「趙」國的開國皇帝。不過，為了方便，以後在書裡就稱他的這個國家為「漢趙」。

　　這時，石勒部下看到劉曜連國號都改了，這個集團還有什麼底氣？因

第三章　內亂和外亂同時進行

此，也都集合起來，對石勒展開勸進。第一批名單是：左、右長史張敬、張賓，左、右司馬張屈六、程遐。可石勒卻不同意。

這些人又進行第二次勸進。不過，這次勸進的人數規模比以前龐大得多，但要求卻比上次低了一個臺階，只要求石老大先稱大將軍、大單于、領冀州牧、趙王。抄襲劉備在四川的版本，以實際控制的地區作為趙國的疆土。當時，石勒所控制的有河內郡等二十四個郡。太守一律改稱內史。

石勒一看這個方案不錯，就畫了個圈，表示同意，然後舉行趙王就職儀式，也宣布大赦，年號就直接用趙元年。

到了這時，中國這塊土地上，出現了四個政權：司馬氏的晉、劉曜的趙、石勒的趙、李雄的漢。當然，石勒只當趙王，還沒有稱趙帝，表現出的等級稍低一層。可現在他的力量卻最強。

相比起來，這四個政權的老大，石勒是學歷最低、最沒有教育背景的人。但是其他幾個老大，都不知道在忙些什麼，而石勒宣布自立之後，馬上派出人員到各地去，督促農民們種好田地。他雖然沒有直接當上皇帝，但也不斷地向那個座位靠攏，上早朝時，已經使用天子的音樂，穿著皇帝的朝服，其他用具，也都是皇帝專用的，他任命張賓為大執法，總管全國的政務，任石虎單于、元輔、都督禁衛諸軍事。沒幾天，又提拔石虎為驃騎大將軍、侍中、開府儀同三司，封中山公，成為石氏集團中的強人，也為自己的事業埋下一顆定時炸彈。

張賓當了大執法後，享受的待遇是其他部下都不可比擬的。可是他卻硬是保持謙虛謹慎的作風，對人有禮貌，心胸開闊，尊重人才，不亂說。他在石勒面前，也堅決做到「知無不言，言無不盡」──當然也只有他能夠做到這一點，別的人哪敢這麼做？更讓石勒高興的是，雖然很多事都是張賓謀劃的，可張賓卻硬是把功勞歸於石勒。因此，石勒對張賓很尊敬，

而且尊敬到有點害怕的地步。每天早朝,他為了不被張賓責備,都得擺出一副莊嚴的神態,甚至緊閉嘴巴,盡量不多說一句話,對張賓也只是稱為「右侯」,從不敢直呼其名。

　　在劉漢集團兩派分家、先後大赦後,晉國也不甘落後,也於十二月九日,大赦了一次。劉曜和石勒是因為要當老大,改國號,透過大赦來達到詔告天下的目的,晉國大赦卻是沒有什麼理由了。

　　中原一帶幾權分立,混亂的情節不斷地展開。

　　而向來平靜的遼東一帶,這時也拉響了紅色警報。

第三章　內亂和外亂同時進行

第四章
王與馬的矛盾

第四章　王與馬的矛盾

第一節　慕容氏起家

遼東地區本來有很多勢力在那裡雜居，各管各的地盤，各管各的下屬，各管各的飯碗，天天東張西望，神經高度緊張地和平共處著。這種情況其實就是一個火藥桶。稍一處理不好，就會擦槍走火。

這種火藥桶最終都會被點著。

點燃這火藥桶的人是崔毖。

崔毖是三國名人崔琰的曾孫，現任晉國平州刺史（勢力範圍包括遼寧省和北韓半島）。這傢伙在平州刺史任上多年，除了按時吃喝拉撒之外，政績平平，沒一個地方可圈可點，但卻因為自己出身名門，只追求名士的生活，別的什麼都不管。大家看到他這麼當官，都覺得沒什麼希望，就跑到慕容廆那裡混飯吃。

崔毖喝酒醒來一看，人口怎麼越來越少了？再這麼跑下去，以後平州就只剩下老子一個人了，找個陪酒的人也難啊——名士風度還表演給誰看，還有什麼掌聲？就派人過去勸說那些流亡人員。可是勸說了幾遍，人家就是一點都不感動。

被派過去勸說的人在口水乾了之後，只得空手回來，說那些人太頑固了，那些花崗岩腦袋估計放到太陽裡都融化不了。崔毖並沒有認真反思一下自己的行為，反而認為，一定是慕容廆那小子把他的人拘禁在那裡的。

他就恨得咬牙切齒起來。可咬牙切齒之後，也知道，以他現在的力量去找慕容廆，只有把自己玩死。

崔毖覺得自己不行，就把眼光放到其他勢力上，要下一盤很大的棋，請來高句麗、段氏、以及宇文部落，叫大家聯合起來，共同擺平慕容廆。

第一節　慕容氏起家

條件是，搞定慕容廆後，大家瓜分他的全部財產。你一塊，我一塊，這蛋糕這麼一劃，也很刺激。

這時，他的親信高瞻認為，這樣做，後果很危險。

可崔毖這時只想到慕容廆被幾大勢力狂扁，遍地找牙，這種結果哪是危險的結果？如果一定要說是危險的結果，那也是慕容廆危險而已，自己安全得很。因此，堅決不聽高瞻的話。

他的第一步棋很成功。那三個老大聽說可以瓜分慕容廆的財產，眼睛馬上光芒萬丈，個個都拍著大腿答應，這個都不做了，還做什麼？於是組成了一個滅廆同盟軍，懷著發大財的偉大夢想，向慕容廆的老巢棘城大步進軍，很快就把慕容廆包圍在棘城。

慕容廆的部下都要求出戰，與這些侵略軍打個你死我活。可慕容廆卻不同意，說：「這些人都是受到崔毖的誘騙而來的，目的只是想撈到一點好處，並不想跟我們硬碰硬到底。而且他們才剛剛結集，個個想著發財，士氣還高得很，這時跟他們打，實在划不來啊！我們只有先守住城池，讓他們在城外包圍，到他們包圍累了的時候，就是我們的機會。其實，說到底，這一群人都是烏合之眾，幾股勢力聯合在一起，居然也沒有成立一個盟軍指揮部，統一部署戰鬥。卻各做各的。這樣下去，沒幾天，他們在沒事做的時候，就會互相猜疑。一來會懷疑是崔毖跟我們共同設下圈套，騙他們上勾，二來他們三方也會互相懷疑，在打的時候個個有所保留，怕自己受損失。等到了這時，我們再出兵，這仗就勝利了。」

三方聯軍開始了攻城戰鬥。可慕容廆卻只守在城裡，沒派一個士兵前來與他們交戰。

當然，慕容廆也不是消極固守，而是玩了一個反間計。他派人帶了牛肉和美酒來到宇文氏部隊，說是慰勞一下老大哥的部隊——只要稍微思

第四章　王與馬的矛盾

考一下，都會知道，這個慰勞絕對是別有用心的。

宇文氏部落老大一看，有肉不吃，有酒不喝那不是菜鳥一個？馬上下令，酒肉是不分敵我的，兄弟們可以放開肚子大塊吃肉、大碗喝酒。喝完吃飽，繼續開打，把這些傻瓜打殘。

在他們大吃大喝的時候，另外那兩個部落的人心裡就複雜起來了。這個宇文部落肯定有陰謀，得小心一點防範。後來又覺得光防範也不行，最好的辦法就是離開這個危險的地方，那樣才是最安全的。於是兩家一起宣布撤軍，並不通知正吃得滿頭大汗的宇文部落。

宇文部落的老大宇文悉獨官很快就知道了這事，但這傢伙卻一點不在意，噴著酒氣說：「他們開溜了？好啊，我們同樣可以打贏這一仗。這下別怪老子獨吞勝利果實了。」這時，他的手裡有幾十萬部隊，軍營連綿四十多里，聲勢很壯觀，場面跟當初劉備的連營差不多。所以，他現在的信心也跟當初的劉備差不多。不過，在這樣的情況下，有這種信心的人，最後的下場是很不樂觀的。

慕容廆看到段家和高句麗的部隊全都拔起營寨，回家去也，心裡大叫，反間計成功了。他派人去把他那個駐紮在徒河的猛男兒子慕容翰調回來，跟他一起守城，等時機到了之後開門殺出去。

慕容翰卻認為，老爸這麼做不是好辦法，他叫人回去轉告老爸：「現在宇文部落把整個地盤裡的全部家當都帶了過來，士兵人口眾多，戰鬥力強悍。我們的人明顯不如他們。所以，要戰勝他們，只能靠腦袋，不能靠力氣。現在城裡的部隊，守城已經夠了。我最好還是留在城外，作為奇兵，尋找機會，向他們發動進攻。到時，城裡的兄弟們再衝出來，內外夾攻，他們的心理肯定會突然崩潰，就可以把他們搞定了。如果把所有的部隊都集中到城中，他們就可以專心圍城，絕對不是好辦法。更要命的是，

第一節　慕容氏起家

如果放棄了徒河，兄弟們會以為我們害怕了，士氣就會直接下跌。只怕不用打仗，我們就已經玩完。」

慕容廆到了這時，對城裡的力量信心很不足，聽了這話，雖然覺得有道理，但仍覺得底氣不足，還想叫兒子回防。

韓壽說：「宇文悉獨官是個頭腦不發達的傢伙，向來只知道仗勢欺人，現在正是他們自滿的時候，將領驕傲，士兵懶散，軍隊組織又不嚴密。如果能趁他們鬆懈的時候，前後夾擊，一定可以取勝。」

慕容廆一聽，這才有了信心，同意兒子的方案。

宇文悉獨官這時的頭腦還算正常，得到這個消息後，也知道要是真的被人家內外夾擊，肯定會很慘，因此決定先把慕容翰解決，他對手下說：「慕容翰的勇猛，大家都知道。現在他不進入棘城，而繼續留在徒河，肯定是想對我們製造麻煩。因此，我們必須先把他搞定。」他猜的不錯，而且計畫也很切合實際。可在執行中，卻出現嚴重的偏差——不管多好的計謀，執行偏差便徒勞無功。

宇文悉獨官知道，慕容翰在徒河的兵力並不多，因此派了幾千部隊雄糾糾氣昂昂地開了過去，要一舉把這支「奇兵」搞定。

他只認為自己這一招沒有錯，因此在行軍途中不再做進一步的思考。

而慕容翰知道，自己的兵力單薄，稍不小心，就會被人家吃掉，因此早就做好了備案。這時知道敵人已經開了過來，就派人打扮成段家使者迎過去，在半路碰上敵人說了一段謊話：「我是段家使者。慕容翰這小子向來跟我們作對。聽說你們要搞定他，我們就前來配合。現在我們已經作好準備，請你們加快行軍的步伐，一起去消滅他們。」

宇文部這支騎兵的將領更是個頭腦發熱的傢伙，對這個謊話，連個標點符號也不懷疑一下，就全盤相信，也不想想，他們老大搞定慕容翰的計

第四章　王與馬的矛盾

畫剛剛制定不久，根本沒有通知過誰，消息哪能知道得這麼快？而且居然還做好了戰鬥的準備。對他講這話的人不是瘋子就是騙子。他只叫大家快快前進，要不段家就把功勞搶走了。

慕容翰在那個使者出發之後，就帶兵出城，在半路上設下埋伏。

宇文部的騎兵很快就跑進了埋伏圈。慕容翰一聲令下，伏兵四處衝出，宇文部的騎兵一看原來是中了埋伏。他們根本沒有想到，慕容翰的兵力比他們少得多，即使是中了埋伏，真正拚命起來，仍然可以取得勝利。可這些人都是頭腦簡單的傢伙，看到自己中了埋伏，滿腦子都是大勢已去、趕快殺出重圍的念頭。慕容翰叫大家奮力殺敵。這樣一來，一方越打越猛，一方越跑越快，戰場馬上就呈一邊倒的形勢。

慕容翰一邊在這裡大砍大殺，一邊派人抄小路過去向老爸報告：「時機到了，趕快出城戰鬥。」

不一會兒，宇文部的騎兵全被慕容翰擊潰，俘虜了一大半，然後吹起衝鋒號，乘勝追擊。

慕容廆得到兒子的報告後，馬上命令另一個兒子慕容皝與長史裴嶷帶著精銳部隊當先鋒，自己帶大軍作為後繼，殺出城來。

宇文悉獨官正在那裡等待全殲慕容翰的好消息，根本沒有料到他派出的騎兵早已一個不剩了，更沒有想到慕容廆會出城來跟他決一死戰，只得下令全軍出動，迎接戰鬥。當然，如果他稍一冷靜，只叫大家死守，看好情況再作決定，結果也許會是另一個樣子。可他的那顆腦袋從來就不會冷靜，這時碰到這個突發事件，思路就更不會拐彎，馬上就叫部隊投入戰場。可前鋒才一接觸，慕容翰的幾千個騎兵突然出現，從側翼突入，直接向宇文部的大營殺過去，而且不管衝到什麼地方，都一把火燒過去。弄得宇文部的大營濃煙滾滾，聲勢駭人。宇文部的士兵都跟他們的老大一樣，

第一節　慕容氏起家

精神集體崩潰，哪還有打下去的心思？都搶著四散而逃。宇文悉獨官更沒有心思組織戰鬥，與部下一起奪路而逃，最後僅僅逃得性命。幾十萬大軍全成了慕容廆的俘虜。

這一役，慕容廆成功地化解危機，轉敗為勝，不但俘虜了宇文部落的幾十萬人，壯大了自己的力量，還在宇文部的大營裡搜到三顆皇帝的大印。

這就是歷史上小有名氣的棘城之戰。

本來是三家共扁慕容廆，如果按常理出牌，慕容廆的勢力就會退出歷史舞臺。可慕容廆憑藉自己的智商，在面臨生死的危機面前，硬是成功地化危為安，先是以反間計退走兩家的部隊，接著抓住機會，成功地轉虧為盈，再一次證明了智商在戰爭中的偉大作用。

慕容廆透過這一仗，勢力瘋狂膨脹，已經成為東北地區的頭號老大。

崔毖聽到這個消息後，第一個反應就是一個「怕」字。他派他的姪兒崔燾前往棘城，說是祝賀慕容廆老大取得了輝煌的勝利。

可在崔燾面對慕容廆的時候，那三方的代表也在現場。這三家代表都說：「本來，我們跟慕容老大什麼過節也沒有，一直和平共處，是崔毖騙我們來打棘城的。」

慕容廆這時一點面子也不給崔燾，要他當場聽聽這幾個代表的證詞，而且在聽證詞的過程中，他還把一把雪亮的大刀架在崔燾的脖子上。崔燾覺得脖子涼嗖嗖的，難受得要死，還沒有等人家問話，就說，我用人格保證，他們說的每句話都是真的。

慕容廆把崔燾放回去，讓他轉告他的叔叔：「你現在最好的出路，就是趕緊投降；最下流的做法就是連夜逃命。」而且，還派大軍跟在崔燾的屁股後面，浩大地向平州開過去。

第四章　王與馬的矛盾

　　崔毖怕得要命，連老婆孩子也不管，只帶著十幾個侍衛，狂奔到高句麗王國當難民了。所有的部隊都被慕容廆收編。

　　慕容廆讓他的另一個兒子慕容仁當征虜將軍，成為遼東的第一把手，把遼東一帶全劃歸自己的版圖。不過，後來慕容仁就以遼東為資本，與他的另一個兄弟慕容皝爭當老大。

　　當然，這是後話，這裡就先不說了。

　　搞定了崔毖，慕容廆並沒有沾沾自喜，而是把矛頭又指向高句麗。他派張統帶兵突襲高句麗的河城，又取得了勝利：俘獲高句麗河城第一把手如奴子，以及河城的一千戶人家，而且把崔毖的幾個部下也抓了。這幾個部下是：崔燾、高瞻、韓恆、石琮。張統把這幾個人都送到棘城，讓老大發落。

　　慕容廆對這幾個人不但一概不處置，而且表現出巨大的熱情，天天用好酒好肉招待，讓他們過著貴客一樣的幸福生活。他更知道高瞻就像他的名字一樣，很有能力，當場就任命高瞻為將軍。可是高瞻就是不願當慕容廆的手下，居然效法司馬懿，說自己患了病，不宜當將軍。

　　慕容廆當然知道，高瞻的這個病是假的。他並不像曹操，派人過去威脅一番，逼司馬懿捲著包袱出來為他賣命，而是親自上門，坐在高瞻的床前，望著一臉健康的高瞻，用手很溫柔地壓著高瞻的心口，親切地說：「君之疾在此，不在他也。今晉室喪亂，孤欲與諸君共清世難，翼戴帝室。君中州望族，宜同斯願，奈何以華、夷之異，介然疏之哉！夫立功立事，唯問志略何如耳，華、夷何足問乎！」這話是說，老兄的病是在這個地方，不是在其他器官啊！現在，晉朝的國運進入谷底，我正要跟大夥一起，為晉朝復興而努力奮鬥。老兄是中原的名門望族，正應該樹立為晉朝獻身的思想，跟我一起完成大業。為什麼要堅持狹隘的民族主義？報國可不能分

漢人和胡人啊？」

可高瞻卻還是躺在病床上，沒有起來。慕容廆也不高興起來了。

龍驤主簿宋該，跟高瞻從來不對盤，本來就已經眼紅高瞻的待遇，這時看到高瞻竟然這麼不識時務，覺得陷害高瞻的時機已經成熟，就對慕容廆說：「老大啊，這傢伙竟然這麼傲慢，不如殺掉算了。」

可慕容廆卻擺擺手，不同意。

高瞻雖然不願當慕容廆的手下，但又不是個放得開的人，拒絕慕容廆之後，心裡又怕了起來，而且這害怕越來越強烈，最後居然死去。

後來，宋該又勸慕容廆對晉國做點表面文章，以便能從那裡撈取更多的政治資本。慕容廆叫宋該寫好表章，叫裴嶷拿著去建康，而且還把從宇文悉獨官那裡繳獲的三顆皇帝大印拿過去，送給司馬睿。

第二節　失算

轉眼就到了第二年，即太興三年的正月。一個亂世的春節，肯定不會是個舉國歡慶的日子。而對於身在西北做夢也想當老大的司馬保而言，這個春天更是個倒楣的春天。

本來，在去年年底，匈奴屠各部落人路松多帶著一群武裝占領新平、扶風一帶，表示擁護司馬保，而且派他的部下楊曼、王連守陳倉，派張顒、周庸據陰密，松多據草壁，而且「秦、隴氐、先多應之」。使得司馬保的勢力又有點模樣起來。

劉曜似乎對晉西北方的殘餘勢力特別看不順眼。他在當劉聰的軍事強

第四章　王與馬的矛盾

人時，也老是在這一帶轉戰來轉戰去。現在他當上了趙國的皇帝，這個政策仍然堅持到底。他覺得要是讓司馬保好好地過這個年，他的神經就會錯亂起來，因此，才到正月，他就決定來個御駕親征——在這方面，他比劉聰、劉粲強多了，那兩個傢伙的屁股一坐上龍椅，做的第一件事就是收編老爸遺留下來的美女，軍國大事，全交給手下去辦。劉曜卻不一樣，還保持著艱苦的優良作風，繼續在戰爭的第一線奮鬥。

劉曜首先進攻那個著名的地方——陳倉。結果，比當年的諸葛亮順利多了：王連戰死，楊曼逃命到南氐。劉曜繼續向前，把路松多也打了個暈頭轉向，占領了草壁。路松多逃到壟城。劉曜再向陰密進軍。司馬保剛做起來的模樣，其實全是泡沫，被劉曜這麼一搞，又全部翻盤，他自己也趕緊帶著惶恐之心，從上邽退到桑城。

劉曜連打了幾個勝仗之後，累積了滿腔的成就感，回到長安，任命劉雅為大司徒。

而司馬保卻還在繼續惶惶不可終日。他的部下張春也覺得很不妙了，打算帶著老大到涼州去避難。

現在的涼州牧是張寔。

張寔是目前晉國在西北中實力最強大的人。他雖然多次出手救過司馬保，但卻不想讓司馬保到他的地盤上來。你想想，本來他好好地在這裡作威作福，全州納稅人的錢由他一支筆搞定，要是司馬保過來，以後他還有這個特權嗎？因為司馬保是他的上級啊！因此，他玩了個花招，派他的部下陰監帶兵過去，對外說是去迎接司馬保，要嚴密保護老大。其實陰監真正的任務是是阻止司馬保到涼州。

大家一看到這裡，就知道司馬保最困難時期已經來到。而更加讓司馬保鬱悶的是，他的那一干手下，到了這時，不但沒有誰肯花點腦子來想個解決的辦法，反而共同上演了一場窩裡鬥。

第二節　失算

　　先是張春和楊次還有楊韜話不投機，覺得實在無法在一起共事，張春和楊次就勸司馬保把楊韜殺了：「老大啊，沒有楊韜，地球照樣轉，我們照樣吃飯打仗。」可是司馬保卻搖著肥大的腦袋，說不行啊。現在殺自己人，不是太不像樣了嗎？

　　兩人又勸司馬保乾脆去攻打陳安。這傢伙是個可恥的叛徒，害了我們，該殺吧？可是司馬保的腦袋仍然笨重地搖了搖，不同意。這兩個傢伙就發起火來，啊，這也不同意，那也不同意，跟這種老大混能混出什麼名堂來？這火越發越大，最後乾脆把司馬保抓起來，然後處死。

　　晉王司馬保死的時候二十七歲。據說這哥兒們的吸收系統特別發達，使得他的身體超級肥大，體重足有四百公斤——比日本的相撲選手還重，平生只有兩個愛好，第一個就是睡覺，第二個是讀書。但他的讀書也跟睡覺一樣，他睡覺是睡死覺，讀書也是讀死書，當了這麼多年的老大，卻沒一點決斷能力，最終送了自己的性命。張春他們雖然有殺上級的膽量，但卻沒有膽量稱王。殺了司馬保之後，馬上又找了個與司馬氏有血緣關係的司馬瞻來繼承司馬保的位子，當上大將軍。司馬保死後，他的部屬大多不願跟著張春，大多逃到涼州，當了張寔的手下。

　　而司馬瞻也是個倒楣人物，被張春推上歷史的舞臺，莫名其妙地成為大將軍，稀裡糊塗地成為一方老大，才沒幾天，陳安就決定前來教訓他。

　　陳安向劉曜請示，批准他去搞定司馬瞻。劉曜一聽，馬上任命陳安為大將軍，要求他不要辜負期望，務必把司馬瞻的勢力消滅。張春根本不是陳安的對手，一仗下來，那個很傻很天真的司馬瞻就被殺掉，張春仗著豐富的逃跑經驗，脫身出來，逃到枹罕。陳安只抓住楊次。大家都知道，陳安是個跳槽專家，投降能手，向來瞧不起司馬保，這時居然擺出一副為老上級報仇的嘴臉來，把楊次押到司馬保的靈柩前，手起刀落，用楊次的那顆豬頭來祭司馬保，而且還大擺排場，用皇帝的規格來為司馬保舉行葬禮。

第四章　王與馬的矛盾

　　晉國西部的這一支力量就這樣消失。

　　而北方另外還有幾支打著司馬睿旗號的部隊，這時局面也很難看。

　　先看看那個段匹磾。這傢伙因為頭腦簡單，殺了劉琨，弄得自己馬上就孤立起來，不管到什麼地方總是與敗仗有緣分。這傢伙近來晦氣特別嚴重，就連收留他的人也跟著倒大楣。

　　這時，他正在邵續那裡混飯吃。可他的死對頭段末柸就是不放過他，在這年的三月，帶著部隊又緊跟過來，再度把他打得大敗。

　　段匹磾吃夠了段末柸的苦頭，但自己又不是他的對手，只得去動員邵續，說：「我本來是個少數民族，為了晉朝弄得家破人亡。老大不會這麼丟下我不管吧？」

　　邵續一聽，說，哪能不管？我跟你一起聯合起來，共同教訓教訓這個段末柸，看他能囂張到什麼地步。這傢伙的智商同樣是個低等級的，他只覺得段匹磾可憐，眼裡只看到那個有勇無謀的段末柸，卻忘記了自己的地盤跟石勒的地盤接壤。他這麼和段匹磾雄糾糾地去跟段末柸較量，石勒能放過這個機會嗎？

　　邵續和段匹磾一聯手，果然把段末柸打得灰頭土臉，夾著尾巴逃跑了。段匹磾和他的弟弟也被勝利衝昏了頭腦，乘著勝利帶兵過去要攻打薊城，想一舉恢復往日的輝煌。

　　這時，老早就盯著這個機會的石勒一看，好啊，邵續的主力全北上了。老窩也變成了一個空巢，此時不出手，難道要等他們的主力回來才動身？他馬上下達應戰命令：石虎直奔厭次——這是邵續的駐地，叫孔萇去收拾邵續別的據點。邵續親自帶那幾個有限的部隊出來與石虎對壘。石虎早已叫騎兵切斷邵續的退路，把邵續包圍起來，最後生擒邵續。孔萇也連續拿下邵續的十一個據點。

第二節　失算

石虎押著邵續回到厭次，要他叫守城的子姪投降。可邵續卻是司馬氏的鐵桿粉絲，利用這個機會大聲對他的子姪們說：「我是一個精忠報國的人。現在不幸落到這個地步，什麼話也不說了。你們以後就視段匹磾為老大，繼續戰鬥。」

段匹磾這才知道，這麼向北，是大錯特錯了，趕忙回師。可才到半路，就知道邵續已經成為石虎的階下囚。他還對下一步沒有拿定主意，手下的士兵卻已經拿定了主意──這個主意就是逃跑──大部分都已四散而逃。這時，石虎的大軍又殺了過來，幸虧段文鴦帶著幾百個親兵死保，這才把段匹磾保進厭次，與邵續的兒子邵緝、姪子邵存和邵竺一起，死守著厭次。

石虎把邵續押解到襄國。石勒說，邵續是個大大的忠臣，老子需要的就是這樣的人。因此當場就把他放了，還任命他為從事中郎，並且下令：以後打了勝仗，抓到人才，一定不要殺掉，要讓他們成為老子的部下。

本來，在石虎進攻邵續時，吏部郎劉胤就向司馬睿建議：「我們北方的強人們現在都已經玩完，所有勢力就只差邵續還沒有瓦解。如果再讓邵續完蛋，北方的人士就會對我們感到絕望。因此，請老大派兵去救邵續。」

可是司馬睿從沒有打過長江去的念頭，堅決不接受這個建議。直到邵續被擒之後，才覺得有點不大好交待，就任命邵續的兒子邵緝接替他老爸的職務。

當晉國江北一帶的勢力不斷地被兩個趙國收編的時候，倒是那個李矩還有點作為。趙將尹安、宋始、宋恕、趙慎四支部隊，本來鎮守在洛陽，覺得劉曜雖然改了國號，但也改不出什麼大前途來，就宣布跳槽，去當石勒的手下。現在的中國好像這個「趙」字是最吉祥的字，劉曜的國號叫「趙」，石勒也搶這個「趙」字當國號。後來為了區別這兩個趙國，劉曜的趙國就叫「前趙」，石勒晚了一步，只能叫「後趙」。那四個傢伙就是從前

第四章　王與馬的矛盾

趙跑到後趙。

後趙的將領石生聽說有四支部隊在前來投降，馬上帶兵過去接應。哪知，這四個傢伙都是立場不堅定的人，在投降的路上又覺得，從前趙投到後趙，就差了個前後，實在太沒有創意了，不如投晉國好。他們就改變投降路線，跑到李矩那裡了。李矩派郭默帶兵進入洛陽。石生突然向宋始部發動攻擊，居然大有收穫，把包括宋始在內的全軍一併俘虜，然後北渡黃河回去。河南人民都投靠到李矩的旗下。

司馬睿雖然對那些提出向北用兵的人很生氣，但對司馬氏的叛徒更生氣。去年徐龕因論功行賞不公，一氣之下，投降石勒，司馬睿馬上一臉怒氣地要求一定要把這個可恥的叛徒抓回來，問誰可以去完成這個任務？

王導說：「讓太子左衛率泰山羊鑒過去就可以把徐龕抓回來。」王導建議用羊鑒並不是因為羊鑒的軍事能力強，而是因為羊鑒是泰山州，也就是徐龕所在的州裡大族的名人。王導靠名士起家，最後用人也是以名氣作為第一標準。可打仗靠的是名氣嗎？如果打仗能靠名士的人氣，晉國能落到這個地步嗎？王導身為司馬氏現在最有能力也是最有權力的人，卻死抱著這個原則，晉國還能復興，實在是天下怪事了。

羊鑒倒很有自知之明，堅決推辭，說，我絕不是做大將的料。

郗鑒也認為，羊鑒不宜帶兵。

可王導硬是不聽，對羊鑒說，說你行你就行。不要推辭了。馬上帶兵出發。

羊鑒沒有辦法，只得於太興二年八月被動地當上征虜將軍、征討都督，率領徐州刺史蔡豹、臨淮太守劉遐、鮮卑段文鴦一起去討伐徐龕。

直到太興三年的三月，羊鑒的大軍才抵達下邳，可羊鑒的膽子也跟綿羊差不多，知道就要到前線了，就不敢再前進。幸虧蔡豹還有點本事，在

第二節　失算

檀丘一帶跟徐龕打了一仗，硬是把徐龕擊敗──如果羊鑒順勢推進，則山東南部的形勢就會徹底改觀。可這傢伙只是提心吊膽地當現場觀眾，就是不敢上戰場試一下身手。

徐龕只得向他的新老闆石勒求救。石勒派王伏都和張敬一前一後過去接應他。

徐龕也是個倒楣人。石勒在處理這件事上，不但選了一個錯誤的人去當救援總指揮，而且石勒自己也不斷地犯錯。在徐龕最危險的時候，救兵都還沒有趕到現場，石勒就老是派人過去對徐龕提出這個那個要求。如果光是提這些要求，徐龕為了活命，也都認了。可那個王伏都也向石勒學習，把徐龕當作他發財的搖錢樹，天天向他伸手要美酒要美女要金錢，最後把徐龕當成全世界最容易欺負的老實人，乾脆連徐龕的老婆也拉到自己的床上睡了。徐龕這才知道，自己投降投錯了。他認為，石勒根本是在耍他，等覺得沒利用價值了，再殺掉他。本來自己是真心投降，現在卻變成史上最倒楣的投降者。

這時，石勒派出的第二路救援大軍張敬部也已經隆重地開到東平。徐龕卻認為，張敬的大軍前來，肯定是要收拾他的，因此牙齒一咬，帶兵把王伏都以及他的親兵三百多人，全都殺掉，再向晉國投降。

當然，如果司馬睿是一個高智商的第一把手，這時來個全盤考慮，應該給徐龕一個重新做人的機會。這樣，泰山一帶的地區就會重歸大晉版圖，甚至山東一帶的主動權也能抓在手裡。可是司馬睿這時心裡只有氣，沒有別的想法，高叫著對這種反覆無常的人，要無情打擊。於是命令大軍大步推進，把徐龕徹底消滅。

可那個羊鑒一聽說要去打仗，身上的汗腺就活躍起來，手就發抖，下不了作戰命令。大軍仍然原地不動。

第四章　王與馬的矛盾

尚書令刁協知道羊鑒這個樣子後，馬上彈劾羊鑒。司馬睿對羊鑒的做法也很生氣，當場下詔，對羊鑒「免死除名」，就是說可以免死，但被徹底開除，永久性地剝奪鐵飯碗，這輩子不能再吃公務員的飯了。任蔡豹接替羊鑒的職務。

王導因為當初力排眾議，硬是把羊鑒推到這個位子上，犯了嚴重的官僚主義，就向諸葛亮學習，主動上書請求處分。可是司馬睿能答應嗎？

別人可以處分，但王導處分不得。

第三節　石勒的壓力

這時，晉朝在西北的最後一個據點的帶頭大哥的命運也走到了盡頭。這個據點的第一把手就是張寔。本來，張寔的力量還是很強大的，就是劉曜也不敢動他，可卻被幾個小人搞得腦袋搬家，他的勢力也跟著變了顏色。

張寔的轄區裡，有一個叫張弘的宗教人士，整天玩著八卦預測，在這一帶很有市場，連張寔的很多下屬都成為他堅定不移的粉絲，天天聽他的話。這傢伙本來只是想靠著這個技術混飯吃，騙吃騙喝，把生活過得美滿一點，哪知天下的人竟然這麼容易上當，他的野心就膨脹起來，覺得只做一個宗教界的強人，天天玩這種把戲算什麼，就打起做一方老大的主意來。他對他的鐵桿粉絲閻涉和趙卬說：「我告訴你們一個天大的祕密。我現在肩負著老天爺賦予的神聖使命，就是要當涼州王。」閻涉和趙卬分別是張寔的帳下督和牙門，同時又是張弘的老鄉。他們雖然領著張寔的薪資，但更崇拜張弘，更願意為張弘效勞。因此，對張弘的話無條件地相

第三節　石勒的壓力

信。而且馬上行動，把張寔的十幾個親信、同時更是張弘的粉絲找來，把這個「天大的祕密」神祕地轉告他們，然後商量著去實現這個目標──殺掉張寔，讓張弘當老大。

張寔的老弟張茂很快就知道了這事，趕忙去向哥哥作了彙報，請求哥哥趕快把張弘殺死，除掉後患。張寔馬上派牙門將史初去執行這個任務。

不知這一天是什麼日子，似乎特別適合殺人。當張寔派史初去收拾張弘時，閻涉也帶著凶器過來要搞定張寔。而且閻涉的行動更快，動作更敏捷，效率更高，史初還沒有找到張弘，他已經來到張寔的屋子。張寔雖然知道閻涉已經從他的死黨變成他的死敵，可居然也沒有防範。閻涉手起刀落，任務完成得乾脆俐落。

張寔就這樣死掉，這年他五十歲。

史初來到張弘面前。

張弘看到史初滿臉殺氣，就知道這傢伙是殺手。不過他居然不怕，還用古怪的臉色對史初說：「張寔都已經死了，你再殺我有什麼用？」

史初大怒，哪條法律規定，老大死了就不能砍你的狗頭？幾個士兵衝過來，把張弘捆住。史初還大叫著，翹開張弘的嘴，把舌頭先割下來，當狗的早餐。吩咐士兵們把這個別有用心的騙子帶到姑臧的街頭，當眾向大家展示了那個傳說中的車裂酷刑。

張寔一死，他手下那一群人並沒有出現爭權奪利互相打得血流成河的局面。如果按傳統慣例，應該是張寔的兒子張駿繼承老爸的位子，像以前張寔繼承他老爸張軌的位子那樣，繼續帶領大家。張寔的左司馬認為張駿年紀太小，現在這個局勢，一個小孩能帶領我們衝鋒陷陣嗎？肯定不能。因此，大家就讓張寔的老弟張茂當第一把手。

張茂就這樣成為涼州刺史、西平公，任命張駿為撫軍將軍，而且大赦

175

第四章　王與馬的矛盾

了一次。張茂接過哥哥的班後，也堅持之前的政策，表面上承認晉國是他們的上級，可卻仍然不用晉國的年號，而是用自己的年號——反正現在司馬睿連江東那塊地方都管不了，哪有精力來管這個地方？張茂其實跟獨立沒有區別。

這樣，當時中國這塊富饒的土地上，就有五個政權並列：司馬氏的晉國、劉聰的前趙、石勒的後趙、李雄的成漢，另一個就是張茂的這個特區政權。

這段時期，祖逖在前線與石勒對峙，讓石勒知道什麼叫對手了。不過，兩人居然上演了羊祜與陸抗的好戲。

祖逖靠自己這麼多年的經營，手下的實力已經相當可觀。他派他的部下韓潛和後趙的桃豹在蓬關對壘。兩個人一個占領城東，一個占據城西。桃豹要出入的時候，走南門，韓潛要與外界聯繫的時候就走東門。

雙方過著四十天這樣的生活。

祖逖一看，這不是辦法，拍著腦袋想出了一個辦法，派人把沙土放進米袋裡，然後派一千多個人挑著，送給韓潛。在這隊可觀的挑沙者的後面，祖逖另外安排幾個農民挑著真米跟著。

按照祖逖的安排，這幾個挑真米的農民，要在半路上休息，一直休息到敵人出現為止。

桃豹的部隊看到之後，馬上出動，大叫要米不要命。那幾個農民當然要命不要米，一下全跑光了。桃豹的部隊搶了幾石米，高興地挑回城裡。其實雙方都已到嚴重缺糧的地步，桃豹得了這麼多米，當然笑得合不攏嘴。可吃過之後，突然想到，敵人的運糧隊有一千多人啊，運來的糧食夠吃多長時間啊！我們吃完這幾石米後，鍋子就得閒置下來了。這個後果嚴重啊！

不光是桃豹這麼想，其他士兵也都這麼認為，集體上了祖逖的大當，

第三節　石勒的壓力

個個怕得要命。

這時，桃豹的同事劉夜堂用一千頭驢運糧過來，要送給桃豹——這個規模比祖逖送沙的規模大多了。可祖逖早就預料到這一步，一看到大隊毛驢出動，就派韓潛和馮鐵在汴水北岸搶劫，繳獲全部糧食。

桃豹這時徹底絕望，連夜收拾行李，跑得路都不見，最後逃到東燕城駐下來。

祖逖抓住機會，馬上派韓潛推進到封丘，繼續對還在汗流滿面的桃豹虎視眈眈；派馮鐵駐蓬關。他自領大軍駐紮雍丘，不斷地對石勒的勢力範圍進行大大小小的軍事行動。

祖逖是司馬氏權力中心轉移到江東之後，第一個勇於主動對石勒採取軍事行動的人，而且取得了可觀的成就。在他的積極行動下，石勒沿邊各據點的武裝都陸續地投靠祖逖，使得祖逖的力量越打越壯大，而石勒南邊的地盤越來越萎縮。

祖逖跟劉琨是好朋友，也都有一顆為司馬氏奮鬥的心，劉琨出仕早，成名在前，可能力大大不如祖逖。

劉琨在北方雖然經營多年，但總是沒有把基礎打好，而是想走捷徑，來個借雞生蛋，妄想靠少數民族的武裝來完成統一大業，最後自己把自己推到死胡同裡，死得很難看。

祖逖卻很注重基礎工作，對周邊的力量，或打或逼，或者採取其他政策，不斷地把這些原本很零散的武裝都整合起來，成為自己的力量。這傢伙不但會打仗，而且行政能力以及化解矛盾的能力也很強。

在祖逖還沒有成為一方強人前，晉國中原地區的那幾個勢力趙固、上官巳、李矩、郭默等一個不服一個，動不動就拿自己人來練一下，鬧得很不和諧，而司馬睿對長江以北的事從不關心，你們愛打就打，誰被打死了

第四章　王與馬的矛盾

都跟他無關。這幾個人越打越激烈，衝突的規模也越來越大。

祖逖知道後，覺得太不像話了，都是自己人，都高舉大晉的旗幟，卻天天內鬥，有本事跟老子去打石勒。

這幾個傢伙也還算不錯，聽到祖逖的話，馬上就住手，一致同意在祖逖的帶領之下，一起去對付晉國的共同敵人。

司馬睿雖然沒什麼進取心，但對祖逖取得的成就，還是不能不聞不問，這年的七月（即太興三年），司馬睿提拔祖逖為鎮西將軍。

祖逖雖然也是個曾經製造人氣的名士，但他卻跟那些名士有著本質上的區別。

他在軍營當將軍時，知道自己現在是將軍，不是名士。將軍對待士兵就是「愛兵如子」，因此徹底地放下將軍的架子，生活上完全跟士兵們一樣。士兵們看到老大飯碗裡的東西，跟自己一個樣，當然個個感動得要命，不為他賣命才怪。哪像劉琨那樣，不管環境惡劣到什麼地步，照樣玩自己的瀟灑，喝自己的名酒，玩自己的風流，弄得大失人心——這是他最終失敗的主要原因。

祖逖知道，他要把石勒搞定，不能指望司馬睿的中央給他什麼支持，因此早就有自力更生的打算，他在自己能夠作主的地盤上，大力發展農業，做到自給自足。他最成功的就是到處宣傳自己的政策，努力吸引老百姓到他管理的地區來生活。而且不論出身，他都堅持平等的原則來對等，一下就把周圍的人都吸引過來。

那時，黃河兩岸同樣存在著很多自發組織的武裝。這些自衛隊性質的武裝，在幾大勢力之間生存，採取的都是騎牆政策，看風向搖擺，哪個老大得勢了，就高舉哪個老大的大旗。前段時間，後趙的實力膨脹，很多自衛隊的老大都把兒子送到石勒那裡當人質。這時祖逖得勢，晉國的雄風吹

第三節　石勒的壓力

了過來，這些自衛隊自然趕快換掉旗幟，又大打司馬氏的招牌。祖逖在處理這事時，很大方，說，誰愛跟哪邊，我都沒有話說。至於那幾個把人質送給後趙的，他同樣不說什麼，而且還對他們提供幫助。他還與這些自衛隊時不時演一下雙簧，派兵去攻打他們——雖然戰鬥場面搞得很激烈，其實全是假的，都是做給石勒他們看的。

這些自衛隊就很感激祖逖，雖然仍舊表面上當後趙的分公司，其實內心已全部歸附祖逖。只要後趙有什麼軍事部署，這些老大就都把這些機密及時轉告祖逖。因此，祖逖在與後趙軍的較量中，總是搶得先機。可以說，祖逖的這個政策比當初羊祜的作法，更有效益，收穫更大。只是當初羊祜有司馬炎當老大，手腳更自如，獲得中央全面支持，能取得最後的成功。而現在，祖逖的內、外部環境都很惡劣——司馬睿根本就不是一個主戰派，而石勒豈是孫皓可比的？

石勒看到祖逖的力量越來越強，而自己的部隊每次與對方一接觸都是吃虧到底，知道碰上對手了。他知道，再跟祖逖玩打架，只能讓祖逖的功勞越來越大，因此決定暫停軍事行動，採取軟化祖逖的辦法來對付他。祖逖不是名士嗎？名士不是講究忠孝節義嗎？那就用這個辦法吧。他先派人找到了祖逖的祖墳——祖逖是范陽人，現在祖墳就在後趙的勢力範圍內。他撥了一筆專款，找了個黃道吉日，為祖家的祖墳進行一次大修。工程完工之後，還找來兩個祖家的鄰居，交代他們：從今天起，你們負責守衛這幾個墳墓，待遇是，以後不用交公糧了。之後，石勒寫信給祖逖，要求邊界通關，可以讓居民們自由貿易。信上當然全是友好甚至是巴結的話。

祖逖看了信之後，估計心裡很高興。可這個高興只是留在心底，一點也沒有表現出來。他什麼也不說，更不回信，但卻默許邊界的貿易。祖逖透過邊界貿易，所得的稅收，就超過農業稅的十倍。在這個不動聲色的較

第四章　王與馬的矛盾

量中,祖逖又大獲全勝。

石勒對祖逖的謙讓還在繼續。

祖逖的牙門童建大概看到很多人向石勒投降之後都升官發財,生活越過越幸福,便也決定投降。他知道,如果他這麼一無所有地投奔過去,人家是不會理你的。得立點功過去,人家才看重你。因此,他殺了新蔡內史周密,然後提著這顆沉重的腦袋去向石勒投降。

這傢伙只以為投降就能投出光明前途來,卻沒有想到,有時投降也是看時機的,時機不對,同樣是死路一條。現在石勒正想著辦法巴結祖逖,盡量做好人來麻痺甚至收買祖逖,刺激祖逖的事一點也不能做,哪能接收祖逖手下的降將?當童建提著周密的那顆頭過去,出現在石勒的面前時,胸口跳得砰砰響,以為傳說的榮華富貴馬上就包圍自己了。哪知,石勒卻滿臉殺氣,大吼一聲:「把無恥的投降派拉下去,砍了。」

童建還以為石勒是在喊別人。可刀斧手卻鄭重地跑了過來,把他拉下去,大刀一揮,連一聲冤枉都沒有出口,頭就落在了地面上。他到死都不明白,他過來投降,竟然等於來送死。

石勒叫人把童建的腦袋連同一封信送給祖逖:「叛臣逃吏,吾之深仇,將軍之惡,猶吾惡也」

這一次,祖逖對石勒很感激,他雖然什麼話也不說,但後來石勒那邊過來的降將,他也一概不收留。而且他還向邊境上的將軍下令:「以後不得再侵略搶劫後趙的居民和財物。」雙方有好長一段時間內,邊境無戰事。

這當然不是因為石勒是個熱愛和平的老大,而是他知道祖逖現在不可戰勝。而祖逖當然也更不是放棄了北伐的初衷,而是因為力量還沒有累積到位。雙方各有各的難處,個個做著和平共處的表面文章,其實都在狠練

第三節　石勒的壓力

內功，以便找個機會向對方大打出手。

如果到了這個時候，司馬睿能給祖逖全力支持，甚至把軍事大權放心地交到祖逖的手上，中國歷史可能就會是另一個樣子。

可惜，祖逖攤上的是這麼一個沒一點進取心的上司。

在祖逖站穩腳跟的時候，晉國的另一個強人周訪卻掛掉了。周訪的強不是一般的強，在全國這麼多人當中，只有他一個人勇於跟王敦唱反調，而王敦對他卻一點辦法也沒有。他知道，王敦這傢伙現在是全國最有權勢的人，手下死黨多，手中權力大，而且心中的野心也在不斷地膨脹，因此，他在襄陽時，兩隻眼睛都在盯著王敦，注意他的一舉一動，時刻準備著在王敦跟中央攤牌時出手。哪知，王敦對周訪也有很多顧忌，在周訪還活著時，沒有什麼異常的動靜。周訪最終等不到王敦動手的那一天就先死了。

周訪一死，讓王敦鬆了一口氣，也使得襄陽第一把手的位子空缺了下來。王敦最先出手，讓他的從事中郎郭舒去襄陽當監軍，要接管周訪的部隊。司馬睿任命甘卓接替周訪的職務。甘卓是當時的大名士，曾經當過陳敏的親家，後來看穿陳敏的本質，就當了反對黨的帶頭人，跟顧榮一起搞定陳敏。後來司馬睿南下，又成了司馬睿集團的核心成員之一。甘卓雖然也有點能力，但到底還是個厚道人物，遠不如周訪那樣稜角分明、旗幟鮮明地反對王敦。司馬睿這時也看王敦十分不順眼，已經暗中做一些部署。但現在像周訪這樣的人已經很難找到，只得讓甘卓來頂替了。

司馬睿這時的勢力雖然沒有石勒那麼強，但他手下其實還是有幾個人才的，但這傢伙卻不是個識才的人。本來他手下的人才也不算多，尤其是能打仗的軍事人才，也就只有幾個。可他不但一點不珍惜，而且還不斷地找這些人的麻煩，甚至覺得對方不順眼時，就隨便抓一個把柄，把他們的腦袋砍下。那個蔡豹就是這樣被殺的。

第四章　王與馬的矛盾

　　蔡豹的名字雖然不怎麼時尚，但他還是個會打仗，能幫司馬睿守邊疆的將軍。可就因為一個失誤，司馬睿二話不說，金口玉牙一開，就是：斬首！

　　本來，司馬睿是叫蔡豹專門去對付徐龕的。徐龕當時因為分配不公，投降石勒卻被石勒玩得苦不堪言，後來又投降晉國。哪知，司馬睿對投降人士向來不爽，態度堅決地表示，不能讓投降派有重新做人的機會，搞得徐龕很被動，左看右看，手裡掌握一支武裝，最後居然沒個接收單位。而石勒更不放過他，叫石虎帶四萬精銳部隊殺了過來。徐龕沒有辦法，乾脆把老婆孩子都送到石虎那裡做人質，再次請求投降。石勒這時正跟祖逖在那裡鬥勇鬥智，弄得很費精力，如果再在這裡惹事，局面會很被動的，就先答應了。

　　這時，蔡豹正駐紮在卞城。石虎的部隊不用跟徐龕打了，不想閒下來，就開過去要跟蔡豹玩玩。

　　蔡豹知道自己的實力，肯定不是石虎的對手，便退到下邳。徐龕乘機出兵，把蔡豹狠狠地欺負了一下。

　　蔡豹是一個遵紀守法的人，打了敗仗之後，馬上就決定回到首都，請求處分。可北中郎將王舒卻不讓他回去。司馬睿聽說蔡豹打了敗仗，馬上生起氣來，立刻派人前去，要把這個敗軍之將抓過來。半夜裡，王舒突然帶部隊過去，包圍蔡豹的部隊。

　　蔡豹以為是敵人來了，命令部隊反擊。不久就弄清了真相，原來是王舒的部隊——如果是別人，到了這時，乾脆就一不做二不休了。可蔡豹卻下令停止攻擊，老老實實地讓人家把他抓走。

　　王舒把蔡豹押到建康，到十一月，司馬睿下令把蔡豹斬首。

　　誰都知道，蔡豹死得很冤。蔡豹當將軍時，很得軍心，而且也能打

仗，又對司馬睿一片忠心。可因為打了一次敗仗就被殺了頭，而且這次敗仗的根源完全應該由司馬睿負責——如果當初他公平一點，能發生徐龕事件嗎？如果他能全盤考慮一下整個局勢，他會拒絕徐龕的投降嗎？沒有徐龕的投降，能有蔡豹的失敗嗎？自南渡以來，打敗仗的將軍不知道有多少人，可也沒聽說誰因為打了一個敗仗就被殺頭的。

很多人不知道為什麼司馬睿這麼恨蔡豹，一定要殺了他？

我想，一定是司馬睿因為自己的失誤，造成了這個失敗，而蔡豹非但不能幫他搞定徐龕，為他賺回一點臉面，反而更加失敗下去，於是司馬睿就惱羞成怒起來，一惱羞成怒，就只有殺人來洩憤，也不管蔡豹是個對他有用的人才。

在平庸的領導人面前，面子比人才重要得多。

第四節　司馬睿的失誤

司馬睿靠王家兄弟的努力，最終得以把屁股放到皇帝的座位上，成為天子，對王家兄弟感激得不行，把大權分成內政和軍事兩大塊，王導負責內政方面的事務，而王敦全盤掌握軍事大權。可沒多久，王敦的野心就暴露了出來，而且越來越明顯。司馬睿對北伐的事很麻木，但對內部的事卻高度敏感，看到王敦這個樣子，就急得要命。可槍桿子在人家的手裡，司馬睿除了那個顆皇帝大印外，什麼也沒有，就只有密切注意著事態的發展，在心裡乾著急，天天恨不得王敦突然死掉。可王敦現在健康得很，什麼功能都很齊全，一點都沒有馬上要歸西的跡象。

司馬睿只得培養自己的人馬，開始重用劉隗和刁協這兩個人，對王導

第四章　王與馬的矛盾

也採取逐步疏遠的手段，讓他離權力中心越來越遠。

中書郎孔愉看到王導差不多變成退休人員了，心裡很不平，對司馬睿說：「王導不但忠心，而且有能力。是他一心一意把老大推到皇帝的位子上啊，皇上應該信任他啊！」

司馬睿一聽，冷冷一笑，你多什麼嘴。馬上下令，孔愉不能再在皇帝身邊工作了，去當司徒左長史。你愛多嘴，就向你的新上司多嘴去吧！

王導是什麼人？一個能把腦袋不太發達的地方諸侯推到皇帝位子上的人，對於玩弄權力這種事精通得很，當然知道司馬睿正在拆他的臺。但他卻能沉住氣，在手中權力不斷流失的情況下，卻一點意見也沒有，臉上的神態也沒什麼變化，該工作時就工作，該喝酒時喝酒，該把妹時把妹，把名士風度表現得很到位。大家看到他這個樣子，都佩服得要命。

可王敦卻氣得要命，你這個司馬睿算什麼？沒有我們兄弟，你還不知道死在什麼地方。現在可好，皇帝一當，就拿我們王家開刀。這是忘恩負義。他這麼一想，跟司馬睿的分裂就越來越嚴重。

王敦這個人雖然野心很大，但手下卻沒幾個可用人才，死黨只是幾個沒有什麼能耐的傢伙。這幾個傢伙別的能力沒有，但拍馬屁卻厲害得很。現在他最信任的人是他的參軍王沈，以及王沈推薦的鎧曹參軍錢鳳。這兩個傢伙不但精於諂媚，每天把王敦的馬屁拍得高潮迭起，性格又凶狠狡獪。這種人最大的特長就是能準確地摸透老大的心思，及時拍馬屁，而對別的人從來不放在眼裡。他們知道王敦遲早要造反，因此很積極地圍繞在王敦的周圍，幫王敦祕密策劃，使得王敦對他們的信任更上一層樓。

你想想，王敦最信任的是這樣的人，他的事業能成功嗎？

王敦看到王導越來越被司馬睿疏遠，只幾天時間，就從首輔變成靠邊站的人員，一氣之下，寫了一封信給司馬睿，為他的這個堂弟極力申辯，

第四節　司馬睿的失誤

而且措辭橫蠻，態度強硬。這封信先是送到王導那裡。王導看到之後，什麼也不說，原封退回，意思是說，不要這麼衝動。

可王敦繼續衝動，把這封信又派人送到司馬睿那裡。

司馬睿看過之後，心裡當然不安起來，請譙王司馬永過來，讓他看王敦的信，說：「王敦這傢伙也太囂張了吧？他立了大功，我也封了他大官啊，可他還不斷地向我伸手。我沒辦法滿足他了啊！你說該怎麼辦？」

司馬永說：「皇上以前不先奪他的軍權，讓他壯大到今天這個地步。這傢伙遲早要搞出亂子來的。」

丹陽尹劉隗這時已經成為司馬睿的心腹，而且他的作用就是對付王家兄弟，所以，司馬睿又把他叫來，商量商量。

劉隗馬上替司馬睿出了個主意，立即展開防範，不要等王敦那廝發難之後，再跟他對決，那是消極應付，後果不堪設想。現在就應該把我們的親信派到各地去，掌握地方軍政大權，做好充分的準備。

正好王敦上書，請求提拔沈充去接替甘卓任湘州刺史的位子。司馬睿一看到這個奏摺，全身就發抖。這傢伙別的地方不聰明，可也知道湘州要是再被王敦的死黨控制，跟荊州連在一片，全成了王敦的根據地，以後他這個皇帝還有個屁市場。他對司馬永說：「王敦奸逆已著，朕為惠皇，其勢不遠。湘州據上流之勢，控三州之會，欲以叔父居之，何如？」這話就是說，王敦要造反的跡象越來越明顯，我離開惠帝的下場已經不遠了。湘州在我們的上流，是荊、交、廣三州的咽喉，重要得要命。要是讓王敦控制了，就不用玩了。所以，還是請叔叔去當這個刺史吧！

司馬永說：「皇上的命令，我肯定要服從。不過，湘州那裡，經過多年的動亂，早已變得一窮二白。如果真的讓我去那裡當第一把手，至少也得用三年的時間來打理，才勉強可以打仗啊！如果沒有這些時間，皇上就

185

第四章　王與馬的矛盾

是割我的肉去吃，也沒有用啊。」

司馬睿說你先過去再說，反正別人過去，我就是不放心。

十二月，司馬睿下了個詔書：「晉室開基，方鎮之任，親賢並用，其以譙王永為湘州刺史。」這話就是，晉國建國以來，地方上的第一把手，都是採用皇室成員跟各界人才並用的原則。所以，現在任命譙王司馬永為湘州刺史。

你一看這個任命書，就知道司馬睿現在的底氣已經明顯不足，任命一個刺史，還得從舊檔案堆裡找出「晉室開基，方鎮之任，親賢並用」這個理由來做個輔墊。

司馬永是個忠心耿耿的人，同時也是個能力不怎麼樣的人。用這樣的人去鎮守這麼一個要地，結果當然不容樂觀。長沙太守鄧騫知道後，第一個反應就是一聲長嘆：「湘州之禍，其在斯乎」——堅定地認為，司馬睿的這個人事任命，為湘州以後的災難埋下了伏筆。

司馬永拿著委任狀去新單位報到，經過武昌時，王敦擺了一桌酒席接待他，就在酒席上對他說：「老兄玩玩高雅，那是很有成就的。可不是個當將帥的好手啊！」

司馬永別的能力不怎麼樣，可是嘴上功夫一點不差，馬上回答：「呵呵，你也太不了解我了。你難道不知道，再鈍的刀，也能割一下啊！」

王敦本來對司馬睿不同意自己的建議而安插別人過來就很生氣，這時看到司馬永就這個能力，那口氣就徹底消了：鈍刀當然偶然可以割一下的。可在生死較量中，有幾個這樣的偶然機會給你割？這完全是僥倖的想法。他高興地對錢鳳說：「這傢伙根本不知道事態的嚴重，只會拿著古人的話來耍嘴皮子。」

司馬永的能力，雖然不被看好，可這傢伙卻是憤青式的人物，自我感

第四節　司馬睿的失誤

覺良好得很，一到任之後，馬上發揚勤儉節約、艱苦奮鬥的精神，倒搏得了一個「能幹」的名聲。其實這個名聲，也只不過是讓他的名士人氣又上漲了幾個百分點，別的沒什麼用。因為他並不知道自己職務的目標是防範王敦的造反。要防範王敦，就得向周訪和祖逖學習，就是先治軍，一切為了打仗。

任命司馬承這個菜鳥之後，司馬睿大概也覺得光靠這個菜鳥叔叔是對抗不了王敦的，就於七月十七日再任命尚書僕射戴淵為征西將軍，都督司、兗、豫、并、雍、冀六州諸軍事，司州刺史，鎮合肥，雖說是為了加強對石勒的戰備，其實，真正的任務是防備王敦。

司馬睿心裡想著如何才能防範王敦，卻從沒有想過，任命戴淵當了這麼大的官，讓另一個強人很受傷。這個很受傷的人就是祖逖。

戴淵是廣陵人，據說少年時「喜好游俠，不注重禮節，經常率眾在水面上攻掠來往的商旅」，完全是一個黑社會老大的形象——人家黑社會還只是收點保護費之類，他老兄只要眼睛一紅，就來個打劫，乾脆得很。有一次，大名士陸機坐船去洛陽，船上的行李很多，戴淵一見，肥肉送上門來了，兄弟們給老子搶！手下個個踴躍，上船來搶得如火如荼。

陸機到底是個大名士，看到自己的船被搶，並沒有暴跳如雷，更沒有當場癱軟在地，趕緊撥打110，大呼救命，或者大罵強盜到底要不要王法，而是慢悠悠地把目光放到岸上，看看這夥人的老大是個什麼料。陸機很快就看到戴淵。

陸機看到戴淵年紀並不大，可長得卻是一副大帥哥的模樣，氣質也超好，站在岸上，指揮那幫手下，簡直是帥呆酷斃了。陸機是個大名士，大名士最看重的就是形象。他馬上風度翩翩地到岸上去，直接就對戴淵說：「你有這樣的能力，為什麼只當強盜？」

第四章　王與馬的矛盾

　　戴淵一聽，這話還真有道理。他一看陸機，也是個大帥哥，而且也是個大官的模樣，知道碰上好人了。老子今天搶劫搶出一條光輝的人生之路來了，前途馬上就無限光明了。他這麼一想，淚腺就發達起來，當場在陸機面前熱淚盈眶，說：「老先生啊，我現在願徹底改過自新，重新做人。」

　　陸機本來就覺得他很可愛了，這時看到他這個模樣，就寫了一封信，讓他過江去投軍。這傢伙也真沒有辜負陸機的期望，立了很多戰功，把官做到尚書僕射，成為國家的高級官員。

　　這時，司馬睿再把他提一級，讓他成為祖逖的頂頭上司。祖逖一看到這個任命書，當場就鬱悶起來。他知道戴淵「雖有才望，無弘致遠識」—— 是個有能力但卻沒有遠大理想的人。戴淵是南方人，向來覺得江南風景好得很，只要大家相安無事，在江南好好工作，同樣可以致富，過上幸福的生活，因此從來不曾想過「北伐」。

　　戴淵的這個理念跟祖逖的想法就產生了嚴重的衝突 —— 當然，現在在中央高層中與祖逖的想法產生衝突的人多得很，可那些人只在後方做著安於現狀的大夢，對祖逖的行動沒什麼干擾。而戴淵現在卻是帶著這種想法過來，成為祖逖的上司。祖逖以後的行動不但得不到上級的支持，反而要被上級死死地拖住後腿。祖逖這幾年來，一心一意治軍，聚精會神要北伐，實行了很多政策，整合了極大的資源和力量，大致收編了轄區裡那些自立武裝，收復了河南全部地區，成為石勒最害怕的強人。如果再放手讓他做下去，不出幾年，收拾石勒，恢復大晉江山不是夢想。哪知，戴淵卻不費吹灰之力就成為他的上司。而且現在王敦與刁協、劉隗已經鬧得很僵，僵到比司馬氏與石勒的關係還糟，祖逖知道晉國的內亂不久就要上演。頂頭是個沒一點進取心的上司，而國內幾股勢力又在時刻準備著內鬥，他就是再有天大的本事，這個北伐也只能放在心裡了。這麼多年的努力，局面也已開啟，可到頭來卻都歸零，弄得祖逖鬱悶的情緒不斷地加

第四節　司馬睿的失誤

重，最後鬱悶轉化為疾病，再最後也跟很多壯志未酬的英雄一樣，倒在病床上再也起不來，於九月在雍丘掛掉，時年五十六歲。

祖逖絕對是個很優秀的父母官，在他死的時候，豫州老百姓傷心不已，說他們就像死了父母一樣悲痛。尤其是譙郡和梁國一帶的人，他們還自籌資金，為祖逖修建廟宇，讓祖逖永遠活在他們的心中。

當然，祖逖的死，悲痛了不少人，也幸福了幾個人。一個是石勒，他在北方聽說祖逖死了，大大鬆了一口氣；另一個人就是王敦。王敦最怕的就是周訪和祖逖，現在這兩個人都死了，王敦覺得再沒誰是他的對手了，鬆的這口氣也不比石勒少。

大概只有司馬睿認為祖逖的死不關痛癢。當然他的不關痛癢也只是放在心頭，而沒有表現出來。他又任命祖逖的老弟祖約接過哥哥的班，當上了豫州刺史。祖約雖然是祖逖的弟弟，血緣關係很近，年紀也相差不遠，可能力卻差得太遠，雖然全面繼承了哥哥的遺產，卻一點領導能力也沒有，沒幾天功夫，手下的人就不斷逃離，祖逖多年建立起來的部隊，就流失了一大半。如果司馬睿是個有作為的老大，肯定會派得力的大將接替祖逖。因為豫州現在是晉與後趙相交的前線，關係到國家的前途命運——說白了，就是司馬氏的命運。可是司馬睿卻完全沒有這個意識，只是下個詔書任命一個刺史了事，好像這個任命是為了對得起祖逖而下的。

他現在所有的心思，全部放在王敦身上。他讓王導靠邊站之後，就大力重用劉隗和刁協。這兩個人對他也忠心，也還有點能力。不過，根基太淺，手中掌握的實力跟王家根本不在一個等級。

司馬睿為了讓這兩個人手中也有實力，就任命劉隗為鎮北將軍、都督青、徐、幽、平四州諸軍事、青州刺史，鎮淮陰，而且與那個把祖逖氣死的戴淵一樣，通通假節。劉隗就這樣成為地方強人。司馬睿雖然把劉隗下放到地方，掌握實權，可朝中的大事卻仍然讓他參與，而且用誰不用誰，

第四章　王與馬的矛盾

都要經過劉隗的同意之後才下詔。

王敦一看，這個半壁江山是老子兄弟支撐起來的，這個劉隗算個屁？現在倒好，老子把你們扶起來，就變成你們的眼中釘了。他越想越生氣，寫了一封信給劉隗，大致意思是：目前國家的大敵還囂張得很，天天想把我們搞定。希望你和周顗跟我們一起團結一致，共同為國家的振興而努力奮鬥。如果能像我講的這樣，我們一定會勝利。否則，這個天下永遠沒有安定的日子。

劉隗是當時有名的嘴硬人物，最大的特長就是勇於在口頭上跟高官硬碰硬，比誰更厲害，一天到晚，總是把那隻雪亮的眼睛盯著那些高官，一抓到辮子，馬上彈劾，從不讓步，弄得人緣很不好。但他卻一點不後悔。這時看到王敦這封威脅的信，當然毫不示弱，馬上發揮特長，提起筆來，回信：「『魚相忘於江湖，人相忘於道術』。『竭股肱之力，效之以忠貞』，吾之志也。」連引莊子和荀息的兩句名言當自己的座右銘，說，這就是我的信念。莊子那兩句話的意思就是：魚兒們在江湖之中游泳，都是相互看不到對方的；人在正道上昂首闊步地走著，也是相互看不到別人。荀息的話很明白，這裡就不多講了。

王敦接到這封強硬的信，氣得全身差點冒煙。可暫時也拿劉隗沒辦法。

司馬睿有了這兩個親信之後，就把王導架空，封王導為侍中、司空、假節、錄尚書、領中書監。這麼一提拔，王導原來的驃騎將軍就沒有了，級別雖然大大地提高，銜頭也加了一大串，可手中的實力卻一點不剩了。

王導的人品還真不錯，一點意見也沒有，全盤接受了下來。

按照以往的歷史，某個權臣這麼一被架空，接下來的下場就很慘。

可王導的運氣卻很好，在他到了最危險的時候，卻遇上了貴人。

他的這個貴人叫周嵩。周嵩看到王導越來越危險了，他知道王敦雖然

人品差，天天想奪權當皇帝，可王導卻是個大大的好人，一心一意為的是大晉，只因跟王敦是堂兄弟，現在就被排擠到危險的邊緣，覺得司馬睿做得有點過分了，就對司馬睿說：「大家都知道王導是個好人。我們的事業能做到今天這個模樣，王導的功勞是最大的。現在因為他堂哥的原因，老大就想來個黑白不分，是非混淆，把他也劃到王敦一黨的行列——其實所有的人都知道，他跟王敦僅有血緣關係，卻不在同一陣線啊！要是這樣處理，國家的發展就不好預測了。請皇上再想一想啊！」

司馬睿這時的腦袋還算正常，把事情前前後後想了一遍，覺得周嵩的話很有道理，點了點頭，王導便安全地度過難關。

第五節　段匹磾之死

在晉國幾個強人相繼掛掉而司馬睿還在全心全意地跟王氏家族鬥爭的時候，石勒放心地清理了北方晉國的殘餘力量。

這個殘餘力量的首要分子就是段匹磾。段匹磾不知這輩子吃錯了什麼藥，硬是把晉國當成他效忠的首選對象，而且一路走到底，被人家打敗得就差內褲沒有輸掉，還死守在厭次城裡，聲嘶力竭地高舉著司馬氏的旗號，而司馬睿至今除了給他一個空洞的官銜外，從沒給過什麼幫助，甚至連關注的目光也沒給過一點。

石勒當然不能讓段匹磾在北方繼續跟他唱反調。他於太興四年三月，派石虎帶兵過去，一定要把段匹磾一戰搞定。此時，孔萇已把段匹磾所屬的各縣占領。段匹磾現在只剩下厭次一個孤城，就是讓司馬衷來分析這個形勢，也知道他們已到了不堪一擊的危險境地。

第四章　王與馬的矛盾

段匹磾的弟弟段文鴦看到厭次周圍的地盤不斷地插上後趙的旗幟，心裡很不舒服，對段匹磾說：「老子靠的是打硬仗出名，靠不怕死而擁有大量粉絲。現在看到我們的老百姓被人家欺負卻不還擊，這不是怕死是什麼？大家看到我們這麼怕死，以後誰還會跟著我們？」段文鴦怕自己的人氣就這麼跌下去，也不管段匹磾批不批准，帶著幾個敢死隊衝出城門，衝進後趙的陣地裡，一陣猛殺。

段文鴦的力量很雄厚，跟以前那個猛男文鴦有得一比，他大砍大殺，覺得身上的力氣還多得很，可那匹馬卻受不住了，當場倒在地上，不再起來。段文鴦就從騎兵轉為步兵，繼續戰鬥。

這時石虎也趕到最前線，看到段文鴦的樣子，就大聲叫他：「大猛男啊，我們本來全是胡人，是一家人啊，為什麼要打來打去的？不打了，行嗎？」

哪知，段文鴦不但是個猛男，也是個憤青，聽到石虎的話，就破口大罵：「誰跟你是一家人？你是強盜，早就該殺了。我的那些哥哥們腦筋短路，不聽老子的話，才落到這個地步。老子就是戰死也不會投降的。」罵過之後，繼續戰鬥。後來手中的那把一丈八尺的鐵槊也斷了，他就換用短刀，一直從早上戰鬥到下午。

石虎要求大家一定要活捉這個猛男。

他命令大家都下馬，從馬的身上解下鎧甲，用來自衛，然後向段文鴦重重包圍。段文鴦打到了這個地步，終於又餓又累，猛男已經不猛，最後倒下來，被石虎的士兵抓了。

段文鴦成為石虎俘虜的事，把厭次城裡最後的士氣打擊得一點也不剩了。士兵們看到連這樣的猛男都當了人家的戰俘，他們還能怎麼樣？大家情緒低落得連手中的槍都拿不穩了。

段匹磾看到這個情況，知道已完全沒有負隅頑抗的資本了，決定自己

第五節　段匹磾之死

一個人衝出去，跑到建康，無論如何也還會有個職務讓他把薪資領到死的那一天。哪知，邵續的弟弟樂安內史邵洎卻已經決定向石虎投降，早就下令全城戒嚴，誰也不能出城。邵洎戒嚴之後，馬上就打算派人去逮捕中央派來的使者王英，並把王英送給石虎，表示自己投降的誠意。

段匹磾一臉嚴肅地跑過去，責備邵洎說：「你還算不算邵續的弟弟？不讓我回中央已經過分了，現在居然抓起中央的欽差大臣？你這個漢人，連老子這個胡人也比不上了。」

但邵洎哪能聽他的？比不上胡人又怎麼樣？他下令按既定的投降策略做下去，把幾個姪兒叫了過來，舉行隆重的投降儀式：開啟城門，抬著棺材，投降！

石虎進城之後，所有的人都向這個猛男行禮，只有段匹磾說：「老子受過晉朝的大恩。這輩子的遠大理想就是搞定你。可現在卻落到這個地步，永遠實現不了這個理想了。但老子絕對不向你叩拜。」

哪知，石虎不但沒有生氣，反而向他行了禮──原來當年，段家兄弟曾跟石勒結為異姓兄弟，算起來，段匹磾還是石虎的長輩。

石勒下了個文，任命段匹磾為冠軍將軍，段文鴦為左中郎將，把以前逃亡到厭次的三萬外來戶，都分散到各地。經此一戰，幽、冀、并三州毫無懸念地歸於後趙的勢力範圍。

不過，段匹磾的頭腦卻還頑固得很，雖然天天吃著石勒的飯、喝著石勒的酒，卻一天到晚穿著晉朝的官服，而且手裡永遠拿著晉國給他的那根符節。好像離開了這幾樣東西，他就全身發癢，沒辦法生活一樣。

石勒看到這幾個傢伙的腦袋已經完全固化，留下來沒一點作用了，就下令將段匹磾、段文鴦、邵續三人一起處理了事。

石勒盯著自己的版圖，看到自己開創的事業越來越大，根基越來越雄

第四章　王與馬的矛盾

厚，心情也就越來越得意，想要「衣錦還鄉」一下了。

當然，他並沒有像劉邦那樣，意氣風發地跑回沛縣老家，請大家大吃一餐之後，獨唱一曲「大風起兮雲飛揚」表示自己還是有點知識之後才回去，而是來個反其道而行之──把全村的老鄉都帶到首都襄國來，擺下盛大的筵席，叫大家放開肚皮在全國的政治、軍事、經濟、文化中心大吃大喝。你知道，石勒這樣的人還當農民的時候，肯定是村裡的不良分子。有一次，他跟鄰居李陽為了爭奪泡麻的水塘，兩人擺開架勢單挑，打得血流如注。這時，石勒一請客，李陽想到那時自己跟石勒打得一點不留情，就有點怕起來，怕石勒會跟他算這筆帳。現在石勒是可以殺人之後不用負法律責任的老大啊！因此，他就不敢跟大家去襄國，說，你們都去，我幫你們守村子吧！

石勒兩眼骨碌一轉，不見這個印象深刻的李陽，馬上叫道：「李陽也是條漢子啊。以前跟老子爭那個水塘，表現得一點不懦弱。哈哈，老子現在做的是爭奪天下的事，要是老去記那個巴掌大的水塘，還成什麼樣子？別人可以不來，李陽一定要來。」

李陽到了之後，石勒拉著他的手，說：「以前你打得老子一點不留情，老子打你也是從不保留一點力氣。」一杯酒下肚之後，當場開出任命書，讓李陽當了參軍都尉。李陽做夢也想不到，以前拚死爭奪水塘，居然爭出個美好前程來，從此之後，憑這個參軍都尉領著高薪，那個水塘看都不用看了！

當然，石勒不光給李陽好處，整個武鄉也在這場大酒之後得到了實惠。他在這方面，向劉秀和劉邦學習──以前劉秀為他老鄉免了十年的農業稅，現在石勒一開口就免老家三世的農業稅──這傢伙雖然在事業上遠沒有劉秀那樣的成就，可在這方面比劉秀大方多了。

石勒打了這麼多年的仗，這時也深深地體會到後勤對戰爭的影響是很大的──當年在葛坡那裡沒有糧草時，大軍差點就全盤垮下來，他差點

就從一方強人變成流犯了。這時他知道，現在他統治的地區才剛剛和平沒幾天，資金和糧草都還很缺乏，他們還得過著勒緊褲帶的生活，因此發布了一個禁止釀酒的政策，誰要是不聽，就嚴刑侍候。就是皇家用的祭品，也限於用甜酒代替。幾年下來，真的沒人再敢釀酒了，弄得釀酒技術差點得不到傳承。

第六節　攤牌

這一年很快地過去了。

王敦和司馬睿最後攤牌的時候也到了。

晉國剛把政府機關布置好，就又進入一個大亂的時期。

司馬睿雖然知道這亂就像天一定要黑一樣，一定會到來。可他的心願這時還是很好的。這一年的春天，他在滿臉的憂慮中當了爺爺——他的孫兒出生。郭璞這時就上書，請皇上改元。

這個郭璞是中國歷史有名的人物。

他的學問做得很好，是有名的學者和詩人。不過，他最拿手的卻是道學術數，據說是中國風水學的祖師爺。

據說他曾拜一個神祕的大師為師，別人只知那個大師姓郭，郭大師的拿手好戲是「精於卜筮」。後來，郭大師覺得郭璞「孺子可教」，就「以青囊中書九卷與之」。千萬不要小看了這九卷書，據說五行、天文、卜筮之術，以及「攘災轉禍」這方面的方法，裡面也全都包括，即使是管輅也比上不他。

第四章　王與馬的矛盾

還據說，這九卷書不是誰都可以看的。郭璞的學生趙載就曾偷過來，可才瞄幾眼，心情還在劇烈地激動著，那書就自動發生一場小規模的火災，把書全都燒了一紙不剩。

據說郭璞把這九卷書讀完之後，預測能力馬上高歌猛進，在短時間內快速增長，神乎其技。那時還是司馬衷時代，有一天，他算了一卦，臉色突然大變，長嘆一聲：「我們就要被少數民族統治了；我的美麗無比的家園就要變成荒地了。」郭璞就動員他的親友十多戶，一起去江東躲避。

經過趙固的地盤時，他就想去見一見趙固，順便撈一餐飯吃。哪知，趙固因為他的一匹好馬死去，心情正鬱悶，宣布不見任何客人。

郭璞說：「我能讓趙老大的馬活過來。」

守衛一聽，馬上就進去向趙固報告。趙固一聽，馬上跑了出來，激動地握著郭璞的手說：「你真的能夠讓我的馬又活過來？」

郭璞笑了笑，說：「叫二三十個猛男，舉著長竿，向東方大步走三十里，碰到社廟，就用長竿猛打，就可以打出個東西來。得到這個東西後，就狂奔回來。只要得到那個東西，老大的馬就死不了。」

趙固照這個方法去做，果然得到一個像猴子的動物。這個動物一看到死馬，就發揚救死扶傷的國際人道主義精神，對著死馬的鼻子吸了一下。那馬立刻一躍而起，揚蹄嘶鳴，一點事也沒有了。再看那個東西時已經人間蒸發。

趙固發呆地站在那裡，好久才回過神來，叫人從私房錢裡取了很多現金送給郭璞。

郭璞到了江南，又把這個法術很隆重地表演了幾次，讓大家更加佩服，人氣不斷地狂漲，於是官位也不停地晉升，最後連王導也重用他，讓他當自己的參軍。郭璞當了王導的手下後，又大大地表現了一次。他一臉

第六節　攤牌

嚴肅地審視王導，再神祕地說：「老大，你有個『震』運，這可是個霉運啊，弄不好全身就會被震死。」

王導一聽，這輩子還真沒聽說過世界上居然有這個「震」運。好像書裡也沒看到過啊！如果是別人說的，他肯定會哈哈大笑，但這是郭璞說的，你沒聽說過，不等於他說的不對，王導一下就慌了起來，說：「那可怎麼辦？」

郭璞說：「好辦！騎馬往西狂跑幾十里，會看到一棵柏樹。把它砍下來，擷取一斷跟老大的身高一樣長的樹幹，拿回來，放在床邊不要拿走。就沒事了。」

王導照辦，開始了跟原木同睡的日子。沒幾天，在一個夜晚，正好是半夜雞叫時，床上突然發生爆炸，那棵柏樹被震得粉碎，王導除了嚇了一跳之外，身體完好無傷。神吧？估計是郭璞事先在柏樹裡放了什麼爆炸裝置，硬是玩了王導一把，也順便玩了一下我們的史官——當然，這是我的猜測，算不得數。

你想想，連王導都對郭璞佩服不已，其他人還有什麼保留？

司馬睿接到他建議改元的上書，當然同意。因此，這一年，就改成了永昌元年。

司馬睿這時也像秦始皇一樣，希望他的王朝「永昌」下去。

可王敦卻堅決不答應。

這時，郭璞因為母親死去，因此離職回去守孝。可王敦卻又把他叫了過來，讓他當自己的記室參軍。當時很多人都知道，王敦不久就要跟中央攤牌，但誰也不敢斷言，勝利最後屬於哪一邊。

溫嶠、庾亮請郭璞過來，讓他為這事做個預測。郭璞什麼話也不說。兩人知道，現在就是翹開郭璞的嘴，他也不說話，因此就說：「那麼大的

第四章　王與馬的矛盾

事，你不好洩漏天機。那你幫我們兩個卜一卦吧。」

郭璞對他們只說了兩個字：「大吉！」

兩人回來之後，都一致認為：「剛才郭璞什麼也不說，肯定是有原因的，一來不敢說；二來，這麼大的事，肯定由上天注定。現在我們站在中央這一邊，而他說我們大吉，勝利最後一定站在我們這一邊。」

兩人就這麼堅定地站在司馬睿這一邊。

王敦這時更加快了他造反的步伐。他為了更加孤立司馬睿，就用各種手段把有點名望的人都拉攏到自己的帳下來，強迫他們當自己的部下。羊祜的孫子羊曼和謝鯤也是被他強迫擔任長史。

可這兩個傢伙是名人的同時，也是酒鬼，光領王敦的薪資，卻天天把喝酒當主要業務。王敦本來也只是想利用他們的名望來賺點人氣而已，看到他們這個樣子，正好什麼權也不放給他們。王敦問謝鯤：「劉隗奸邪，將危社稷，吾欲除君側之惡，何如？」—— 劉隗這傢伙很噁心，是個危害國家的人物。老子想把他殺了。你覺得怎麼樣？

謝鯤說：「隗誠始禍，然城狐社鼠。」—— 劉隗當然是個很危險的人物。可他卻跟躲在城牆裡的狐狸、藏在祭壇上的老鼠一樣，你要是用水去灌城牆的狐狸洞，城牆就會倒下來；你要是用煙燻，只怕老鼠還沒有弄出來，祭壇就會先發生火災 —— 老大你看著辦吧！

王敦一聽，這傢伙果然是個死硬的保皇黨，大罵道：「你這個笨蛋知道什麼天下大勢。留在老子身邊什麼作用也沒有。」於是任命謝鯤為豫章太守，但只發了個任命書，卻不讓他去那裡報到。

王敦選在正月十四日宣布舉事。當然，他公開的矛頭並不直接指向司馬睿，而指向劉隗，上書給司馬睿，在書中掐著指頭數劉隗的罪行：「隗佞邪讒賊，威福自由，妄興事役，勞擾士民，賦役煩重，怨聲盈路。臣備

位宰輔，不可坐視成敗，輒進軍致討，隗首朝懸，諸軍夕退。昔太甲顛覆厥度，幸納伊尹之忠，殷道復昌。願陛下深垂三思，則四海乂安，社稷永固矣。」用惡毒的語言，把劉隗大罵一通之後，要求司馬睿一定要把這傢伙拉下臺，否則就要向伊尹學習，把大軍開向首都，直到把劉隗的頭砍下來，掛在高竿上，才退回去。以前商朝的太甲聽從伊尹的話，才讓大商得以復興。現在請皇上好好地想一想，認真向太甲看齊，只有這樣，這個天下才太平。司馬氏的江山才永不變色。

這一封信裡，表面上是把劉隗大罵了一頓，其實是在向司馬睿下最後通牒——你要是不聽老子的話，你們司馬氏就徹底完蛋，還想永昌個屁。

這時，王敦的另一個死黨沈充也在吳興做了作戰動員，響應王敦。

王敦馬上任命沈充為大都督、督護東吳諸軍事。

沒幾天，王敦的大軍就抵達蕪湖，又上書給司馬睿，這一次上書，是羅列刁協的罪狀。弄得司馬睿怒不可遏。

司馬睿知道，王敦已經出兵，自己也只得接招了，於正月二十一日下詔：「王敦憑恃寵靈，敢肆狂逆，方朕太甲，欲見幽囚。是可忍也，孰不可忍！今親帥六軍以誅大逆，有殺敦者，封五千戶侯。」這話的意思是，王敦仗著我對他的信任，狂妄起來，囂張到極點，居然把我比作太甲，想把我放到拘留所裡關起來。我難道能嚥下這口氣嗎？現在我決定，親率大軍，把這個狂妄的傢伙搞定。誰能把王敦的腦袋砍下來，就封他五千戶侯。

王敦的哥哥趕緊逃離首都，跑到王敦那裡去了。

王敦雖然大鳴大放地向首都方向進軍，大喊大叫著要清君側，聲勢浩大地與皇帝叫板，但他還是顧及周邊的勢力，尤其是接替周訪的甘卓。他在命令大軍出發時，就派人送信給甘卓，請他拿出軍隊來入股，成功了可

第四章　王與馬的矛盾

以分紅。甘卓答應得很乾脆，其實卻轉頭四處張望，動作猶豫得很。

王敦上了船，早已過了會師的時間，卻還不見甘卓的一個士兵出現。王敦正埋怨甘卓做事也太沒有時間觀念了，打仗又不是去跟情人約會，而是生死較量，時間差很重要，你要是趕不上時間，往往就會趕到死神面前。可他的埋怨還沒有劃上句號，甘卓的參軍孫雙就來了。

王敦還以為孫雙是代表甘卓前來向他解釋部隊不能按時到達的原因。

哪知，孫雙是代表甘卓前來勸王敦不要造反。

王敦說：「前幾天甘卓不是說要跟我合作嗎？現在怎麼又變卦了？他是怕老子推翻司馬睿？哈哈，你看看老子的臉，老子是做這種事的人嗎？我現在是清君側啊！你們都是聰明人，清君側三個字都理解吧？你回去告訴甘卓，成功了，老子向皇帝上書，封他為公爵。」

孫雙回去跟甘卓一說，甘卓一聽，心裡又動了一下，一會兒覺得跟王敦合作，勝利了，好處確實多多；一會兒又覺得要是成為王敦集團的核心成員，搞砸了，後果會很嚴重，弄得心裡矛盾不已。

這時，有人對他建議：「先假裝答應王敦，等他去進攻首都了，再從屁股後面踹他一腳。」

甘卓說：「以前陳敏事件時，我先是成為他的死黨，後來又搞個陣前起義，大家就把我當成見風使舵的人，都鄙視我。如果現在又這樣做，不好交待啊！」這傢伙是江南重量級的名士，看得最重的就是名聲，這時他掌握著一方大軍，地位可以說舉足輕重，可他並沒有從全國角度去考量，只考慮他個人的名聲問題——晉國重用這樣的人才，國勢能強到哪裡去？

甘卓後來又派人去徵求順陽太守魏該的意見。

魏該說：「我們現在大力發展軍事，目的就是要跟胡人死拚到底，為

第六節　攤牌

皇上效勞。現在王敦跟皇上叫板，我們跟他合作就等於跟中央叫板、跟皇上對著幹。」

甘卓這才決定不跟王敦往來。

王敦又派參軍桓罷去見司馬承，請司馬承擁護王敦，去當王敦的軍司。大家都知道，司馬承是司馬睿的叔叔，是司馬睿把他放在湘州當第一把手的，目的就是要防範王敦。他是最堅定的保皇派，就是打死他也不會跟王敦混在一起。這哥兒們雖然其他能力很菜，但對目前的形勢還是很清楚的，他對自己的前途作出了一個很準確的預測：「我離死的日子不遠了。現在手下要糧沒糧，要錢沒錢，要部隊沒有部隊，要援兵沒有援兵。只要敵人來了，真是要什麼沒什麼，不要什麼偏來什麼，這難關怎麼能度過啊？難度過也得硬撐下去，打死了，還有個忠義的名聲。」

他準備重用虞悝。這時虞悝的母親死去，司馬承就跑到虞家去參加追悼會，順便跟虞悝說：「現在王敦已經發兵造反，所以，我決定討伐他。可現在手裡沒有兵也沒有糧。我又剛到這裡當第一把手，什麼政績都沒有做出來，人民和官員對我還不熟悉。你們是當地有名望的人，請幫我想個辦法啊！」

虞悝也是個保皇派，又看到司馬承親自來向母親的屍體燒香鞠躬，心裡當然很感動，聽了司馬承的話，馬上就說：「老大這麼看得起我們，親自跑到家裡來，我們很感激啊，一定為老大賣命。不過，話說回來，現在湘州到處荒蕪，實在沒有辦法組織力量去跟王敦戰鬥。我們現在只有集結力量，死守城池，到處釋出號召，要求各地勤王。到時，王敦的兵力就一定會分散。他的力量一分散，我們才有機會啊！」

司馬承說：「對啊。就這麼辦。」

他馬上把桓罷抓起來，任命虞悝做長史、任命虞悝的弟弟虞望為司

第四章　王與馬的矛盾

馬，把部隊全交給他們指揮，讓他們跟零陵太守尹奉、建昌太守長沙王循、衡陽太守淮陵劉翼、舂陵令長沙易雄一起，組成討伐王敦的同盟軍。

易雄釋出文告，列舉了一大堆王敦的罪狀，號召大家跟司馬承一起與王敦血戰到底。這個文告把湘州人民的情緒都煽動了起來，都表示跟司馬承將保皇進行到底。只有湘東太守鄭澹不看好司馬承——這傢伙原來是王敦的姐夫，是王敦堅定的粉絲，一點也不理會這個文告。

司馬承派虞望去討伐，只一仗就把鄭澹的腦袋砍了下來。

司馬承統一了湘州的民心之後，又派主簿鄧騫去襄陽說服甘卓：「劉隗雖然不是什麼好人，可也僅僅是一點人品問題而已，沒做過什麼危害國家的事。王敦卻因為個人恩怨，帶兵向皇上叫板。現在正是報效國家的時候啊！」

甘卓說：「我的信條向來是，國家利益高於一切。」

可他的話才剛剛出口，他的參軍李梁對他說：「老大應當回憶一下歷史啊！歷史上，隗囂總愛出頭，最後失敗得很難看；竇融卻保存實力，擁護劉秀，最後一輩子都過著幸福生活。所以啊，我們不光在嘴巴上喊『以史為鑑』，更要在行動上以史為鑑，還是向竇融學習，保存實力才是王道。現在按兵不動，有如下好處：如果王敦取得勝利，因為老大手中有實力，他肯定會重用老大；如果王敦被搞定，那麼因為老大手中的實力，中央就會讓老大取代王敦。不管哪邊勝，老大都穩賺不賠、坐地分紅。現在只要什麼都不做，榮華富貴就等著老大啊！為什麼一定要去打去殺？」

鄧騫說：「李梁的這個比喻沒有道理。那時劉秀是剛創業，強人們誰也不知道以後的形勢，所以可以按兵不動。現在老大可是晉國的方面大員啊，跟竇融沒有一點可比性。如果王敦收拾了劉隗，再回師武昌來收拾我們，也不是什麼難事。他只要在石城駐紮大軍，斷絕荊州和湘州的糧道，

第六節　攤牌

老大連逃跑的路都沒有了。現在主動權死死地拿在人家的手裡，自己卻做著坐等勝利到來的大夢，這也只能在夢裡才有的。而且，拿著皇上的薪資，當著皇上的官員，等到國家有難的時候，卻坐視不救，估計老大的良心一定也過意不去。」

可甘卓還在猶豫。

鄧騫又說：「現在老大所走的路是，既不起兵勤王，又不願成為王敦的死黨。把這條路一走到底的結果是什麼？恐怕連很傻很天真的人都想得出來。現在大家都在觀望，因為都怕王敦的力量太強大。其實，王敦部隊中的戰鬥人員不過一萬人，留守在武昌的不會超過五千人。現在老大手中的兵員都超過王敦的兩倍。如果老大帶著部隊向留守武昌的王含發起猛攻，收拾王含還不跟吃豆腐一樣？只要拿下武昌，奪得王敦全部的軍用物資，控制荊州和江州，把流失的人員全部召回來，重新整頓——這是以前呂蒙對付關羽的辦法啊！現在老大卻放棄必勝的路子不走，卻硬著頭皮坐在這裡，等待被消滅。如果這也算是智慧，那也是一種快速通向死胡同的智慧。」

甘卓這時覺得鄧騫的話也沒錯，但就是下不了決心。

而王敦也還不放棄對爭取甘卓，派參軍樂道融再去說服甘卓。

堅持爭取甘卓對於王敦來說是沒有錯的。可他錯就錯在，去說服的人派錯了。

樂道融雖然天天跟在王敦的身邊，拿著王敦發給他的薪資，但心裡卻很恨這個王敦，是典型的只拿薪資不領情的人，一見到甘卓之後，馬上就說：「現在皇上已經親自主持中央，從派司馬承當湘州刺史這件事上看，就足以證明皇上並不是都在聽劉隗的話。只是因為王家當權太久，總是疑心別人在奪他們的權，才鬧到這個地步。其實皇上對你最為看重。如果你

第四章　王與馬的矛盾

一定要跟王敦站在一邊，那麼大義就有虧。以後就會是：生前是可恥的叛徒，死後還是個愚蠢的醜鬼。我建議你現在最好是假裝答應王敦的要求，然後突然對武昌發動襲擊。王敦聽到你進攻武昌的消息後，一定會精神崩潰，用不著戰鬥就會玩完。你的豐功偉業就比天還大了。」

甘卓聽到這話，這不成為反敦同盟軍的第一號人物了？突然間眼睛一亮——值得啊！這才下決心跟王敦決裂。

他馬上跟巴東監軍柳純、南平太守夏侯承、宜都太守譚該聯名釋出文告，再把王敦的罪狀誇大一番，然後各帶軍隊，以王敦為目標採取行動；他還派參軍司馬贊、孫雙兩人拿著表章，去向司馬睿表示忠心。派羅英去廣州，請陶侃也出兵。那個讓祖逖鬱悶而死的戴淵收到甘卓的文告後，馬上向司馬睿報告。朝廷的官員們看到後，都集體高呼萬歲。似乎形勢已經大好了。

而武昌城中的人聽說甘卓的大部隊已經開到，都怕得要命，很多人都逃離武昌。

如果這時，這些部隊都統一指揮，迅速行動起來，拿出當年司馬懿奔襲孟達的勁頭和戰術來，不費什麼功夫就可以把武昌拿下。可這些人這時雖然個個把胸脯拍得咚咚響，好像決心比天還大，可做的都是表面功夫，並沒有誰真的一邊高喊口號一邊狂奔上前線，而是以保存實力為第一要務，嘴上喊得很激烈，其實都在觀望。

王敦一看，原來都是一群呼口號的人。他決定先把司馬承搞定，給這幫人敲一記警鐘。他派南蠻校尉魏乂、將軍李恆帶兩萬人進攻長沙。

司馬承到長沙之後，雖然努力工作，但工作的重心偏差太大，只注意父母官的愛民形象，卻沒有做好城池的加固，而且物資也少得可憐，聽說王敦的大軍已經隆隆開到，個個都怕得要命。有人勸司馬承趕快抓緊時

第六節　攤牌

間，要麼去投奔陶侃，要麼退守零陵或桂林，還來得及。

可是司馬承的意志卻堅定得很，說：「我來到這裡就是打算戰死，決不做敗逃的大將。即使不成功，也要讓人家知道我是個忠心的人。」他下令大家趕快撈漿砌磚，加固城防工事。

可到了這時才加固城防，不管怎麼趕進度、趕工期，也已經來不及了。

王敦大軍很快衝了過來。虞望出戰，很快就光榮犧牲。

所有的人都知道，長沙已到最危險的時刻。可甘卓卻還平靜得很。他覺得鄧騫是個人才，就對鄧騫說：「你不用回到長沙去了吧。跟著我。我讓你當參軍。不管在哪裡都是為國家服務啊！」

可鄧騫卻不答應。

甘卓只得讓他跟參軍虞衝一起，帶著他的一封信回長沙去見司馬承。他在信中很有大局觀地勸司馬承說，老兄一定要堅守長沙。我現在就出兵沔口，切斷王敦的歸路，到時長沙的圍想不解都難啊！

司馬承一看，差點連粗話都罵了出來，到了這個時候，居然還讓老子死守？這地方是能死守的地方嗎？告訴你，這是等死的地方。他立即回信給甘卓：「江左中興，草創始爾，豈圖惡逆萌自寵臣。吾以宗室受任，志在隕命；而至止尚淺，凡百茫然。足下能卷甲電赴，猶有所及；若其狐疑，則求我於枯魚之肆矣。」

這信的意思是，江東事業，才剛剛起步，就被叛徒搞亂。我以宗室人員受到重用，本來就不把這條命當命了。可現在我接手的時間太短了，什麼事都還處於初始階段。你現在以最快的速度向敵人發起進攻，我還可以堅持一下。如果稍微浪費一點時間，你以後就只有到死魚堆那裡找我了。這傢伙確實有點學問，在這封信裡還加了莊子的一個典故。這個典故就是最後那句話——傳說莊子看到一隻魚不知什麼原因躺在一個車轍裡。那

第四章　王與馬的矛盾

條魚突然對莊子說起了人話:「敬愛的莊子啊,能不能給我一盆水,讓我繼續活下去。」莊子說:「你耐心等一下啊。我去挖長江的水來,讓你在長江後浪推前浪裡活個夠。」那條魚說:「如君言,不如早索我於枯魚之肆。」

現在司馬丞的處境也跟莊子看到的那條魚一樣,而甘卓現在就跟莊子差不多,硬是不肯出手去救一下司馬丞。

第五章
王敦造反

第五章　王敦造反

第一節　心病和身病

司馬氏集團在江東的基業才開張沒幾天，史上著名的王敦事件就隆重上演，實在是件倒楣的事。不過，還好那個機會大師石勒沒有抓住這個機會，大軍一揮，打過長江去，順便完成併吞司馬氏的光榮使命。

石勒這時被那個徐龕弄得心情超級不愉快。這個徐龕的思維不正常、情緒很不穩定，硬是在後趙和晉之間玩投降把戲，投完這邊又投那邊——這種玩法用在生意場上，倒是很能吃得開，可在兩個敵對國的夾縫中生存，還這麼賣力地左搖右擺，是很難討到好處的。本來石勒對這個傢伙就有點看不順眼，只是覺得機會不成熟，讓他們折騰了一段時間。這時乘著晉國內亂之機，決定收拾這個傢伙。

永昌元年二月，石勒封他的兒子石弘為合法繼承人，然後就派石虎帶四萬部隊去攻打徐龕。

徐龕不是傻瓜，當然知道自己不是石虎的對手，只是死死守住城門，叫士兵們絕對不能開啟城門應戰。石虎就在城外築好工事，對泰山重重包圍。

這時，劉曜那邊也是麻煩不斷。這傢伙一直認為，西北地區是他們的後院，無論如何得把後院建設好，迫使所有勢力全都歸到他的旗下，因此把精力都投放在這一帶。可是這一帶的形勢，本來就很複雜，再加上劉曜自己的能力也不怎麼樣，這麼多年來，態度是積極的，工作努力，血本是捨得下的，卻沒有效果。這時，他又帶著部隊去攻打另一個少數民族部落的老大楊難敵。

楊難敵的名字雖然很威風，但仗卻打得一點都不厲害，看到劉曜帶著大部隊前來，居然也不評估一下實力，就來個兵來將擋，跟劉曜硬碰硬，結果打了個大敗，退保仇池。

第一節　心病和身病

　　仇池這個地方也是個複雜地帶，除了楊難敵的氐部落之外，還有很多少數民族的人雜居。以前這些少數民族都在楊難敵面前夾著尾巴做人，讓他當老大。這時，看到他打了敗仗，都趕忙轉變立場，向劉曜投降。

　　劉曜把隴西一帶的一萬戶居民都來個異地安置，讓他們搬到長安去，當首都居民。

　　劉曜這一次的進展很順利，準備來個再接再厲，一舉拿下仇池，把楊難敵的力量徹底解決，下一步就好辦了。哪知，在劉曜信心滿滿的時候，不知是後勤部門不注意衛生，還是其他原因，劉曜的軍中突然發生了瘟疫，而且這場瘟疫來得還很猛，連劉曜自己也被感染。

　　劉曜看到自己都成了病患，連覺也無法睡，飯都難嚥，哪敢帶病打仗，就決定撤軍。可又怕自己的部隊這邊一抬腳，楊難敵那邊就貼著屁股打過來，那就一點不好玩了，他就派光國中郎將王獷去見楊難敵，勸說楊難敵，說現在的局勢你看到了吧？只要老大一吹衝鋒號，你們就死無葬身之地。所以，負隅頑抗等於死路一條。現在是你們投降的最好機會。趕快高舉白旗投降吧！

　　楊難敵打了這麼一個大敗仗，而且許多將領都已成為前趙的員工，自己周圍就只剩這幾個破爛不堪的士兵，不是頭上纏著繃帶就是吊著手臂，實在很難擠出戰鬥力來了，知道再打下去，結果肯定跟王獷說的一個樣，因此很乾脆地答應投降了事，以後永遠當大趙國忠心耿耿的部下。

　　劉曜鬆了一口氣，對楊難敵的待遇也大為提高，把一連串的榮譽授給這個傢伙：假黃鉞，都督益、寧、南秦、涼、梁、巴六州、隴上、西域諸軍事，上大將軍，益、寧、南秦三州牧、武都王。官銜雖然一大堆，如果教育程度不高，恐怕這輩子都記不清這麼多文字，其實管的仍然是原來的地盤，權力跟原來的一個樣。

第五章　王敦造反

但楊難敵卻很高興。

楊難敵高興，劉曜也高興。

可才過幾天，劉曜高興的心情就被破壞完了。

把劉曜弄得鬱悶的人就是那個投降專家陳安。這傢伙現在是後趙的秦州刺史，心情突然變化，迫切要見一見老大。可因為劉曜有病在身——帥哥變成了病夫，就不想見人。

陳安一聽，你這個劉曜也太不像話了吧？難道老子連見你一面的資格也沒有？他生氣過後，又轉念一想，這個劉曜龍體欠安了這麼多天，連楊難敵還沒搞定就退兵了，是不是龍體已經從「欠安」變成「崩殂」了？他越想越覺得自己這個判斷是正確的。這可是個機會啊！他馬上命令兄弟們展開搶劫，誰也不用怕。

劉曜這時病得不輕，連馬也騎不了，坐在馬車裡回到長安，派呼延寔保護輜重斷後。

陳安想要的就是這些軍用物品，在中途攔住呼延寔，最後把所有的輜重連同呼延寔一起繳獲。

陳安威風地對呼延寔說：「老兄，劉曜已經掛了，你還跟誰？現在跟著老子是你唯一的出路。」

呼延寔罵道：「你領人家的薪資，混人家的飯吃，卻做著背叛的勾當。就你這種能力，也敢跟老大比？我看你的這顆頭沒幾天就被老大掛在大街上了。」

陳安絕對不是寬宏大量的人，一聽到這話，馬上就大怒，叫人把呼延寔拉出去砍了，看誰的腦袋掛在大街的那棵樹叉上。

陳安殺了呼延寔之後，任命呼延寔的長史魯憑為參軍，然後派他的弟弟陳集追擊劉曜的主力部隊。劉曜命衛將軍呼延瑜帶兵反擊。這個陳集也

第一節 心病和身病

　　跟他的哥哥一樣，以為劉曜死了，前趙的部隊再多，也是一群龐大的烏合之眾 —— 烏合之眾就是送死的概念；隊伍再怎麼龐大，也是送死的隊伍 —— 他們追上去，就可以像老虎衝進羊群一樣，愛怎麼打就怎麼打。哪料到這群部隊一點都不是烏合之眾，反擊起來生猛得要命。這才知道，把人家當作烏合之眾的人，自己的部隊就會變成烏合之眾。呼延瑜一陣大砍大殺，陳集非但沒有還手之力，而且連逃跑的機會也找不到，被呼延瑜的部隊「斬之」。

　　陳安這才知道問題很嚴重，退回上邽老窩，派部下去攻打汧城，很快就拿了下來。陳安取得這一次勝利，又狠狠地把壟上那些少數民族威懾了一番，個個都爭著叫他老大。他的部隊馬上就增加了十多萬。他看到自己一下就有這麼一支龐大的部隊，覺得刺史這個官銜實在跟實力不配套了，馬上就「自稱大都督，假黃鉞，大將軍，雍、涼、秦、梁四州牧、涼王」，讓趙募當相國。他這麼一自稱，離當皇帝也差的不遠了。

　　魯憑看到陳安的步伐不斷地向深淵邁進，就轉向陳安大哭起來，說：「吾不忍見陳安之死也！」

　　陳安正在感受著當涼王的美好心情，全身的毛孔正愉快地舒張著，突然聽到魯憑的哭聲，而且還說他就要死翹翹了，大怒之下，也不管魯憑不但是個厚道的人，而且也是個人才，喝令侍衛把他拉下去，砍了。

　　魯憑說：「我就是這個被殺的命。你們殺了我之後，把我的頭掛在上邽的街頭，讓我也看到陳安被斬首。」

　　陳安一聽，這話老子聽了幾次了，早就免疫了，還想拿這話來嚇老子？老子能被你這個紙老虎嚇怕了？殺啊！

　　魯憑被殺的消息傳到長安，劉曜說：「魯憑是個很有人氣的人啊！陳安在需要人才的時候，硬是殺掉人才。還能折騰下去嗎？」

第五章　王敦造反

第二節　屈服

這時司馬睿已經感到危險盤旋在他的頭頂。

他知道，光憑他這個皇帝的銜頭已經壓不住王敦，只能來個「水來土淹、兵來將擋」。可現在他手下能打仗的人還有誰？陶侃當然可以，但司馬睿卻向來都漠視他的存在，讓這個將才在王敦手下當差，被王敦折磨，現在只當了個沒什麼實力的廣州刺史——跟當一個邊遠山區的第一把手沒什麼區別。司馬睿想得頭腦發疼，也只能數出劉隗和戴淵這兩個手下。他讓這兩個人趕緊回到建康，保衛首都。

這時，王敦那個鋒利的矛頭，指向的就是劉隗，全世界的人都知道，劉隗是王敦最堅定的反對派。劉隗也確實天天在做反王家的事，天天在替司馬睿出剝奪王家權力的主意、削弱王家勢力，而司馬睿也時時刻刻把劉隗培養成王家的對手，讓劉隗和刁協來平衡王家的力量。所以，當王敦聲勢浩大地向首都進軍時，劉隗當然要負起保衛首都的主要責任。

大家平時看到劉隗滿臉正氣地跟王家兄弟硬碰硬，一點懼色都沒有，這時也都把他當成對抗王敦的核心，把所有希望寄託在他的身上，因此，當他回到首都時，在京的文武官員都出來，排著佇列，猛拍著手迎接他的到來。

劉隗看到這個場面，鼻子也突然高了起來，連官帽也仰戴起來，把額前的那咎花白的頭髮也暴露給大家看，底氣也前所未有地膨脹了起來，在大家的歡迎中，一路得意洋洋地發表著演講。這傢伙向來以反對重用名士世族為己任，可這時得意起來，自己也扮了一回名士。

他邁著得意的步伐進入宮中，打算再在司馬睿面前威風一下。他跟刁協一起建議司馬睿要當機立斷，把建康城裡的王家全族老少一個不留地殺

第二節　屈服

掉。兩人以為，這一次司馬睿肯定會爽快地答應他們的要求。

哪知，司馬睿最大的特點就是不爽快。

而且，司馬睿一聽到兩人這個見血的建議，臉上馬上現出難色，然後玉手一伸，五指三長兩短搖了搖，否決了兩人的建議。

劉隗這才知道，碰上這麼一個老大，自己的威風沒有一點基礎，這個威風是個比天還大的泡沫，臉上立刻顯示出懼色。

在劉隗的心情從得意的高峰跌進恐懼的深淵時，王導的心情也全是恐懼。王導雖然對東晉有再造之功，是司馬氏再次掛牌上市的操盤手，但因為王敦的原因，現在已經成為靠邊站的人物，手中一點權力也沒有了，時刻都在擔心司馬睿突然惱羞成怒起來，把他們一家老少捆成一團，浩浩蕩蕩地壓上審判臺，然後大刀朝他們砍過去，那幾顆貴族腦袋就會被扔進歷史的垃圾堆。這哥兒們的智商不但不比王敦差，而且有著極高的政治智慧，但他沒有一點反骨，全心全意把司馬氏當成自己永久的老闆，所以，即使在這個緊急關頭，他還是沒有逃跑或者別的打算，只是擺出一副很忠誠的樣子，每天帶著他的弟弟中領軍王邃、左衛將軍王廙、侍中王侃、王彬等全族二十多個首要分子，來到宮門前進行上訪活動──當然這個上訪活動很特別，可以說是準備領罪的。他知道，現在他只有這樣做，採取積極的態度，做出可憐相來打動司馬睿，或許可以保住性命。

可幾十個人在那裡把可憐相表演了好多天，居然沒誰理會他們一下，弄得王導也急起來了──還當權時，哪天不是一幫人圍著他轉？現在一落難，這些人都成了跟他無關的觀眾。

好不容易看到周顗走了過來。這個周顗雖然在跟那些流民打仗時，狼狽得要命，回到首都後卻很有市場，成了司馬睿的親信之一。

王導這時就把希望寄託在他的身上，對他大叫：「伯仁，以百口累卿！」

第五章　王敦造反

這話是說，伯仁啊，我王家一百多條性命就看你了。伯仁是周顗的字。

王導的眼光確實不錯，知道如果周顗答應救他，他一家老少的性命就會保住。

周顗也確實想幫王導度過這個難關。可這傢伙不知是別的原因，還是想做好事不留名，硬是不理會王導，連眼角的餘光也不給王導一點，昂頭雄糾糾地從王導面前走過，直接進入宮中。

他到了宮中之後，一看到司馬睿，馬上就說：「皇上啊，王導是忠厚的人啊！這是大家都可以保證的。恐怕老大也不會說他是個壞蛋。他既然是個大大的忠臣，老大就應該把他當忠臣對待。」

司馬睿說，你說得對啊！

周顗又厚著臉皮要求司馬睿請他喝一次酒。司馬睿馬上擺桌。周顗一看，呵呵，全是名酒，就放開大肚狠狠地喝得醉了個史無前例，然後才歪歪斜斜地出來。這時，王導還等在門外。他看到周顗一身酒氣地出來，又大聲向他打招呼。

可周顗還是不理王導，不但不理他，反而噴著酒氣對跟在屁股後面的人大聲說：「今年殺諸賊奴，取金印如斗大，繫肘後。」這話意思是，兄弟們，今年我如果把那些禍國殃民的反動分子殺掉，立了大功，就可以把那個巨大的金印掛在老子手肘後面，光榮得很啊！

王導一聽，臉色大變，這話不是說要殺他們家是說誰？看來這雙眼睛真的有問題了，看人看到這個地步，居然求這樣的人來救自己。王導看著周顗走過去的背影，氣得差點沒罵出聲來。

可周顗的醉，全是表面的醉，他一回到家裡，怕司馬睿又不把他的話當一回事，馬上又寫一封信給司馬睿，全是說王導的好話，說可以打倒天下任何一個人，但無論如何也不能打倒王導。

第二節　屈服

　　周顗的這個表演，他覺得很過癮很名士，可他一點也沒有預料到，這個行為會將他推向死亡。如果他只是稍稍地應付一下王導，以後命運就大不一樣。然而，這麼一擺架子，雖然救了別人，最後卻害了自己。

　　司馬睿近來對王導也很矛盾。他雖然削掉了王導的大權，但對王導的感恩之心還是沒有磨滅的，再加上王敦來勢很猛，如果殺了王家的人，王敦要是打進來，那他就沒有活命的餘地了。司馬睿不光是一個平庸的人，也是一個怕死的人，雖然在這個緊急關頭，還在組織有限的力量跟王敦對抗到底，但自己對局面並不樂觀。時時刻刻都在為自己的後路著想。因此，他對王導的心情就複雜起來，雖然知道這些天王導每天都按時在宮門前請罪，但他卻硬是不露面，也不下發其他命令，而是採取迴避的辦法，躲在宮中，用的是「拖」字訣。從這件事上看，大家就知道，司馬懿的智慧基因一點沒有被他的子孫們傳承下來。

　　這時，司馬睿看了周顗的信，心裡那個逐步下沉的感恩之情，又重燃了起來，覺得王導確實不是個壞蛋，不應該這樣對待他。馬上就叫王導穿上朝服，不要老站在宮門外邊，立刻進宮來，一起好好地喝茶談心。

　　王導進宮之後，對司馬睿叩頭說：「皇上啊！哪個朝代都不缺亂臣賊子。可現在想不到竟然在我家裡出現了。」

　　司馬睿光著腳去拉著他的手，說：「我正需要你來治理國家，你為什麼說這種話？」

　　司馬睿這時全面恢復對王導的信任，馬上任命王導為前鋒大都督，加授戴淵為驃騎將軍，還下了個詔書：「導以大義滅親，可以吾為安東時節假之。」把他當安東將軍時的節符也交給王導使用。在這裡，司馬睿又走了個暈招。重用王導沒有錯，可他讓王導帶兵去打仗，那可就用錯人了。王導是個搞政治的人，提出綱領，讓大家緊密團結，高舉晉朝的大旗，

第五章　王敦造反

那是很有能力的。可現在卻把他推到與王敦決戰的前線，實在是大錯特錯了。

當然，司馬睿也知道，自己跟王敦對抗下去，估計打不過王敦，因此，又派王廙去見王敦，說服王敦，勸他不要再把事件鬧大下去，要以大局為重啊，什麼事都可以用對話的方式解決啊！

哪知，王廙不是王導，沒有一點政治立場。這傢伙一到王敦那裡，非但沒有說服王敦，反而被王敦說服，成為王敦最堅強的死硬派之一，為王敦貢獻心力。

司馬睿用人的原則，仍然是照過去的方針，誰名氣大就重用誰。周札是江南望族周氏家族的精神領袖，只要在江東一帶，把周札這兩個字亮出來，不管在什麼地方都閃閃發光——雖然周家曾經幾次跟司馬睿作對，但司馬睿仍然重用周札。現在他讓周札當右將軍，兼都督石頭諸軍事，成為對付王敦部的前線指揮官之一。這傢伙的名氣很高，人氣也從沒下跌過，可人品卻不怎麼樣，既貪圖小利，又驕傲陰險——這兩種品格中只要有其中一樣的人，就不宜擔當大任，何況他兩樣兼備，又毫無軍事指揮能力，司馬睿僅憑他是江東名士，就把這個關係到司馬氏生死存亡的任務交給他，後果如何，不難想像。

這時，王敦的大軍繼續逼迫過來。

司馬睿叫劉隗帶兵駐紮金城，叫周札死守石頭，全力應付王敦的進攻。司馬睿為了刺激士氣，還穿上軍裝，到首都郊外舉行一場盛大的閱兵式。接著，又大力拉攏地方實力派，任命甘卓為鎮南大將軍、侍中、都督荊梁二州諸軍事；陶侃兼江州刺史，叫他們各帶大軍在王敦的背後採取行動，猛踢王敦的屁股。

這個策略本來沒有錯。可是，現在這兩個人卻不執行他的命令：甘卓

有實力，完全可以跟王敦打一場，可這傢伙私心很重，對外口號喊得比誰都響亮，但卻一點行動也做不出來，連傻子都知道他是在保存實力。陶侃很想跟王敦大打一場，可手下卻沒幾個兵，只有前去送死的能力——一個有能力，卻不執行；一個想執行，卻又沒有膽量。

王敦對背後這兩支敵隊力量一點不在乎，繼續進軍，一直來到石頭城下。

王敦現在最恨的人是劉隗，他打算先把劉隗解決掉。

杜弘卻反對，說：「劉隗雖然可恨可殺，可是這傢伙長期以來就跟老大作對，組織了一支人數很大的敢死隊。我們要是先跟他打，會很麻煩，不如先搞定周札。周札這傢伙不但軍事能力低下，而且對士兵沒有一點親和力，天天高高在上，大家都不願為他賣命。這樣的軍隊，只要向他發動攻擊，他們除了潰敗，沒有第二條路可走。周札一玩完，劉隗還有什麼戲可唱？」

王敦同意杜弘這個建議，命令大軍向石頭進攻。

可部隊一到城下，喊殺聲還沒有發出，周札就下令開啟城門，讓王敦的先鋒杜弘帶兵進城，連個抵抗的姿態也不做一下，就投降了王敦，實在是太夠意思了。

王敦騎著馬進了石頭。這傢伙雖然威風凜凜地舉起清君側的大旗造反，可仍然把自己的名聲看得很重。當他的雙腳站在石頭城中時，就一聲嘆息：「吾不復得為盛德事矣。」這話是說，老子從今天起，不能再做出讓人家讚美的事了。

這時，謝鯤正好站在他的身邊，聽到這聲長嘆，馬上就說：「老大，不會這麼嚴重吧？只要從今天開始，大家都忘掉過去的事，還是可以重新開始的。」

第五章　王敦造反

司馬睿知道石頭城被破之後，馬上命令刁協、劉隗、戴淵帶兵去奪回石頭城，王導、周顗、郭逸、虞潭等人率兵從三個方向協同出戰。這陣勢讓人看過去很隆重，可你一看這些統率，全是世界上最會耍嘴皮子的傢伙，但都不是打仗的料。雙方一接觸，結果「協等兵皆大敗」。司馬睿的家當也就徹底玩完，瞪著眼睛，什麼辦法也沒有。倒是他那位繼承人司馬紹，咬著牙，組織最後的人馬，要去跟王敦決一死戰。他已經登上戰車，正要衝出城門，中庶子溫嶠氣喘吁吁地跑了過來，拉住馬的韁繩，大叫：「你是接班人，要是戰死了，這接班人誰來當啊？」然後抽出佩劍，斬斷韁頭，司馬紹這才收住他的衝動。

王敦雖然取得了軍事上的重大勝利，但這哥兒們這時的野心還沒有膨脹到頂點，因此，沒有再採取進一步的行動，他只是天天在軍營裡，不去朝見司馬睿。可他還做了一件更不得人心的事，就是「放士卒劫掠」，讓兄弟們在首都發一次強盜橫財，弄得宮中和政府官員跑得路都不見。只有安東將軍劉超帶著部隊以及兩位侍中在司馬睿的身邊。

司馬睿看看自己的身邊，覺得力量空前的單薄，知道現在他什麼動作也做不出來了，他的命運全掌握在王敦的手裡，就脫下軍裝，長嘆一聲：「你王敦想得到我這個位子，早說一聲不就行了？為什麼要鬧到這個地步？讓人民受害啊！」這哥兒們跟很多統治者一樣，平時從不管人民的死活，只有到關鍵時刻，才把人民掛在嘴上。

他派人去對王敦說：「你要是還承認晉朝，就請停止軍事行動，那麼天下還是太平的；如果另有想法，那我就辭職回老家，讓你來當這個老大算了。」

這時，刁協他們打完敗仗，正好滿面塵土地跑了過來，在太極殿的東階上，看到一臉鬱悶的司馬睿。刁協和劉隗這兩個司馬睿的左右手，這時一個拉著司馬睿的一隻手，像失散多年的孩子見到媽一樣，哭得淚流滿臉，勸司馬睿趕快逃亡，現在還來得及，天下可以沒有我們，但不可以沒

有皇上啊！刁協還說：「我在這裡等死，絕不做叛徒。」

司馬睿說：「情況都成這樣了，大家都要跑。」這哥兒們倒還很夠朋友，把僅剩的那點兵馬，也分出一部分給刁協和劉隗，說我也保不住你們了，各奔前程吧，能活到什麼時候算什麼時候。

連皇帝都說出這樣的話來了，這夥人算是倒楣到了最底部。

最倒楣的人是刁協。他年紀已經很大，大到連馬都騎不了的地步，而且這個老傢伙又是個有名的嚴厲人物，誰都怕他，一怕他起來，誰也不願當他的勤務兵。如果在以前，他大權在握，當然可以把一大批人拉過來，聽他的指揮。可現在是什麼時候？誰還願意跟在他的屁股後面，受他的氣？因此，司馬睿分配給他的那些兵，一個也不願跟著他，最後他只得獨自逃跑。你想想，這麼一個老傢伙能逃出什麼名堂來？他只跑到江乘，就被人殺死，割下腦袋送給王敦。

劉隗逃跑也不很順利。他跑到江陰時，被劉遐猛揍了一頓，最後不得不帶著二百個家屬投奔到石勒那裡。石勒雖然痛恨叛徒，但劉隗的叛逃不是一般的叛逃，因此對他特別重用，讓他當了從事中郎、太子太傅，最後終老在後趙國。

王敦驗收完刁協的首級後，也不再說什麼，讓刁家的人領走，自行處理。司馬睿知道刁協死後，悲痛了很長時間，最後叫人去把那個送刁協首級過去領賞的傢伙祕密抓起來，偷偷砍掉，算是為刁協報了大仇。司馬睿在這方面還算厚道，也很講義氣，只是一個皇帝要殺個人，還得偷偷摸摸，祕密行動，實在是窩囊到頭了。

司馬睿在左右手都跑了之後，就成了貨真價實的光桿司令，覺得再把這個架子擺下去，也擺不出什麼名堂來了，就把皇帝的尾巴夾起來，下令文武官員都集中起來，前往石頭，歡迎王敦，表示他已向王敦徹底屈服。

第五章　王敦造反

第三節　「吾雖不殺伯仁，伯仁由我而死！」

　　王敦的目的已經達到，得意地當著大家的面直接對戴淵說：「我們前天對戰，你是不是還保留了力量？」

　　戴淵的仗雖然打得不好，但人還是很聰明的，說：「我打仗從不保留，只是力不從心而已。」

　　王敦又說：「你看看，老子這些天的所作所為，天下的人將如何評價？」

　　戴淵說：「如果光從表面看，你的這些行為，是大逆不道的。可如果認真想一想，大家都會承認你做的一切都是忠心耿耿的事。」

　　王敦一聽，真會賣乖，會講話。不過老子愛聽。

　　王敦高興過後，又轉頭看著大家，發現周顗也在裡面。這個周顗以前被那個杜弢扁來扁去，無地藏身時，是王敦救了他，算起來王敦對他有恩，可現在居然成為王敦最堅強的反對黨，因此王敦一見他就生氣起來，指著他說：「伯仁，你最對不起我！」

　　周顗打仗的能力不怎麼樣，但嘴巴卻硬得很，馬上回答：「你帶著大軍向皇帝進攻，我帶著六軍非但不能擋住你，反而打了個大敗仗，所以對不起你。」

　　王敦一聽，氣就更大了。不過，他這時也不想把形象搞得太差，就先忍住氣，沒對周顗怎麼樣。

　　三月十八日，司馬睿為了安撫王敦，宣布任命王敦為丞相、都督中外諸軍事、錄尚書事、江州牧，封武昌公，而且還來個全國大赦，讓那些犯人也跟著受惠。不過，詔書一下達後，犯人們都歡呼萬歲、從監牢跑了出來，王敦卻只是冷冷一笑，一個職務也不接受。

第三節 「吾雖不殺伯仁，伯仁由我而死！」

　　王敦歷來不喜歡司馬睿。當初，全國各地的人們向司馬睿勸進時，王敦就反對。他反對的理由當然不是因為司馬睿能力不夠，難成中興之主，而是因為這傢伙不夠傻不夠天真，他想立另一個年紀不大的人當皇帝，他就可以成為實際最高領導人了。哪知，他的堂弟王導卻堅決反對。王敦這個人，對別的人都不怎麼客氣，但對王導卻很尊重。王導一反對，他就不再堅持。雖然現在王導堅決站在司馬睿那邊，甚至帶兵過來跟他戰場上見，他對王導還是一點也不生氣。

　　他進了建康之後，對王導說的第一句話就是：「以前不聽我的話，現在我們王家差點全被人家殺光了。」他這時，認為司馬紹不但勇敢，而且很有謀略，屬於智勇雙全之類的人才。這樣的人可以佩服，但不能讓他當皇上。他要是當了皇上，自己就一點市場也沒有了。他決定取消司馬紹的接班人資格。取消的理由是司馬紹不孝。但他又覺得這事不能硬來，要做得讓人家沒話說才行。

　　他召集文武百官過來，問中庶子溫嶠：「你說皇太子的人品怎麼樣？」

　　王敦顯然對自己擁有的權力過於自信，以為連司馬睿都怕他，這些大臣當然也會順著他的意思說下去，因此也不事先做個安排，讓他的心腹來回答這個問題，從而揭開廢掉太子的序幕，而是去問溫嶠。溫嶠可是司馬紹的死黨啊，本來就怕在這事上沒有發言權，這時看到王敦向自己提問，馬上搶答：「皇太子辦事細心，工作踏實，他的智謀是一般人看不出的。如果再用道德的標準去衡量他，他絕對是個孝子。」一句話把王敦的預謀堵死。大家一聽，也表示溫嶠的評語很中肯，實事求是地對皇太子作了評價。

　　王敦這才知道，有時太自信是不行的。可事情到了這個地步，他也不好再說什麼了。

第五章　王敦造反

司馬睿這段時期都生活在恐懼裡。他把周顗叫到廣室殿，悄悄地問：「現在發生了這樣的大事，可兩宮都能平安，王敦是不是已經滿足而放過我們了？」

周顗卻清醒得很，說：「兩宮當然平安。可我們這幾個人的命運，誰也不好預測啊！」這傢伙知道，自己遲早會被王敦秋後算帳的。

戴淵的長史赦嘏對周顗說：「你還是躲一躲吧！」

周顗說：「我是政府官員，國家有難就跑到山裡去，那算什麼？何況現在還能投靠誰？難道你想叫我跑到胡人或者南越那裡？」

周顗的性格，跟刁協和劉隗差不多，經常得罪別人。這種人雖然常常得到剛正不阿之類的評語，但他們在社會上做事一般都很失敗，有很多敵人。一旦他們的事業進入谷底，那些敵人馬上就跳了出來，使出落井下石的絕招，把他們完整地送上死路。

這一次，把周顗送上死路的就是王敦的參軍呂猗。這傢伙人品很壞，曾當過臺郎，在戴淵手下做過事，戴淵很討厭他，弄得呂猗很不爽。這時，他成為王敦的紅人，覺得自己報仇的機會到了，馬上對王敦說：「周顗和戴淵都是大名士，很有號召力，完全可以利用他們的名聲，糾集到很多群眾來跟老大作對啊！近來，根據我的觀察，這兩個傢伙一直不滿老大。如果老大不趁早把他們搞定，後果會很嚴重啊！」

王敦本來對這兩個傢伙就很不爽了，這時一聽呂猗的話，覺得太正確了。不過，王敦覺得還是問一下王導，看王導的意見到底怎麼樣。

王敦在一個天氣很好的日子，對王導說：「周顗和戴淵這兩個人，一個在北方很有名氣，一個在南方聲望很高。我想，提拔他們到三司的位子，是可以的。」

王導一直很恨周顗，這時聽到王敦的話，就緊閉著嘴不回答。這哥兒

第三節 「吾雖不殺伯仁，伯仁由我而死！」

們還算厚道，雖然很生周顗的氣，但也知道周顗這個人的品德還不算壞，覺得自己不對他落井下石已經不錯了，這個提拔的事，就棄權算了。

王敦又問：「三司不行，那尚書令可以吧？」

王導又不開口。

王敦這時眼裡凶光露了出來，說：「如果不能用他們，那就只有把他們殺了。」

王導再次棄權。這時，他的心情很複雜，他知道，如果他表示反對，王敦還是會聽他的建議的，是可以讓這兩個人繼續活下去的。可他想到當初他向周顗求救時，周顗的那個模樣，心裡就有氣，就不想為這個傢伙說什麼話——壞話不說，好話也不說，總算對得起良心了吧？

王敦一看，連王導都沒話說了，這兩個傢伙該殺！

三月二十三日，王敦命令鄧嶽把周顗和戴淵抓起來。

王敦在抓這兩個反對派之前，還騙了謝鯤一下，對謝鯤說：「老子想讓周顗當尚書令，戴淵當僕射。」搞得謝鯤心情愉快了幾天。

可這高興還沒有收回，王敦在逮捕周、戴的當天，又把他找過去，問他：「現在社會上有什麼輿論？大家對我有什麼看法？」

謝鯤當然還不知道周、戴兩個人已經被關押在監獄裡了，還說：「老大開展的這次轟轟烈烈的軍事行動，出發點雖然是好的，是要剷除奸臣，可大家還是在到處議論著，認為有失道義。我想，如果重用一下周顗和戴淵，大家就沒話說了。」

王敦大概以為這傢伙已經知道那兩個人被捕了，現在還為他們求情，就大罵起來：「你的耳朵還沒全聾了吧？老子早就把這兩個反動分子抓起來了。你還要老子提拔他們？」

謝鯤這才知道自己的話闖了大禍。這傢伙也是個怕死的人，看到王敦

第五章　王敦造反

臉上全是要殺人的神態，就嚇得臉色大變，恨不得把剛才的話吞回去。

倒是參軍王嶠一點不怕，說：「『濟濟多士，文王以寧。』奈何戮諸名士！」他引用詩經的兩句詩說：因為有很多人才幫助，周文王才做成大事業。現在老大為什麼動不動就殺有名望的人？

王敦一聽，這個傢伙原來也是個嘴硬人物，大怒起來，喝令把王嶠抓起來，斬！

大家看到王敦這個臉色，怒氣已經上升到最高點，只怕誰一不小心說漏嘴，王嶠的下場就是自己的下場，因此，誰也不敢做聲。

謝鯤這時回過神來。這傢伙雖然怕死，但良心卻不壞，知道王嶠是因為幫自己說話才這樣的，別人可以保持沉默，但自己得出來說話。他對王敦說：「老大發動這個事變到目前為止，還沒有殺過哪個人。現在王嶠因為提了點意見，老大就殺他，實在有點過分了。」

王敦一聽，覺得有道理，就下令放了王嶠，免去大將軍長史，去當護軍將軍長史。

王敦可以放過謝鯤和王嶠，但堅決不放過周顗和戴淵，一定要把這兩個傢伙的頭砍掉。

周顗在被押赴刑場時，把不怕死的精神表現得很到位。他在經過太廟時，大叫：「賊臣王敦傾覆社稷，枉殺忠臣；神祇有靈，當速殺之！」那幾個劊子手就用鐵戟狠狠地刺他的嘴巴，把他的嘴弄得「血流至踵」，而他居然「容止自若」，好像刺的不是他一樣，旁邊的人都為他流下眼淚。最後，他跟戴淵被拉到石頭南門之外，執行死刑。

周顗和戴淵被殺，可是司馬睿卻做聲不得，只能在沒人看到的地方偷偷地悲痛一下，最後還得派王敦的弟弟王彬帶著皇帝的囑託，去慰勞王敦。

王彬雖然是王敦的老弟，可這哥兒們身上還保存著濃厚的名士風度和

第三節 「吾雖不殺伯仁，伯仁由我而死！」

義氣。他以前跟周顗是經常在一起喝酒的好朋友。這時知道周顗被殺，心頭就無限悲痛起來，也不先完成皇帝交代的任務，竟然先跑過去對著周顗的靈位痛哭流涕，把悲痛發洩完之後，才去見王敦。

王彬這一次的悲痛發自內心，因此哭過之後，臉上還帶著悲痛之色。

王敦看到老弟的這個臉色，就問他：「為什麼臉色這麼難看？」

王彬說：「我剛剛去哭伯仁，心情無法控制。」

王敦一聽，老子以為你是因為哪位情婦死了才哭的，原來是去哭那個專門跟老子作對的傢伙，同情老子的敵人，這不是跟我作對是什麼？還兄弟個屁。當場大怒起來，罵道：「周顗自找死路，是個反對派。你一點也不需要為他哭。」

王彬說：「周顗也算是你的朋友啊。他在朝中雖然常發表一些不順耳的言論，可他從不組織小團體。想不到卻在大赦之後還被殺。這是什麼道理？」王彬也是個容易激動的人，說著說著，情緒就爆發起來，情緒一爆發，就什麼也不顧，當場就把王敦當作發洩的對象，教訓起王敦：「你才是個反對派，帶兵向皇帝叫板，殺害忠臣義士，做背叛的勾當，大禍馬上就臨頭了。」這哥兒們幾句話一上口，馬上就一頓慷慨陳詞，一臉的義正詞嚴，把王敦狠狠地教訓了一番。

王敦是什麼人？連皇帝也不敢對他發出一句高分貝的聲音，你這個王彬算老幾？居然敢在面前唾沫橫飛？他當場大怒起來，罵道：「你敢在老子面前如此發狂，老子殺了你。」

這時，王導也在場，看到王敦的那個臉色，知道他說的絕對不是假話，怕王彬的頭真的要落地了，就出面打圓場，要他向王敦認個錯，王敦大人大量，就不會計較這件事了。哪知，王彬的態度卻比石頭還硬，說：「老子現在腳痛，做不了叩拜的動作。而且我這話錯了嗎？一點也沒有

225

第五章　王敦造反

錯。為什麼要道歉？」

王敦說：「腳痛比起脖子痛來，哪個地方更痛？」

可王彬卻大聲說：「君昔歲害兄（王澄），今又殺弟耶？」

王敦一聽，居然就此打住，不再追究，讓王彬又活了下來，不過，王敦覺得讓這傢伙留在首都，實在看不順眼，就打發他去當豫章太守。

周顗死後，像王彬這樣悲痛的人很多，可最覺得良心上過不去的人是王導。

王導這時又恢復了大權，從權力邊緣回到權力核心。他整理中書省的檔案時，看到周顗上書給司馬睿營救自己的奏章，這才知道原來自己能活下來，全是周顗的功勞。周顗原來是個做好事不求回報的人，以前那些近乎於羞辱他的動作，完全是故意表演出來的。可後來，自己卻捨不得為他說一句話，在他被拉去砍殺時，只是當一個心情很複雜的觀眾，實在是大大對不起周顗。王導這麼一想，就哭起來，回到家中，還對他的那群兒子說：「吾雖不殺伯仁，伯仁由我而死！幽冥之中，負此良友也。」他的兒子們聽到這話，也都跟著老爸落下愧疚的淚水。其中那句「吾雖不殺伯仁，伯仁由我而死」還成了名言。

第四節　甘卓的下場

這時，王敦的另一個死黨沈充攻占吳國，殺掉吳國內史張茂，讓王敦的地位更加堅固。

這時，建康城裡已經沒有誰敢對王敦說一個不字了。

第四節　甘卓的下場

　　王敦仍然跟以前一樣，最擔心的就是那個甘卓。早在他舉事之前，就派甘卓的姪兒參軍甘卬回去探親——當然，這個探親是帶著任務的，這個任務就是說服甘卓：「你現在這樣做，是你的職責，誰也不能怪你。可是我們也是為了王家的性命財產安全，才不得不造反。如果你把部隊退回到襄陽，我們還是好鄰居。」

　　甘卓雖然天天把精忠報國之類的口號掛在嘴邊，叫得比誰都大聲，可在性格上跟曹操一樣，多疑得要命，但在決斷方面卻比曹操差得多，聽了這話，又拿不定主意，就把大軍駐紮在豬口，說是等各路大軍到齊後再一起出擊，這樣才能大獲全勝，這個決定使他錯過了大好時機。他一錯過時機，也預告了自己的身首異處。

　　他一連等了幾十天，各路大軍還是在半途上拖拖拉拉，終於讓王敦順利地進入了建康。

　　王敦看到甘卓的部隊還在原地不動，也怕這傢伙突然聽誰的教唆，心情澎湃起來，揮軍東下，跟他大戰一場，就不好玩了。於是就派個使者舉著騶虞幡到甘卓的軍營裡站著，不讓甘卓有動武的機會。

　　沒幾天，周顗、戴淵掉了腦袋的消息傳來，手握重兵、被視為反王敦的甘卓沒有拍案而起，最不濟也要表示憤怒一下，卻像個丟了破碗的乞丐一樣一把鼻涕一把眼淚地對甘卬說：「我最擔心的就是這樣啊！現在果然發生了。不過，只要皇上沒事，太子還活著，又有我們扼守在上流，估計他也不敢再做什麼對不起國家的事了。如果我們逼迫武昌，王敦來個狗急跳牆，就會劫持皇上，讓全國人民都絕望。所以為了不讓事件擴大，我們現在最好的辦法就是帶部隊回到襄陽，再作打算。」你一聽他這話，就知道這傢伙身上的銳氣早就被磨得光滑無比了，所講的這些話，全是為自己保存實力的理由。

第五章　王敦造反

　　他抹乾眼淚之後，馬上果斷地下令撤軍。

　　都尉秦康與樂道融急忙去找甘卓，說：「現在只要派一支部隊去占領彭澤，截斷了王敦的後勤路線，讓他首尾不能相顧，他的部隊就會自然逃散，只要一場戰鬥就可以搞定王敦了。現在老大帶著大軍勤王，仗還沒打一次，就來個半途而廢，大家以後對老大就會一點不看好了。而且，我們部隊的士兵個個都想在前線撈點油水，現在就是要回去，恐怕也難啊！」

　　甘卓在別的事上很猶豫，可這次撤軍的決定卻很果斷，對這兩個人的話，連半個字也不聽。樂道融沒日沒夜地勸他。可他就是執意撤軍。樂道融也是個固執的人，看到大軍浩浩蕩蕩地走回頭路，就乾脆來個「憂慎而卒」。

　　當然，他死也擋不住甘卓的決定。

　　甘卓退兵之後，大概又覺得不大對勁。這傢伙本來性格很好，和藹可親，可撤軍之後，就像吃錯藥、沾上邪一樣，性格突然發生了變化，老是煩躁不安，舉動失常。大家看到他這個樣子，都斷言甘卓的人生之路離到頭沒多遠了。

　　把甘卓趕回襄陽後，王敦鬆了一口氣，便把全部精力用來整頓中央的人事。當然，剛搶到大權，誰都要進行一次大規模的人事調整。如果是一代豪傑，這次的人事調整，在把敵人打倒的同時，一定會提升有能力的人，拉攏人才全心全意地為自己服務，以後的事業就會越來越壯大。可王敦的能力和境界離這個距離遠得很。

　　他以西陽王羕為太宰，加王導尚書令，王廙為荊州刺史。除了王導還算是個政治家外，那個王廙只是個飯桶，卻把荊州這樣的策略要地交到這樣的人手中。王敦不光不會用人，而且把人事調整當作手中的萬花筒一樣，隨意亂轉，只要心情一上來，就大量調動文武官員的職務，有時無緣

第四節　甘卓的下場

無故降職和提拔幾百個，甚至早上剛發文，晚上又更改。

王敦這麼大力調整人事，很多人都弄不清楚他為什麼這麼做。我認為，王敦透過武力奪得大權，可因為他自己也知道，他這麼做之後，反對黨實在太多，連王導和王彬這些他最親的人都跟他劃清界限，因此底氣不足。底氣一不足，心態就會變化，就這也怕那也怕，覺得把權力交給誰也不放心，只好換來換去，而越換就越不放心，越不放心就越換。

王敦在建康折騰完之後，又覺得建康不是久留之地，還是回到自己的地盤上生活才放心。

他的地盤就是武昌。

他到建康之後，雖然全面接管了大權，但還是打著司馬氏的旗號，司馬睿還是名義上的全國最高領導人。可他卻一次也沒有去見過司馬睿。在他準備回武昌時，謝鯤對他說：「老大，你自從進首都以來，都請病假，沒有去見過皇上一面。所以老大的功勞雖然比天還大，可人心還是渙散。如果現在去朝見一下皇上，大家就會放心，人民都會對老大心服口服。」

王敦一聽這話，就像痛處被鹽巴碰了一下似的，說：「你保證我去之後，能安全地回來？」這傢伙居然怕司馬睿會在朝中暗算他。當權臣當到這個地步，也只能算是個窩囊的權臣了。幸虧他的對手是司馬睿，如果是別的人，他這個人頭估計早就落地了。

謝鯤說：「這些天來，我去見皇上，看到皇上在旁邊設有側席，就是希望能見到老大。如果老大入朝，我一定跟在左右。」

王敦一聽，憑你這個樣子，跟在左右就能保證老子的安全？你以為你是誰？大怒起來，指著謝鯤罵道：「你以為你的命是值錢的東西？告訴你，就是把你這種人一下子殺掉幾百個，屁事都不會發生，地球仍然正常運轉。」

說罷，就下令回武昌。

第五章　王敦造反

這時，司馬睿曾寄予厚望的菜鳥叔叔司馬永也被逼到徹底失敗的角落。

現在圍困司馬永的主將就是魏乂。

魏乂的能力也很低下。本來對手就是個戰場菜鳥，而且長沙城防工事的品質差得要命，可以說是豆腐工程中的極品。可魏乂居然攻了多日，進展的速度跟蝸牛差不多。

司馬永仗雖打得不行，但人氣卻很高，雖然已經岌岌可危，可鐵桿粉絲還是有幾個。宜都內史周級就是他的粉絲之一，聽說偶像率兵要跟王敦奮鬥到底，就派他的姪兒周該去見司馬永。這個周該很機靈地混進長沙城中，向司馬永表示周級絕對聽從司馬永的指揮。後來，在長沙情況緊急的時候，司馬永就派周該和從事周崎從小路出城，想混出魏乂的包圍圈，到外面找救兵。

可這兩個傢伙化裝的技術太差，才一出城，就被一把抓住。

魏乂對周崎說：「現在王大將軍（王敦）已經進入首都，全面接管了大權。連甘卓都回到襄陽了。你們還有什麼外援。趕快回去叫司馬永投降。」

周崎假裝同意。哪知，他一到城下就大聲對城上的士兵喊：「援軍馬上就要開到。兄弟們再堅持啊！挺住就是勝利！」

魏乂一看，原來是個死硬派！就殺了周崎。

魏乂估計周該也是個死硬派，想叫他效忠自己，肯定是難上加難，因此就對周該來個刑訊逼供，只要有什麼酷刑，都用到周該的身上。周該也是個硬骨頭，不管對方用上什麼酷刑，他始終咬緊牙關。最後被魏乂活活折磨至死。他到死也沒有出賣他的叔叔，使得周級的性命保全下來。

魏乂這時也知道無法說服司馬永投降，就下令全體士兵連續作戰，日夜不停地攻打長沙城。

第四節　甘卓的下場

　　王敦看到魏乂在長沙城外打了這麼久，還進不了城，當上長沙居民，就派人送去一大堆信件給魏乂。這些信件全是建康政府官員的書信以及各地的奏章，內容全是建康已被王敦占領的的消息。魏乂叫來射手，把這些信全射到長沙城裡。

　　城中的守軍一看，我的媽呀，原來皇帝都舉了白旗，我們還在這裡死戰，到底是為誰死戰？士氣馬上就低落了下來。可士氣這麼低落，魏乂卻仍然攻不進去。雙方又對峙了一百多天，直到四月十日，衡陽太守光榮犧牲，兵員數量都打得差不多探底了，魏乂才攻進長沙城。

　　司馬承和他的幾個跟班都成了戰俘。魏乂大概認為司馬承這個菜鳥能夠堅守到現在，全是虞悝這個傢伙幫他支撐著，弄得他折騰了這麼久才立了這個功勞，立得實在沒有面子，就下令殺死虞悝。

　　虞悝在被執行刀決時，他的學生們都對著他痛哭。他卻對他們說：「人來到這個花花世界，誰不會死？現在我們全家為忠義而死，死得其所，死得重於泰山。我現在一點遺憾也沒有。你們還哭什麼？」

　　魏乂用囚車把司馬承和他的另一個死黨易雄一起送往武昌。司馬承原來的很多手下都逃散了，只有主簿桓雄和西曹書佐韓階、從事武延硬是捨不得這個菜鳥老大，都脫下名牌服裝，換上下人的粗布衣服，扮成司馬承身邊的侍從，跟著他過去。

　　魏乂攻城本領不怎麼樣，可眼光卻不錯，看到桓雄這麼有氣質，覺得不大對勁，讓這個傢伙跟過去，只怕會有意外發生，他也不審問一下，就叫人把司馬承身邊的人都砍了──一個俘虜還要這麼優秀的侍從做什麼？

　　韓階和武延看到桓雄被砍了，居然也不怕，照樣跟隨下去。

　　王敦當然不能讓司馬承活下去，叫王廙在半路上動手，把這個菜鳥軍

231

第五章　王敦造反

事家殺了，連屍體也丟在路上。韓階和武延收拾老大的屍體，一直抬到首都，埋過之後，這才離開，留下一段古道熱腸的故事。

易雄被送到武昌，依然一臉的高傲，沒有一點懼色。王敦這時也學習曹操當年對待陳琳那樣，把易雄為司馬承寫的聲討王敦的檄文拿過來給他看後，把他罵了一頓。

易雄一點也不怕，對王敦說：「這文章確實是我寫的。只可惜我的地位太低，不能為國家作更大的貢獻。現在你殺我，我是一點不怕的。」

王敦一聽，居然說不出話來，當場宣布放過易雄，讓他住到招待所。大家一看，王敦這一次真的效法曹操了，都過去向易雄表示祝賀。

易雄卻淡淡一笑，說：「我真的能活下去嗎？」

果然不久，王敦就覺得曹操的作法不可仿效，派人過去暗殺了易雄。

司馬睿這時大概還想有點作為，突然想到陶侃，覺得這傢伙是有能力對付王敦的，所以下了詔書，任陶侃為湘州刺史。可王敦不答應，要求司馬睿還是讓陶侃回廣州——廣州人民離不開陶侃啊！司馬睿只得乖乖地又讓陶侃回廣州，不過，為了安慰陶侃，就加授他一個散騎常侍。

也是在這個月，即四月十一日，史上最特別的皇后羊獻容終於走完了她的人生之路。這個皇后這輩子走的路實在太複雜，先是當司馬衷的第一夫人，然後被廢來廢去，最後竟然又成為劉曜的第一夫人，而且劉曜居然對她很不錯，也算是苦盡甘來、晚年幸福、死得沒什麼遺憾了——倒是她的老公，個個沒什麼好命運，司馬衷那個豬頭皇帝固然不用說，就是劉曜雖然天天帶著部隊喊打喊殺，勝仗敗仗都打過，最後也死得很難看。

羊皇后死得其所，可甘卓卻死得很不值得。

卻說甘卓回軍襄陽之後，很多手下都對他說，王敦害我們之心不死，我們現在工作的重中之重就是要備戰備荒，隨時準備跟王敦打仗。

第四節　甘卓的下場

　　可甘卓對這些建議卻一點都不聽。他認為自己活到現在，經歷了這麼多事件，看一看全國，誰有這種經歷？難道看問題還不如這幾個小輩？現在應當從打仗轉為從事生產。要是沒有糧食，大家吃什麼？連吃的都沒有，還打什麼仗？他要求大家放下武器，全軍下田耕作，先把糧食問題搞定，就什麼都可以搞定了。

　　甘卓所在的襄陽，不但跟王敦的勢力相鄰，也跟石勒和前趙的地區相連，是晉國主要前沿，即使不防王敦，也得防備敵國的侵略，哪知他居然把部隊變成當地的生產建設兵團。那幾個手下看到他這個部署，覺得老大那顆腦袋裡進水不少，又都過來勸他。哪知，現在的甘卓不是以前的甘卓了。而且腦子進水跟其他進水不同，別的東西一進水，你可以把水擠出來，唯獨腦子進水後，你一點辦法也沒有。甘卓一聽到這些話，馬上大怒起來，弄得那幾個忠心耿耿的手下也只好灰溜溜地走開。

　　這些忠心耿耿的手下一靠邊站，王敦的機會就來了。

　　襄陽太守周慮就是王敦安排在甘卓陣營裡的心腹，老早就想著如何搞定甘卓為王敦建立豐功偉業，現在終於找到機會。

　　腦子進水的人有個明顯的特點，就是對好建議從來都當耳邊風，對那些居心叵測的話，硬是當成正確的意見。

　　周慮在甘卓對那幾個老提正確建議的手下生氣之後，就走了出來，滿臉堆笑地對甘卓說：「我告訴你一個好消息。現在湖中的魚蝦很多很肥很鮮美，好吃得很，是不是叫大家都去抓點回來呢！」

　　甘卓一聽，怎麼不早說？馬上叫身邊的士兵們去當幾天漁民，下湖去撈魚撈蝦，誰撈得多，今年的優秀名額就是誰的。

　　這些戰士一聽，都像花木蘭剛回到家一樣，脫我戰時袍，著我漁民裝，丟下武器，拿起魚網，跳到湖裡去抓魚蝦。

第五章　王敦造反

帳裡就只剩下甘卓一個人，在那裡等大家把漁獲打撈回來。

周慮一看，機會來得這麼容易。馬上帶著自己的衛隊，衝進甘卓的營帳。甘卓睡得正甜，哪知敵人的大刀已經砍了過來？

周慮就在臥室裡把江東政壇老鳥甘卓的頭割下，拿去給王敦驗收。甘卓的三個兒子也被一起殺掉。

甘卓接過周訪的班後，成為晉國地方諸侯中除了王敦之外的第二號強人，其實力也不比王敦差多少，連王敦也怕他三分。可這傢伙只適合於當和平年代的名士，不能做一個亂世英雄，該出手時不出手，最後落得這個下場，手握重兵，卻連仗都沒有打一下，就被敵人的鋼刀很乾脆地砍死在床上，情節一點都不驚險。

王敦任命從事郎中周撫接替甘卓，當了督沔北諸軍事。這個周撫的老爸就是周訪。

搞定甘卓之後，王敦最後的顧慮就徹底消除了，覺得任何人都可以不放在眼裡了，趾高氣揚的姿態就更上一層樓，連各地進貢給朝廷的貢品都得進入大將軍府。中央所有的官職都由他把持，用誰不用誰，都是他說了算。

第五節　終於換屆

不過，王敦雖然任命了大批官員，各級政府的第一把手，基本都由他指定，按理說，也有幾個有能力的傢伙為他賣命，幫他打造王家的天下才對。可這哥兒們不是什麼英雄豪傑，一點重用人才的能力也沒有，來來去去就相信沈充、錢鳳這兩個滿腦子小人計謀的傢伙，把這兩個肚子裡壞水

第五節　終於換屆

連綿不絕的人當成首席智囊，對他們言聽計從，只要這兩個人覺得誰該死，王敦立刻同意。而在軍事上，就更沒什麼強人幫他撐門面，只依靠諸葛瑤、周撫、鄧嶽幾個人為他喊打喊殺。這幾個人充當打手還可以，可打仗卻一點本領也沒有。

王敦的這個格局其實跟八王之亂中的司馬倫差不多。只不過司馬倫個人的能力比王敦差了很多。但在任用助手方面，兩人完全可以劃歸一個等級。

司馬倫連什麼時間去大小便都要聽孫秀的，王敦是什麼事都聽沈充他們。沈充的腦袋也跟孫秀一樣，全是小人思想。這幾個人一得勢，想的並不是如何幫王敦把事業納入正常的發展軌道，讓這個事業越做越強，而是把小人得志的嘴臉全面曝光，到處蓋豪華別墅，天天吃喝玩樂，利用權力侵占國有私有資產，就連街頭的生意也跟人家強賣強買。大家看到這個現象，都說，上帝要他死亡，必先讓他瘋狂，估計這幫瘋狂的傢伙倒閉的日子不遠了。

這一年，似乎是強人死亡年。

甘卓死了沒幾天，那個徐龕也玩完。這傢伙這時真正懂得什麼叫走投無路了。他被石虎圍困，堅持了幾個月，終於疲軟了下來。這年的七月，石虎的部隊攻進泰山，活捉了徐龕，並把他押到首都。

石勒對徐龕的憤怒簡直是無窮大，一見到這個傢伙，馬上叫人用布袋裝起來，然後叫大家亂棍沒頭沒腦地狠打，打死了才住手。最後，還命令王伏都的老婆過來為王伏都報仇。王伏都以前在徐龕剛投降時，不但大力勒索徐龕，最後覺得徐龕軟弱可欺，居然還強占徐龕的老婆。徐龕終於發起火來，一刀把王伏都殺了。現在石勒就讓王伏都的老婆過來，叫她挖出徐龕的內臟拿回去當作豐盛的晚餐。這個女人也真有膽量，居然當場把徐龕的內臟生吃下去。徐龕那些已宣布投降的部屬，石勒也不放過，大手一

235

第五章　王敦造反

揮，全部坑殺，把他殘忍的那一面表現出來。

王敦的另一個死黨王廙也突然嚥氣。

王敦任命下邳內史王邃為都督青、徐、幽、平四州諸軍事——這個職務其實跟名譽顧問差不多，因為這四個州現在都在人家的手裡，還任命王含為都督沔南諸軍事兼荊州刺史；任武昌太守王諒為交州刺史，要求王諒找機會除掉原交州刺史修湛和新昌太守梁碩。

王諒當然愉快地接受任務。這傢伙接受任務很乾脆，可辦事能力卻很差，他大概覺得修湛是前刺史，如果不先把這個人搞定，他的刺史地位就不穩，因此也不擬個周全的辦法，把兩個人一起殺掉，只是先約修湛見個面。修湛當然不知道，這個見面其實是要他的命，接到邀約後就過去。王諒連個招呼也不打，手一揮，在旁邊早已做好準備的刀斧手衝了上來，把修湛殺死。他在執行這個任務的過程中，居然忽略了梁碩。其實梁碩才是真正有實力有威脅的人。

梁碩聽說修湛的腦袋被王諒砍了之後，二話不說，馬上起兵，把王諒包圍在龍編。

王諒沒有辦法，只有縮著頭在城裡硬撐。直到第二年的四月，陶侃才派部隊去援救。可救兵還沒有趕到，梁碩就已攻進城中。

梁碩要從王諒的手裡搶奪刺史的公章。可王諒硬是不給。梁碩大怒，拔劍砍掉王諒的右臂。這個王諒雖然欠缺能力，可也是個不怕死的漢子，這時好像掉在地上的那隻手臂不是他的一樣，兩眼盯著梁碩說：「我死都不怕，斷一條手臂算什麼？」

在他說這話後的十幾天後就死掉了。梁碩把交州刺史這個位子搶過來後，也跟很多貪官一樣，並沒有好好地把官做好，而是把這個職務當成腐敗的資本和展現凶狠暴虐性格的平臺，官雖然越當越大，可民心卻越來越

第五節　終於換屆

疏離。陶侃派參軍高寶過去，向梁碩發動軍事行動。梁碩欺負王諒之類的人很行，可一碰到陶侃的部隊，就一點能力也沒有了，只一仗就被高寶徹底打垮，連腦袋也掉到地上。

　　晉國的內部問題越來越尖銳，誰也管不了邊界上的事。原來祖逖苦心經營的地區，現在也被石勒不斷地劃走，就在這一年內，石勒的後趙先後攻占襄城、城父，包圍譙城。這時，祖逖的老弟祖約當這一帶的第一把手。這個祖約雖然跟祖逖是兄弟，可能力卻菜得不能再菜，一看到敵人打來，馬上就往後撤，退到壽春。石勒部就占領了陳留。祖逖耗掉畢生精力經營的那一塊地盤，又讓他的老弟玩完了——當然，這也不能怪祖約，要怪也只能怪司馬睿，居然把這麼一個要地全盤交給一個菜鳥，不丟掉那才是怪事。

　　王敦以前對這一帶很關注——當然，他關注的不是晉國的安危，而是因為祖逖在那裡經營，他知道祖逖對他的行為並不贊同，因此時時刻刻注意祖逖的動靜。現在祖逖死了，他就不再把眼光停留在那塊土地上了，即使這塊土地已經像小孩子手中的麵包一樣，一天比一天縮小，他還是不管。

　　他現在只想把江東政權牢牢控制在自己的手中。他決定來個機構改革，撤銷了司徒府，把司徒府的權力併入丞相府。這傢伙長期在武昌作威作福，不敢在首都擺架子，但卻在建康設立了一個留府，負責處理首都的日常工作。這時他就把司徒府裡所有的官員都併於他的留府裡，全當了他的工作人員。

　　司馬睿這一段時期成了名譽國家元首，跟退休沒什麼差別，什麼事都是王敦說了算——以前司馬衷有時還能蓋個公章，簽個檔案，現在他卻什麼也做不了，只是像個觀眾一樣，看著王敦的囂張氣焰越來越高，鬱悶就像個爛生植物一樣，每天在心裡茁壯成長。鬱悶不斷的結果，就「憂憤

237

第五章　王敦造反

成疾」起來，沒幾天就臥床不起。他拖著病歪歪的身體，拖到永昌元年閏十一月十日，終於與世長辭。這哥兒們死的時候，也像其他皇帝臨終時一樣，把信任的大臣叫來，託一託孤，交待一下後事——雖然這皇帝當得不稱職、生活得一點不體面，但最後這一步還是要走一下的。

他託孤的大臣就是王導。他致死也不明白，他這輩子為什麼老是離不開王家，幫他的是王家，拿他開刀的同樣是王家。其實這道理很簡單，主要是他自己的能力太低，雖然智商跟司馬衷有著本質上的差別，但在亂世中開創事業，這點智商是遠遠不夠用的。如果光靠他本人的能力，就是努力到吐血，那屁股離皇帝的座位還是遠得很。他完全是靠機會和別人的幫忙才有今天的。同理，靠人家的力量登上皇位，人家同樣也可以把你玩得沒有脾氣。這傢伙當皇帝的時候，以為勤儉節約就可以成為一個好皇帝了，只要自己不大碗喝酒、不大塊吃肉，不穿名牌服裝，不睡上等床、不用紅木家具、不坐豪華車，就可以帶領大家統一全國了。司馬睿不思進取，更不會用人，白白讓周訪和祖逖這樣的人不得志而死去，浪費了很多可以壯大力量的大好機遇。因此，他的逝世，絕對算不上國家的巨大損失。

司馬睿死的時候，只有四十七歲。

在還是司馬懿當權的年代，不知誰散布了個沒頭沒腦的謠言：「牛繼馬後」，讓那些吃飽了沒事做的小屁孩天天到處亂叫，弄得司馬懿心情很不爽。司馬懿雖然聰明過人，滿腦子的陰謀詭計，可也不是個唯物主義者，對這些所謂的童謠很相信。他一拍那顆歷史上著名的腦袋，就認為，以後一定是姓牛的對他們家不利。他當然不能把天下姓牛的都來個種族滅絕，而是用那雙銳利的眼睛在自己的身邊搜尋，看哪個姓牛的最厲害，只有最厲害的強人才會對他們產生威脅。他一眼就看到了他的親信之一——牛金。這個牛金雖然對他忠心耿耿，全心全意為他拚死拚活，但

第五節　終於換屆

司馬懿還是不放過他——很多心懷鬼胎的傢伙開始時都忠心不二，可到頭來，就是這樣的人突然政變，那才是防不勝防。反正手下有的是人，多一個牛金，少一個牛金，對他來說也沒有什麼影響。他就準備了一罈名酒。這壇名酒分為上下兩層，一層裝著真正的好酒，一層裝著滲有劇毒的好酒。他先喝了那層真正的好酒，讓牛金喝那層毒酒。

牛金到死都不知道，自己好好地當司馬家的部下，到頭來居然這麼死去，而且死的理由居然是一句狗屁不通的童謠。

牛金想不到自己會因為「牛繼馬後」這四個字死去，司馬懿更想不到，他雖然成功地把牛金搞定，搞得不露丁點痕跡，以為一招就可以擺平那句童謠。哪知，過了很多年之後，他孫子的老婆夏侯氏卻跟一個姓牛的小官員發生多次一夜情，生了這個司馬睿。因此嚴格來說，司馬睿應該姓牛才對。那句「牛繼馬後」到司馬懿死後多年才應驗。當然，這只是個傳說，那時又沒誰為他們做過親子鑑定。

司馬睿一死，王導就按照既定方針，讓皇太子司馬紹當上皇帝。

司馬紹於老爸掛掉的第二天，成為晉國的新皇上。這時，司馬紹二十五歲，已經很成熟。

司馬睿的死，算不得晉國的巨大損失，可另一個人的死，對石勒來說，絕對是巨大的損失。

因為，這個死去的人叫張賓。

張賓是石勒的頭號智囊，石勒能多次死灰復燃，全靠張賓的謀略。

石勒悲痛得大哭起來，說：「天不欲成吾事邪，何奪吾右侯之早也！」

張賓死後，石勒讓程遐代理首席智囊。石勒每當跟程遐討論時，總沒有從程遐那裡得到什麼意想不到的啟發，就覺得很不高興，說：「右侯舍我去，乃令我與此輩共事，豈非酷乎！」說過之後，就流淚不止。可這是

第五章　王敦造反

個沒有奇才的年代，好不容易有一個張賓，幫他把事業做到這個半生不熟的程度就撒手而去，他那雙眼再怎麼睜大，也找不到這樣的人了。

石勒雖然沒讀過什麼書，教育程度差不多等於零，但跟目前幾個老大比起來，他是最尊重知識分子的人，最知道在這個亂世中混，人才是第一生產力的道理。現在張賓一翹辮子，他就覺得自己突然孤零零起來，像個沒雙親的孩子一樣。

轉眼間，司馬睿的永昌年也結束了，歷史進入由司馬紹當第一把手的太寧元年——司馬紹是在這年的三月一日才改的年號。

司馬睿把年號改為永昌，可晉國的國運卻一點也沒有昌盛起來。

司馬紹現在把年號定為永寧，可現在大家都知道，不光是國家，就是他自己現在也一點不安寧。

這時王敦越來越覺得自己還在這個一人之下萬人之上的位子上待下去，已經不過癮了。他此前沒有對司馬睿進行最後一擊，把皇帝拉下馬，大概是覺得司馬睿沒什麼實力，又是個軟腳蝦，就暫時放過他，等時機成熟一點再下手不遲。哪知，這個司馬睿卻是個短命鬼，在需要他活下去的時候，偏偏「駕崩」而去，讓司馬紹當上皇帝。

所有的人都知道，司馬紹是王導幫司馬睿選定的接班人，智商比他老爸高了不知多少倍。司馬紹很小的時候就大大地顯示了他的聰明才智——那時他只有幾歲，還是個尿褲子的小屁孩，有一次，司馬睿帶著他接見從長安來的使者。他老爸問他：「這個叔叔從長安來呢！你說，長安跟太陽哪個地方離我們更遠？」

他回答：「長安比太陽近多了。」

老爸問為什麼？

他說：「我只聽說有人從長安來，沒聽說誰從太陽那裡來過啊！所以說

第五節　終於換屆

長安近。」

司馬睿一聽，這個小孩子的聰明簡直不可想像。他很得意，第二天擺了一大桌酒席，請大家來喝。這次喝酒的目的，就是讓司馬紹再在大家面前表演一下這個題目。在大家坐好之後，他又向司馬紹提出那個問題，然後微笑著等待司馬紹的精采臺詞。

這次，司馬紹不知道是忘記了昨天的臺詞，還是故意玩一下老爸，聽到老爸的話後，說了一句與昨天完全相反的話：「太陽比長安近多了。」

弄得司馬睿的臉色當場大變，說：「你說什麼？怎麼說的跟昨天不一樣？」

司馬紹卻笑著說：「我們抬頭就可以看到太陽，可我們把眼睛睜瞎也看不到長安啊！這不說明長安比太陽遠多了。」

司馬睿一聽這話，大大地鬆了一口氣，這個小孩聰明得出人意料之外啊！自己忠厚老實一輩子，居然生了這麼個高智商的繼承人。

司馬紹這個聰明的故事很快就傳開了，包括王敦都知道，王敦是個聰明人，知道要是讓司馬紹站穩腳跟，打下堅實的權力基礎，他王敦不但不會有什麼好果子吃，只怕會被他狠狠地反咬一口，非但榮華富貴永遠跟他無關，只怕還會落得個死無葬身之地的下場。

王敦認為，只有在司馬紹還沒有當上皇帝時，搶先採取行動，才有成功的希望。

王敦雖然已經滿臉橫肉地盯著皇帝的寶座，大家也都看出他的這個意思了。可這傢伙在行事時，卻不果斷，硬是扭扭捏捏，居然玩了個毫無實用價值的花招，透過製造輿論，暗示司馬紹叫他回首都，等他回首都後，再採取下一步動作。

第五章　王敦造反

第六節　弱勢皇帝的布局

現在司馬紹除了拿著皇帝的公章外，別的權力還處於一窮二白的狀態，雖然知道王敦將要對他大大不利，可也沒有其他辦法——現在是靠實力說話，而不管你的級別高低。司馬紹親自拿起筆，起草了把王敦召回首都的詔書。四月，又按照王敦的意思，加給他「黃鉞、班劍，奏事不名，入朝不趨，劍履上殿」等特殊待遇——按慣例，一個權臣拿到這幾個待遇之後，下一步就是叫現任皇帝禪讓，自己當上第一把手。而且大家細看這個詔書，突然發現所有待遇中還多了個名目——班劍。這個班劍待遇也是晉代發明的產物。班字就是排列或者列隊的意思，讓你「班劍」就是分配給你武士二十條好漢，做你的儀仗隊，不管你去哪個地方，都威風凜凜，滿臉的威風。

王敦得到這些待遇之後，帶著大軍從武昌出發，來到姑蘇辦公，駐紮在姑蘇的湖縣

王敦在姑孰又進行了一次人事調整，任王導為司徒，還任命自己當揚州刺史——首都建康就是在揚州的地皮上。如此一來，王敦就直接掌管了揚州的軍事。

王彬看到他的這位堂哥這麼積極追求皇位，正步步走向深淵，就不斷地去勸他，要他懸崖勒馬，現在還可以回頭是岸。

你想想，王敦能聽得下這話嗎？能聽進這話的人還叫王敦嗎？

王敦氣得說不出話來，向左右衛士示意，把這個不知好歹的傢伙抓起來。

王彬卻一點不怕，端起臉說：「你以前殺了我的哥哥，現在當然也要殺弟弟了。我知道，你就這個本事。」

第六節　弱勢皇帝的布局

　　王敦這個人雖然窮凶極惡，可也有個弱點，就是性格裡硬是夾雜點名士風度，雖然做了很多不計後果的事，但有時硬是死要面子。王彬大概是掌握了他的這個弱點，所以勇於在嘴上跟他作對。他一聽這話，還真的擺擺手，放過王彬。為了不再聽到王彬的聲音，就下了個命令，讓王彬去當豫章太守。

　　這年六月，司馬紹任命陶侃兼為交州刺史，並加授征南大將軍、開府儀同三司。

　　本來，如果讓陶侃慢慢經營廣交兩州，按陶侃的能力，不用多久，就會把這兩個州建設成晉國有力的後勤保障基地。哪知，那個吏部侍郎阮放卻覺得，陶侃一個人當兩個刺史，自己連半個刺史也不沾邊，太不公平了，就向司馬紹提出要求，說：「老大，讓我也去當個交州刺史吧？」

　　司馬紹顯然沒有看透阮放的本質，反正這個交州也不是什麼重要的大州，就讓他去基層鍛鍊一下也好。就批准了他的要求，讓他當上交州刺史。

　　阮放一句話就拿了個刺史的大印，人也馬上就威風起來，居然連陶侃也不放在眼裡了。他拿著那張委任狀，才趕到寧浦，正好碰到班師回來的高寶。這傢伙不知吃錯了什麼藥，突然冒出搞定高寶的想法來。

　　他擺下一桌豐盛的酒席，說是招待高將軍。高寶當然什麼也不去想，就跑過去赴宴。哪知，這個宴會比鴻門宴還鴻門宴──鴻門宴時，劉邦雖然凶險得很，可畢竟只是有驚無險，讓廣大讀者心裡緊張了幾分鐘之後就什麼事也沒有了。高寶去赴的這個宴會，周圍都埋伏了阮放的部隊，他才一入桌，阮放一聲令下，伏兵衝出，把高寶殺死當場。

　　阮放殺了高寶之後，就得意地想，原來以為陶侃的部隊有多強？還不是被老子一把搞定？哈哈，就這點小小計謀就把他的大將搞定了。這點小

第五章　王敦造反

計謀，還沒有讓我真正動到腦袋呢！

可他得意還不過幾秒鐘，高寶部隊就知道他們的上司被阮放殺了，馬上就行動起來，向阮放反擊。

阮放這才知道擺這個鴻門宴是個嚴重的錯誤。他現在身邊雖然有幾個警衛人員，可這幾人搞突襲，殺死高寶是綽綽有餘的，但要對抗高寶這支強力的野戰部隊是萬萬不能的，他只得拚命逃跑。這傢伙逃跑的功夫還是不錯的，居然能逃出一條命來，直接趕到龍編。可沒多久，不知是過度害怕的原因，還是水土不服的結果，阮放就死翹翹了──當然，如果他不病死，估計陶侃也不放過他，到頭來仍然會被陶侃的士兵收拾。

這時，面對王敦的步步逼迫，司馬紹壓力越來越大。他是晉國開國自司馬衷以來，頭腦最發達的皇帝，可也是很難受的皇帝。其他人剛開始當皇帝時，雖然被國外的敵對勢力逼得走投無路，可也沒有誰像他現在這樣，才剛剛把屁股放到座位上，龍椅還沒有坐熱，王敦就開始計劃搞定他。司馬紹當然不願坐以待斃。不過，現在他要人沒人，要槍沒槍，費了很長的時間，把事情分析了好幾遍，認為現在想在朝中培養反王敦力量是不可能的──因為現在朝中的人全是王家的親朋好友，一個都不會真正為他賣命到最後時刻──即使有幾個這樣的人，但除了那顆忠心外，什麼力量也使不出，到頭只有送死的份，對他一點幫助也沒有。因此，只有培植地方的勢力，讓這些勢力成為自己的力量，從外部制約一下王敦，也許事情還能有轉機。

他覺得郗鑑是個可靠的夥伴。

郗鑑的曾祖郗慮在後漢時很有名，在漢獻帝手下當過御史大夫，也算是士族子弟，算起來出身正統，可到他這一代時，家道已中落。不過，他雖然「少孤貧」，但卻跟很多人窮志不窮的人一樣，是個勤奮學習的好學

第六節　弱勢皇帝的布局

生，他雖然得天天下田，但卻堅持在田間學習，拿著書本「吟詠不倦」，不久就以儒雅出名，成為當時的名士。是當時著名的「兗州八伯」之一，人氣高得要命。按照這個名氣，他完全可以直接進入官場，開始腐敗而幸福的生活。

他雖然很愛玩政治，做夢也想到官場裡大顯身手，可他又不像其他名士一樣，滿腦子全是官癮，可卻沒半點做官的能力和長遠的政治眼光，閉著眼睛進入官場，張開血盆大嘴大吃大喝，連站錯隊都不知道，沒幾天就玩了個嗚呼哀哉。郗鑑很有政治眼光，在覺得不該出手時就是不出手。他知道，晉國亂世就要來到，因此一開始就「不應州命」。直到三十歲了，那個苟晞和司馬倫又出面請他出來有福共享，可他知道司馬倫是個壞蛋，肯定囂張不了多久，因此也一概謝絕，繼續做他純粹的名士，而不跟這兩個傢伙合作。

再後來，晉國的北方被人家瓜分。郗鑑被饑民老大陳午抓住。不過，陳午雖然是「乞活軍」的老大，帶的全是一群沒受教育的軍隊，可他卻很想用文人來賺個臉面，居然想讓郗鑑坐第一把交椅。可郗鑑仍然立場堅定，不坐那把交椅。後來陳午被打敗，他找了個機會逃出去，回到老家。他這時雖然身無分文，不管用什麼姿態走路，大家都能聽到他窮得叮噹響的聲音。可他憑著人氣這個無形資產，很快就得到很多贊助，馬上富裕起來。

他的老家在山東一帶，這時也亂得很，到處是無組織無紀律的饑民。誰都知道，這些饑民都已經餓到能量差不多耗盡的地步了，人一到這個地步，就得拚命打劫，能吃一天算一天。大家就組織了一支地方部隊，相當於一支自衛隊，讓郗鑑當老大，在嶧山一帶活動。

一直到司馬睿來到江東，打下江東基礎時，任命他為龍驤將軍、兗州刺史，鎮鄒山，他才正式加入公務員序列，成為晉國的官員。可他才接過

第五章　王敦造反

這個刺史大印，馬上就麻煩不斷。劉琨和荀藩又分別派李述和劉演過來，搶這個刺史的位子。弄得兗州同時有三個地方政府，大家不知高舉誰的旗號才好。雖然李述和劉演沒多久就玩完，但石勒和徐龕又不斷地跟他過不去。他就那點力量，而且沒一點外援，當然無法對付這兩個傢伙的左右夾攻。沒過幾天，就糧食緊張，弄得「百姓饑饉，或掘野鼠蟄燕而食之」。大家雖然被迫天天吃野生動物過日子，生活極不安定，但民心卻穩定得很──「終無叛者」。更讓人覺得不可思議的是，這樣的日子不但堅持了三年多，而且力量居然發展到「數萬」。連司馬睿聽到這個消息，那張歷來憂鬱的臉也顯現了興奮之色，馬上簽署檔案，讓他成為「輔國將軍、都督兗州諸軍事」，一下就成了軍隊領導人之一。

職務雖然大大地晉升了，可困難卻越來越大。沒多久，郗鑑就支持不住了，也渡江來到首都，被任命為尚書。

所以，司馬紹認為，郗鑑應該是一個可以讓他放心的人。而且這個老員工不但政治敏銳度高，而且是個不可多得的軍事人才。只有重用這樣的人，才能有效地對付王敦。

光從這個思路上看，就知道，司馬紹比他的老爸強多了。你看看他老爸重用的人，不是光喊口號的憤青，就是什麼都不會的菜鳥，最後把攤子全弄爛，然後撒手而去，一點不負責任地交給他來收拾。

他又任命郗鑑為兗州刺史，兼都督揚州江西諸軍事，辦公地點在合肥。

如果他的這個計畫成功，按郗鑑的能力，沒過多久，就能完全把江西這一塊地方做強做大，成為王敦的最大對手，完全可以有力地保障中央政權。

可王敦也不是個菜鳥，一看這個任命，就知道這是針對他而來的，馬上就表示反對。說，以郗鑑的能力，完全可以擔任更高的職務，哪還用放到地方上鍛鍊？我提議提拔他當尚書令，讓他發揮更大的作用。

第六節　弱勢皇帝的布局

司馬紹知道，自己現在拗不過王敦，只得再下詔，把郗鑑叫回來當尚書令。

郗鑑在回京的途中，路過姑蘇。王敦為郗鑑舉行了一次隆重的接見儀式。不一會兒，王敦就跟郗鑑聊到近代的一些人物。

王敦想探問一下郗鑑的政治立場，就說：「樂廣那傢伙一點魅力也沒有，可他的人氣居然高過滿奮。現在這個社會評價讓人有點看不懂了。」

郗鑑說：「樂廣雖然沒什麼能力，但他遵紀守法，堅守自己的世界觀。皇太子被賈皇后搞定時，他雖然表現得有點窩囊。可他並沒有向賈后投降。可滿奮就不同了。不但參與了廢皇太子的運動，還成為這場運動的核心分子，逮捕了前往送行皇太子的官員。後來，在司馬倫篡位時，他居然獻上皇帝的大印給司馬倫。這不是大逆不道的行為是什麼？這種行為，哪能跟樂廣比？」

王敦說：「那時亂得不成樣子，大家都像在地雷陣上行走，個個都想辦法保住性命要緊。不能這樣比。」

郗鑑說：「既然當了國家官員，就應當盡心盡力盡責，保持忠誠到死的那一天。絕對不能看到危險就丟掉信仰、轉變立場，做個貪生怕死的人。我堅決鄙視這樣的人。」

王敦一聽，知道這傢伙對司馬氏的忠誠已經跟花崗岩一樣堅固了，就很生氣，從此不再約他過來聊天。他雖然討厭郗鑑，不願再見到他，可又不願放他走，就把郗鑑軟禁在姑蘇。

王敦的手下都知道，郗鑑是個危險人物，留下這個人就等於給他們留下一個殺傷力很大的炸彈。因此，都殺氣騰騰地勸王敦把郗鑑殺掉，免得以後麻煩。

可王敦不知是怎麼想的，居然否決了這個建議。

第五章　王敦造反

而且，更讓他這些手下不解的是，他後來居然放走郗鑑，讓郗鑑回到建康，成為司馬紹的首席參謀，專門研究對付王敦的辦法。

與此同時，石勒派石虎向山東的另一個強人曹嶷發起總攻。

曹嶷這個傢伙也是個頑固的挺晉派人士，由於在石勒的包圍之下，晉國一直對他撒手不管。他只得在山東一帶自立。可他又不是個自立的人才，雖然經營了很長時間，但實力卻越來越縮水，山東各地那些地方武裝都一致對他的前途不看好了。石勒的部隊一打進來，這些原來稱曹嶷為老大的人，馬上轉變立場，向石勒投降。

曹嶷就更加單薄起來，被石虎死死包圍在廣固。最後，曹嶷也支持不下去了，就宣布投降。不過，石勒這次卻不放過他，在石虎把他送往襄國之後，就把他斬首。石勒這些天突然變得殘酷起來，殺了曹嶷之後，連他手下的三萬人馬也一起屠殺。

石虎更加厲害，竟然做好了把廣固的所有居民全部殺掉的宏偉規劃，準備來個屠城。

幸虧石勒剛任命的青州刺史劉徵看不過去，對石虎說：「老大信任我，讓我當這個地方的老大。如果把這裡的人都屠殺光了，我還來領導誰？這個光桿刺史還當他做什麼？」

石虎這才叫停了屠城計畫，最後還留下七百人給劉徵，讓他在廣固鎮守。

第七節　劉曜鬆了一口氣

司馬紹才登上歷史舞臺，就走進了人生的谷底。那個劉曜也越來越困難。近來劉曜仍然在跟西部那些反漢勢力堅持不懈地戰鬥。

第七節　劉曜鬆了一口氣

劉曜最氣的就是陳安。這傢伙去年趁他病倒的時候，居然來個揭竿而起，自稱「涼王」，公然與他作對，不消滅這個傢伙實在說不過去了。可他還只有想法、沒有動手，陳安卻搶先行動，把前趙的征西將軍劉貢包圍在安南。

陳安雖然很囂張，可他對戰爭形勢的評估實在太菜。他只把目標放在劉貢那裡，卻不知道現在他的敵人多得很，其他幾股少數民族的老大，都在跟他作對。在他惡狠狠地包圍劉貢的時候，那個匈奴休屠王石武已經惡狠狠地從桑城大步衝了過來，狠狠地攻擊陳安的根據地上邽，與劉貢一前一後，夾擊陳安。陳安被打得大敗。他收拾殘兵敗將，一盤點，就只剩下八千人。這回他老實了，帶著這點家當，逃到隴城，一廂情願地想著不再折騰了。

可到了這時，劉曜卻不放過他了。

劉曜於大定元年七月，決定給陳安這個傢伙最後一擊。他雖然知道，現在陳安的手下沒多少部隊了，但他還是帶著大軍殺過去，把隴城包圍起來，再派別的手下去拿下上邽。

陳安雖然兵力不多，但他還是採取積極的手段，不斷地出來衝擊劉曜厚重的包圍圈。可他那點兵力能衝出什麼好效果來？

在陳安屢戰屢敗的時候，前趙的右將軍劉幹已經攻取陳安的平襄。陳安在壟上的其他部屬知道，陳安已經離死不遠了，就紛紛跳槽成為前趙的員工。

陳安當然不是傻瓜，也知道自己的路快走完了，再在城裡堅守，百分之百是死路一條。他留下死黨楊伯支、姜衝兒當壟城留守支隊，自己帶精銳騎兵突圍。陳安雖然不是一個合格的戰場指揮官，但絕對是個單挑的高手。這時來個身先士卒，還真突破了重圍，衝出劉曜大軍的包圍圈。只是

第五章　王敦造反

他現在的勢力範圍全都被劉曜的部隊攻占了，雖然衝出包圍圈，卻已沒什麼地方可投奔了。他只得向山中逃跑，打算去當職業山大王。

劉曜派平先去追趕。

這一次，劉曜絕對沒有用錯人。因為平先也是個很強悍的單挑高手。

陳安在突圍時，全是拚命的打法。他左手舞著七尺大刀，右手揮著張飛的專用武器——丈八蛇矛。只要敵人靠近他，他就又刀又矛一起使用，可以一下就搞定五六個人。如果敵人離得遠，他就叫衛兵們用弓箭招呼。弄得追兵很被動。

這時平先追了上來。這個傢伙動作也是快得像風，過來跟陳安面對面大打。結果平先的實力更勝一籌，只三回合，就奪了陳安手中的矛。

這時，天色已經黑了下來，又下起大雨。陳安就虛晃一刀，把馬也丟了，一口氣跑到山裡，一下就沒有了蹤影。

平先一抹臉上的雨水，剛才都還在這裡跟老子拚命，這根長矛都還有他的體溫，怎麼一下就不見了？他叫士兵們把陳安找出來，再大戰三百回合。

士兵們找了大半夜，可就是連陳安的一根毛也找不到。

第二天，陳安派手下石容下山來看看趙兵的動靜。

可這個石容是個粗心的人，實在不宜做這種工作，才走不了幾步，還沒有探頭探腦，就被前趙的輔威將軍呼延青人抓獲。

呼延青人問他陳安在什麼地方？

石容做偵察兵做得很不合格，但意志卻很堅強，不管呼延青人怎麼拷問他，他都說不知道。呼延青人看到這個模樣，知道再拷問下去，白費功夫了，就殺了他。

第七節　劉曜鬆了一口氣

呼延青人搜尋逃犯的能力，比那個平先高多了。他順著陳安逃跑的腳印找下去，在一個山澗的轉角處，找到了狼狽不堪的陳安，也不打什麼招呼，當場就斬首。

陳安這個人雖然不是什麼好人，既沒有什麼政治頭腦，也沒多大的軍事能力，但他還是有點長處的，這個長處就是待手下兄弟很不錯，平時都能跟大家打成一片，是一個難得的親民老大，因此他的手下還是很愛戴他的。他死了之後，壟上的人還集體創作了一首〈壯士之歌〉來悼念他：

隴上壯士有陳安，
軀幹雖小腹中寬，
愛養將士同心肝，
䏁驄交馬鐵瑕鞍。
七尺大刀奮如湍，
丈八蛇矛左右盤，
十蕩十決無當前。
戰始三交失蛇予，
棄我䏁驄竄巖幽，
為我外援而懸頭；
西流之水東流河，
一去不還奈子何

這歌傳到劉曜那裡，劉曜也覺得很傷感，居然下令把這歌當成軍歌，讓全軍士兵都唱。

搞定陳安後，劉曜西部最大的割據政權就是張茂。張茂雖然沒有稱帝，但卻誰的旗號也不打，只在那裡做自己的事業，而且從他的父兄開

第五章　王敦造反

始，就從不跟劉曜有過合作。因此，劉曜就時時刻刻想把他消滅。

大寧元年八月，也就是石勒搞定曹嶷的這個時候，劉曜親率大軍西進，要跟張茂決一死戰。──劉曜是個標準的職業軍人，只要一開打，就當總指揮開赴前線，比石勒還愛打仗──現在石勒都把很多前線的事交給石虎全權處理了。劉曜打仗的經歷，是同時代幾個老大最豐富的，按道理說，他戰爭經驗也應該很豐富才對，可他打了這麼多年，卻實踐不出一套有用的東西來，老是這個能力，一點也沒進步。

他兵分兩路，派劉咸攻冀城，派呼延晏向桑壁進軍，他自己帶著二十八萬大軍來到黃河邊，沿河結營一百多里，天天叫士兵們狠狠地擊鼓，弄得鼓聲驚天動地，聲勢史無前例的浩大。

張茂雖然威風地當著老大，可實力弱小得很，而且平時對軍隊的訓練更是遠遠不夠，兵既不多更不精。沒事時，這些士兵都能在河岸上為老大為人民守疆，個個軍容整齊，路走得威風凜凜。可等敵人來到河對面時，突然鼓聲震天，都傻了眼。這麼多的軍隊，就憑我們這幾個子弟兵能擋得住嗎？

這種想法一出現，士兵們的精神立即崩潰，四散而逃。

劉曜又高調宣布，將分兵一百路，來個百萬雄師過黃河，一口氣攻下張茂的首都姑臧，弄得張茂全面震動。

參軍馬岌建議張茂不要怕劉曜，一定要組織力量對劉曜的侵略軍來個迎頭痛擊。

可張茂的長史泛禕一聽這話，就大怒起來，說馬岌現在是個瘋子，這個時候，不能讓個瘋子跟我們共事，請老大把他殺了。

馬岌面不改色，對張茂說：「泛禕不但是個典型的書呆子，而且是書呆子中最沒有出息的小人，什麼能力也沒有，只知道攻擊同事，耍小聰明

第七節　劉曜鬆了一口氣

出風頭，從不為國家為老大著想。老大父子兩代天天說打算為晉國去打倒劉曜，這個口號喊了這麼多年。現在劉曜送上門來，大家都在看老大的表現。所以，現在是老大的大好機會，否則，秦壟一帶的民心就要全部喪失。我們的力量雖然不如劉曜，但不管怎麼樣，大軍一定要出動。」

張茂說，對！下令大軍到石頭結集——此石頭非江東的石頭城，而是姑臧城東的地方。

其實張茂的心裡也嚴重底氣不足，他把軍隊結集之後，就問參軍陳珍：「現在劉曜帶著全部家當出來，威風凜凜，我們應該怎麼辦才好？」

陳珍說：「劉曜部隊的人數雖然龐大，可精稅的作戰部隊沒多少。大部分都是由少數民族士兵組織起來的烏合之眾，這些人用來敲鑼打鼓，是很稱職的，但仗打得很菜，而且，因為民族複雜，指揮很不通暢，戰鬥力就更打折扣。更要命的是，劉曜現在不光要對我們用兵，而且他還背負石勒集團的壓力。如果浪費大量時間在這裡跟我們消耗，石勒進攻他，那時他就慘了。老大，二十天後，如果劉曜還在我們的河對岸駐紮，你就給我幾千個老弱殘兵，我就可以衝過去把劉曜抓起來。」

張茂一聽，大喜，叫陳珍帶部去支援冀城的韓璞。

劉曜的手下看到張茂的部隊都被嚇壞了，個個覺得這仗可以打得過癮了，就都進來請戰，說只要老大一聲令下，我們就身先士卒，打過黃河去，消滅張茂。

可劉曜這時的腦子卻超出水準地發揮了一次，冷靜地說：「我們部隊的聲勢雖然浩大。其實三分之二的士兵都是被迫跟我們來到這裡的，根本沒有什麼為國犧牲、為民打仗的心思。真正能打仗的中央軍又都累了睏了，沒有力氣出戰。能打仗的沒力氣了，有力氣的不願打仗，這仗能打下去嗎？所以，現在我們只能敲鼓，打一場心理戰。我可以肯定，過了中

第五章　王敦造反

旬，張茂就會主動出來投降。」

劉曜以前預料的事，從來偏離很大，可這一次卻跟羅貫中筆下的孔明沒什麼差別。

果然，沒過幾天，士兵們鼓還沒有敲累，張茂那邊就受不住了。

張茂手下的幾條好漢雖然看穿了劉曜的實力，但張茂受不了這麼大的壓力，最後決定舉白旗，先讓這個事件告一段落。派人送來一張進貢的清單，羅列了大批物資，數目多得連劉曜的眼睛也傻了半分鐘。

劉曜馬上把一大堆官銜塞給張茂：侍中、都督涼、南、北秦、梁、益、巴、漢、隴右、西域雜夷、匈奴諸軍事、太師、涼州牧，封涼王，加九錫。幾乎把所有能封的官都封給他了。

兩個集團在黃河兩岸鬧得戰雲密布，弄得大家的目光都轉到那裡，以為這裡馬上就要血流成河了，哪知，一場猛烈的鼓聲之後，就這樣和平解決問題了。大夥熱血沸騰了大半天，最後搞得一點也不刺激。

不過，劉曜和張茂都鬆了一口氣，覺得身上的壓力一點都沒有了，輕輕鬆鬆地做自己的事。

可劉曜的這口氣才鬆下來，那個楊難敵又坐不住了。楊難敵也跟陳安差不多，前些年也老玩著左搖右擺的把戲。這時看到陳安被搞定，馬上就重溫一番唇亡齒寒的故事，覺得再在這個地方待下去，陳安的今天就是他的明天。他知道，現在他根本沒有力量跟劉曜叫板。既然不能叫板，又不能等死，那就只有活學活用一下三十六計的最後一計了。

他帶著他的弟弟向南狂奔，丟掉根據地，打算投靠李雄。

前趙鎮西將軍劉厚追擊之，大獲而還。

劉曜徹底占領了楊難敵的地盤。

楊難敵向李雄表達了投降的意願，並送了個人質過去，表示這個投降

是大大的有誠意的。

其實他的投降一點也沒有誠意。

他送了大量的資金給李雄的安北將軍李稚。

李稚跟所有的貪官一樣，看到金光閃閃的東西，腦子就短路，最後看在現金的份上，就不把楊難敵送到成都去了，你就先在這個地方住住吧！楊難敵最怕的就是送他到成都。到了成都，他就只能做一個老實的公民，雖然可以吃喝玩樂，可手中的權也只能指揮一下幾個丫鬟而已。所以只有留在這個地方，還有點搞頭。因為這裡是李雄和劉曜的邊界，是最適合他這樣的人生存的。

李稚後來再看在錢的面子上，在劉曜部隊撤走之後，又派楊難敵去武都當第一把手。李稚那雙眼睛，只死死地看著錢，卻一點也沒有看穿楊難敵的嘴臉。

楊難敵等的就是這個機會，一到武都，馬上來個據險布防，不再聽李稚的指揮。

李稚這才知道，問題很嚴重，這才知道，金錢雖然很可愛，但像楊難敵這種人的金錢是一點都不可愛的。他上書給李雄，請李老大讓他去攻打楊難敵。

李雄馬上就派李稚的哥哥侍中、中領軍李琀和李稚一起從白水出兵，命征東將軍李壽帶著李琀的弟弟李玝從陰平出兵，一起攻打楊難敵。大臣們都勸李雄先不要這樣急燥，可李雄卻果斷地否決了大家的建議。

可李雄的這次的果斷是個錯誤的果斷。

楊難敵一點不怕李家的大舉進攻，派出部隊全面抵抗。

而李氏兩路大軍卻不能協調，統一行動。而楊難敵所在之地，地勢十分險要，是典型的易守難攻的地方。李氏部隊雖然長期在蜀中稱王稱霸，

第五章　王敦造反

可居然對這個地方缺乏研究，這時只是仗著自己人多勢眾，部隊數量大大高於敵人，便什麼也不顧地衝上前，以為衝上去之後，憑著自己人多，可以把楊難敵狠狠地群毆一頓。哪知，卻上了楊難敵的大當。

李壽和李玗這路大軍出發沒幾天，就被楊難敵的部隊死死地擋住，窩在半路上，再也前進不了半步。而李琀、李稚的部隊卻雄糾糾氣昂昂地長驅直入，一口氣來到下辯。這兩個傢伙大概以為楊難敵只對投降有經驗，不會打仗，因此也沒什麼顧慮。

哪知，這一次楊難敵卻成功地想出了計策，在這兩個傢伙進入自己地盤的中心地帶後，馬上派部隊截斷了他們的退路。然後設下埋伏。李氏部隊進了埋伏圈，被楊難敵的部隊四面圍攻，這才發覺問題的嚴重性。

李稚和李琀雖然拚命衝殺，但已經無法挽回局面，最後都付出了丟掉腦袋的代價。

本來，成都集團的這場災難完全可以避免。只因為李稚的眼睛見不得金錢，把楊難敵這樣一個反覆的傢伙留在這裡，而且還讓他到武都當老大，最後用生命作為代價，成為「人為財死」的典型教材。當然，像李稚這樣愛錢愛得不計後果的人，多死幾個，絕對不是什麼損失，但李琀死去，對李雄的打擊很大。

李琀是李蕩的兒子，是李家下一代中很有能力的人，一直被李雄看好，準備讓他當下一代領導人。可這個決定還沒有來得及宣布，李琀就在戰場上光榮犧牲，弄得李雄十分悲痛，一連幾天，只是流淚，沒有吃飯。

第六章
王敦的失败

第六章　王敦的失敗

第一節　重用小人的後果

王敦在加快自己奪權的步伐。

而王導他們也在為自己的後路做積極的準備。

王導這個人，總體而言，還是個讀書人，整個性格裡面找不出一點剛硬來，但政治立場頗為堅定。他反對王敦的作法，但卻不敢跟王敦硬碰硬——當然，他也沒有實力跟王敦強碰。

但他卻密切關注著事態的發展。

這一段時期，一個小孩子製造了個在歷史上引起轟動的故事。

這個小孩叫王允之，是王敦的姪子，這年才十歲左右，是個品學兼優的小學生。王敦雖然算不得聰明人，但他也跟很多人一樣，喜歡聰明的小孩。他看到王允之聰明可愛，就常帶這個小傢伙在身邊，陪他玩耍，製造點好心情。王敦對他喜愛的程度比現在很多貴族對寵物的疼愛還要多，經常讓這個小孩跟他睡在一起，讓他陪自己喝酒。

有一次——這可是歷史上重要的「有一次」。王敦也像往常一樣，喝酒喝到大半夜，王允之當然參加這個家宴。小傢伙喝到一半，就覺得不能再喝下去了，說我不勝酒力，先回去睡了。王敦當然笑著批准。

過了不久，王敦就跟錢鳳放下酒杯，宣布夜晏到此結束。兩人在燈下噴著酒氣，展開新的議題。這個新議題就是討論搞定司馬紹的方案。

哪知，這時王允之還沒有睡著，把兩人的話一個字不漏地聽得清清楚楚，記得比他們都還牢。

王允之聽了這話之後，突然覺得，這不是傳說中的造反嗎？造反可是殺頭滅九族的大罪啊——自己可得跟他們劃清界限。

第一節　重用小人的後果

　　這個小孩這時就把他的聰明表現了出來。馬上就伸著指頭在自己的喉嚨裡亂攪一下，把夜宴裡塞進去的東西都吐了出來，弄得臉上、衣服上全是嘔吐物。

　　王敦和錢鳳討論完畢，錢鳳一臉壞笑地走後，王敦突然覺得好像後帳有人啊！這麼個祕密要是洩露出去，那可不是好玩的。他就拿了燈進去看看，到底是誰在後帳，要是個情婦，就一定得殺掉，不要心痛，現在美女多得很。可他過去一看，就徹底放心了，原來是王允之。先不說這個小屁孩，懂什麼軍國大事，就是看他醉成這個模樣，他能聽出什麼嗎？醉到這個地步，估計也不知道現在睡在地球的哪個角落了。呵呵，這個小屁孩可愛啊，小小年紀，就能喝到這個地步，長大了肯定是個酒神。

　　王敦就這樣放下心來。可王允之卻轉著機靈的眼睛，找機會離開王敦。正好，王允之的老爸王舒剛被提拔當廷尉。王允之就跟王敦說，老爸剛被提拔，我回去幫老爸祝賀一下啊！

　　王敦說，你去吧。

　　王允之回到家裡，馬上就出賣了王敦，把他聽到王敦和錢鳳說的話像背臺詞一樣背給老爸聽。

　　王舒當然覺得這事很嚴重，馬上去找王導，複述了兒子的話。

　　兩個人又一起去找司馬紹，告訴他王敦準備篡位了，要做好準備。

　　於是，司馬紹暗中開始戒備。

　　這個故事後來被歷史學家們隆重地寫到史書裡，很多人都對王允之的聰明佩服得要命，恨自己的孩子為什麼不像他那樣？小小年紀，天天喝酒，不但沒有喝成腦殘，而且竟然喝出個精采的故事，讓他在歷史的一角閃閃發光。其實，也有人懷疑這不是王允之聰明，而是王導太聰明了。

　　大家想一想，一個小孩到了半夜雞叫的時候還沒有睡著，何況還是喝

第六章　王敦的失敗

過名酒？只怕才到床上，頭還沒有碰到枕頭，兩隻眼睛就已經合上了。更不可思議的是，他就在隔壁的帳中躺著，還能聽到王敦和錢鳳陰險地商量著把皇帝拉下馬來的每一個細節，就說明他們之間根本沒有什麼隔音設備。他能聽到王敦錢鳳的聲音，他們同樣也可以聽到王允之的動靜──當他用指頭把自己搞得瘋狂嘔吐時，王敦和錢鳳的耳朵到什麼地方去了？歷史並沒有記載過，這兩個傢伙的聽力已經喪失。可他們根本就沒有發覺王允之在帳內。再者，這麼一個小屁孩能知道什麼叫謀反？這不成政治神童了？王敦對他這麼好，他居然為這事怕王敦？這些都是這個故事的破綻。另外，王敦要謀反的事，大家都已經知道了，司馬睿就因為這事鬱悶而死，現在司馬紹也在為這件事天天頭痛，哪是因為得到這個小屁孩提供的情報之後才防備的。

這些，都是這個絕頂聰明故事的破綻。

從這些破綻來看，這個故事的真實性就大打折扣了。

所以，有人懷疑，根本不是王允之聰明，而是王導聰明。

王導知道王敦肯定會謀反，而且謀反的結果，肯定會打敗。王敦失敗的後果，將不是王敦一個人來承擔，而是由王家全族來承擔，他得想個辦法來保全他以及他們王氏家族。於是，他在王允之回到建康時，就創作了這個故事，然後報告給司馬紹，讓大家知道，王家連這麼小的一個孩子，都這麼忠心，全族人跟王敦有著本質上的區別。這種故事的流傳速度比其他謠言的擴散都快，而且容易深入人心，甚至可以載入史冊。

當然，要是王敦成功了，他依然會重用王導這些王氏家族的菁英的。王導導演了這個故事，實在是為王家上了一層雙保險。

王敦當然不會因為王允之沒有回來，就停止他的行動，更不會因為這事，就與王家的兄弟們劃清界限，而是大力重用王家的人，讓王家的人不

第一節　重用小人的後果

斷地在重要部門任職，為下一步的行動，打好堅實的基礎。他於太寧元年的十一月，任命王含為征東將軍、都督揚州江西諸軍事，王舒為荊州刺史、監荊州沔南諸軍事，就連那個多次強烈反對他的王彬也被提拔當上江州刺史。

王敦在提拔王家的人之後，就把目光投向別的家族，看看到底還有哪個家族在江東的實力對他們構成威脅。他掐著指頭一算，江東本地望族周家居然有五個人封侯。這種一門五侯的現象，在這裡是絕無僅有的，誰也沒有他們這樣威風凜凜。看來得先把這一門搞垮——就連司馬睿以前都覺得這個周家實在是一個潛在的威脅。

到了這時，王敦的心裡跟所有的權臣一樣，不管對方是否真的在威脅他，只要他感到被威脅，就把那個人列為打擊的對象，堅決消滅對方。

這時，像所有權臣的謀士一樣，錢鳳馬上就揣摩到王敦的心思了

這幾天，王敦正有點小病。錢鳳對王敦說：「老大，現在周家勢力越來越可怕。如果不趕快把他們解決掉，以後麻煩就大了。」

王敦聽了這話完全同意。

在他們說這話的時候，周嵩正好很不合適宜地跳了出來。

周嵩是周顗的弟弟。他的哥哥被王敦殺掉，心裡很恨王敦。而且他和周札的姪兒周莚都在王敦手下當從事中郎。王敦雖然天天神氣得很，什麼人也敢殺，什麼事也敢做，可到了這個時候，就是沒有生出一個子女來，事業雖然做得很強大，卻沒有接班人。他對自己的生育能力也不抱什麼希望了，因此就決定讓王含的兒子王應過繼給他。

周嵩卻到處公開說，王應那個樣子，哪能接王敦的班，當全軍的最高統帥？

這話傳到王敦耳朵裡，王敦就更不高興了，對這種人看來只有動刀子了。

第六章　王敦的失敗

現在對於王敦來說，殺個反對黨是一點也不花什麼力氣的，隨便扣個帽子──也不管這頂帽子是否與你有關，是不是可以定死罪，都可以一刀砍過去。

他和錢鳳兩人眼睛一瞄，馬上就製造了一頂高帽硬套到周家的頭上。當時，這一帶，有個道士叫李脫，利用他的迷信技倆，到處騙錢騙財騙色，即使金融風暴也沒能令他的事業降溫，很多人，甚至是官員都加入他信徒的行列。

本來，李脫的這些活動，跟周家沒有什麼關聯，可王敦卻硬把李脫和周家歸為同類，說李脫現在用迷信蠱惑人民，為的是謀反，而李脫的幕後推手就是周家，周家出面跟李脫聯繫的就是周嵩和周莚。

於是，一個冤案就這樣出現了。

太寧元年正月，正是大地回春，萬物復甦的時候，周嵩和周莚卻一步掉進這個冤案裡，成為這個冤案的主角。

王敦把兩人說成是李脫的主謀之後，馬上派人逮捕他們，連大營都不出就以軍法的名義，將兩個人砍了。

其實，他怕的並不是周嵩和周莚，而是那個周家的精神領袖周札。

他殺了周嵩兩人之後，馬上就派人去通知沈充，要他馬上解決周札。

沈充接到通知後，先把周札那幾個哥哥的子女們一個不剩地殺光，然後發兵去進攻周札。

周札帶兵抵抗，可才幾個回合，就光榮犧牲。

在王敦拿周氏大力開刀的時候，後趙的將兵都尉石瞻，進攻晉國的下邳和彭城。沒幾天就攻占東莞（不是現在廣東的東莞，而是山東的沂水縣）和東海兩縣。晉國的兗州刺史劉遐打不過人家，只得夾著尾巴，退到泗口。

在現在這麼多老大中，石勒的力量應該是最為強悍的，而且也是最會

第一節　重用小人的後果

打仗的。可這傢伙的策略思想有問題。此時，各個集團內部，除了石勒之外，都有大大小小的問題存在，誰也沒有精力到國門之外惹事。晉國的力量稍微強大一點，可拿著槍桿子的王敦，現在的槍口全部對準國內的反對派，對邊疆一點不關心；劉曜的內部雖然還算和諧，但西部問題到現在還在讓他頭痛得發燒，根本沒有騷擾石勒的念頭。至於別的勢力，能求自保就大吉了。如果石勒這時用兵一處，專心攻打一個對手，是很容易成功的。可這傢伙卻兩面開弓：先派石瞻攻打晉國，又派司州刺史石生去攻打他原來的上司劉曜。

石生一口氣就拿下新安，斬掉前趙新安太守尹平，把五千戶帶回到襄國，繼續擴大襄國的城市人口規模。

太寧二年正月，前後趙的新安之戰，正式拉開兩趙敵對關係的序幕。

石生打響了兩趙的揭幕戰之後，並沒有繼續在前趙的地盤上擴大戰果，而是又帶兵南來，跟晉國決戰。他在晉國的許昌、潁川一帶展開軍事行動，收穫很大——光俘虜就有一萬多人。石生被這個勝利衝昏了頭，覺得晉國也是塊容易欺負的豆腐國，就帶著得勝兵向晉國的揚武將軍郭誦部挑戰。哪知道，郭誦是塊硬骨頭。他看到石生的侵略軍大舉進攻而來，一點也不退縮，反而帶著部隊奮力迎戰，把信心滿滿的石生打得遍地找牙。

石生只得退保康城。後來，後趙的汲郡內史石聰南下救援，連合打敗李矩和郭默，這才穩住陣腳。

到了太寧元年的五月，王敦的病更重了。這傢伙更沒有心思過問邊疆的事了。他現在正在為他那個過繼過來的兒子王應的前程著想。他製造了個聖旨——這傢伙的底氣到了這個時候，仍然這麼不足，以他現在的權勢，完全可以叫司馬紹下個合法的聖旨，可他硬是來個假傳聖旨，任命王應為武衛將軍，成為僅次於自己的二號權力人物；還任命王含為驃騎將

第六章　王敦的失敗

軍，開府儀同三司。

錢鳳又過來用一臉憂國憂民的神態對睡在病床上的王敦說：「老大，要是你真的起不了床，是不是把後面的事都交代給王應？」

王敦雖然病得不輕，可腦子還沒有糊塗，還清醒得很，說：「現在是非常時期啊！要處理非常時期的事務，需要有很大的魄力。王應這麼年輕，算起來跟個小孩差不了多少，哪有什麼能力處理這些事？我掛掉之後，最好的辦法就是放棄兵權，解散我們這個集團，讓大家重新去當朝廷老老實實的公務員，全家老少什麼事也沒有。這是上策；退回武昌，集結部隊，當一個地方強人，不聽中央的號令，但又打著中央的旗號，把我們現在的事業拖下去，玩到什麼時候算什麼時候，這是中策；還一個辦法，就是趁老子的眼睛還睜著，這口氣還沒有徹底嚥下，立即行動，把所有的部隊開過去，順長江而下，打倒司馬紹，說不定會成功。當然，這是冒險的做法，是下策。」

錢鳳聽了這話，卻沒有深刻領會，而是為自己著想。這傢伙也跟很多政治小人一樣，雖然天天說著巴結上司的話，偽裝成上司最忠心的奴僕，其實心裡都為自己打算。他一面巴結王敦，一面也像王敦一樣，不斷地擴大自己的圈子。他知道，王敦的事業雖然還處於高峰期，可王敦的生命已經到了谷底，沒過多久就會跌到地平線之下了。他把自己的親信召來，傳達了王敦這個相當於遺囑的交代，最後說：「老大的頭腦已經發昏。其實，他所說的下策才是上策。」

他把另一個同黨沈充叫來，兩人商量著形勢，決定把王敦的下策變成上策，而且還在這個「下策」中刪減一下：王敦是說，趁他還活著，來個最後一搏，而兩人卻決定，只等王敦一翹辮子，就揮兵過去向建康大砍大殺。兩人知道，現在皇家衛隊的人數還不少，要打起來，真的得費一番功夫。因此，他們以王敦的名義進行了一次軍事改革，要求皇家衛隊分成三

班，輪流上崗，每次只有一班守衛，另兩個班可以去喝酒把妹。

大家一看到這兩個人的做法，就知道他們的目的全是為了自己。當然，他們這麼刪減王敦的策略，好像做得很高明，其實弱智得很。他們以為等王敦一死，大權就全落在他們的手中，到時天下就是他們的天下了。其實，如果趁王敦還活著，利用他的聲威，勝利的機會將高得多——王敦一死，他們能否整合王敦手下的部屬，都還是未知數，還談什麼打過建康去，把天下搶到手？只怕連自己的生命都未必搶到手。

第二節　臥底

而這時，司馬紹也在不斷地準備著。

整個晉代，沒什麼有作為的君主。可是司馬紹卻是歷史上少有的文武雙全的皇帝。司馬氏旗下的人也沒幾個勇猛的員工，可是司馬紹卻是武林高手——這在以名士風流為主導的年代，確實是個異數。司馬紹知道王敦遲早要跟他攤牌，因此，他老早就準備著積極應對。他為了摸清王敦的底細，居然扮成一個平民百姓，當起偵察兵來，騎著一匹駿馬，來到王敦的營地，把王敦的大營從頭到尾認真地看了一遍，然後才出來。很多士兵看到他，都覺得這個人氣質超級好，肯定不是一般人物。但誰也沒對他怎麼樣。

這時，王敦正在午休。午睡中的王敦做了個夢，夢見一輪火紅的太陽，圍著這個城市轉了一圈，當場醒來。

王敦的其他能力都不算很出色，可解夢確實厲害，把這個夢想了想，馬上就說：「此必黃鬚鮮卑奴來也。」這話是說，一定是那個留著黃鬍子的

第六章　王敦的失敗

鮮卑雜種來到這個地方了。原來，司馬紹的母親荀氏是燕國一帶鮮卑族的美女，他長得像個混血兒，又留著一把黃鬍子，典型的老外形象。所以王敦就這麼說他。

王敦馬上派出特種部隊過去追他。

司馬紹趕緊加速而逃。這哥兒們絕對不是個魯莽的人，只顧快馬加鞭，別的什麼都不管了，而是玩了一點陰謀詭計。他騎的那匹馬半路居然內急起來，拉了不少大便。司馬紹馬上用水把馬糞淋了一下，然後才走。跑了幾步，又碰到一個老太婆，就下馬來，把那根七寶鞭送給老大娘。這個七寶鞭當然不是一般的馬鞭，而是用多種珍寶裝飾過的，一般人是不能用的，只有貴族才有能力買得起。司馬紹把這根馬鞭送給老大娘之後，就對她說：「如果後面有騎兵追過來，妳就把這根馬鞭給他們看。」

不一會兒，那幾個騎兵就追了過來，問老大娘，妳有看到一個氣質很好的帥哥嗎？老大娘把那根鞭子拿給他們看，說：早就跑得遠遠的了。

這幾個騎兵一看到馬鞭這麼漂亮，有這麼多珠寶在上面。當了多年的資深騎兵，第一次看到這樣的鞭子。幾個人就在那裡把那根馬鞭傳來傳去地玩了大半天，最後又檢視一下路上的東西，果然看到一堆馬糞。幾個人一看，馬糞早就冷了，從馬糞的溫度看，人早就跑遠了，只有傻子才繼續追下去，於是就打道回府。這幾個傢伙一不做傻子，司馬紹才能逃命 —— 史書上說他這一次「僅而獲免」。確實驚險得很。

僅從這一點上看就知道，司馬紹對王敦是必欲滅之而後快的。

他自從當皇帝的那天起，就在不斷培養跟王敦叫板的人才。當然，以前司馬睿也找了刁協這幾個憤青式的人物 —— 這些人雖然不怕死，可能力卻大大地有限，最後擋不了幾下，就全敗下陣來。司馬紹選的人，比他老爸強多了。

第二節　臥底

　　司馬紹現在已經把對付王敦的大權全交給郗鑑和溫嶠這兩個人。

　　這兩個人不但是政治老手，而且智商很高，辦法很多。尤其是溫嶠，當年是劉琨的得力助手，有過戰爭的歷練，玩陰謀詭計是個高手——這個傢伙內心是個堅定的「倒敦」派，但他卻沒有像郗鑑那樣，旗幟鮮明地跟王敦對抗。溫嶠知道，王敦對他很生氣——王敦對溫嶠生氣的理由並不是溫嶠在什麼地方得罪了他，而僅僅是因為司馬紹沒有經過他的批准，直接就任命溫嶠為中書令。王敦一看到這個任命就大為光火，可他又不好立即發作，公然叫皇帝把詔書收回。他就上書，請皇帝把溫嶠下放到他那裡，當他的左司馬，以便對軍隊的加強領導。王敦不讓溫嶠留在司馬紹的身邊，成為他的敵人，而是把溫嶠調到自己的地盤上工作，這其實跟軟禁沒什麼兩樣——讓所有的人看看，只聽皇帝的命令，不聽大將軍的指揮，就是這個下場。

　　司馬紹當然不敢反對，很鬱悶地讓溫嶠去王敦那裡上班。

　　溫嶠是什麼人？當然明白王敦的意思，但他卻一點也不生氣，拿著調令在第一時間就趕到王敦那裡。

　　溫嶠剛到新單位的時候，還很傻很天真地認為，可以憑他的口才說服王敦，於是就對王敦說了一串長長的大道理，意思是，要王敦全心全意向周公學習，努力輔佐司馬紹，成為當代的周公，以後可以流芳百世。哪知，王敦聽到這個大道理後，臉色當場變得陰沉無比。

　　溫嶠看到這個臉色，知道再說這些話，他就會死無葬生之地。

　　從此，他就把尾巴徹底地夾起來，在王敦面前，低調做人，對王老大畢恭畢敬。當然，光夾著尾巴站在一邊，把自己表現成弱勢群體中的一員，絕對是一種消極透頂的做法。溫嶠絕對不是一個消極的人。他知道，只有讓王敦把他當成心腹，他才有可能脫離王敦的控制，然後突然高舉

第六章　王敦的失敗

「倒敦」的大旗，把王敦徹底打垮。因此，他常常向王敦貢獻一些計謀，不斷地博得王敦的信任。

沒多久，王敦對他的印象果然大為改觀。

溫嶠知道，光討好王敦仍然不夠，還得把錢鳳這傢伙擺平。對付錢鳳這樣的小人，最有效的辦法就是拍馬溜鬚。所以只要有人在場，他就大力讚美錢鳳，說錢鳳是古往今來，絕無僅有的大謀士，大政治家。自己都佩服得五體投地。溫嶠也是個大大有名的名士，而且是當代人物評論界的第一高手。據說，他對人物的評價很中肯，他說你好，大家都會說你好，他要是說你是個壞蛋，你就沒辦法在這個社會混下去了。

錢鳳聽到溫嶠不遺餘力地誇自己，心裡很得意，一見到溫嶠，臉上就全是真誠的笑容，也不斷地對人家說，溫嶠是自己的朋友。

溫嶠就這樣輕鬆地把王敦和錢鳳擺平。兩人都把他當成自己的親密同袍。

正巧，丹陽尹出缺，還沒有人去上任。

溫嶠打算把這個位子弄到手。現在建康就在丹陽地盤內，誰爭到了這個位子，誰就是首都的第一把手。這對於司馬紹和王敦來說，是關鍵得不能再關鍵的位子。

當然，溫嶠並沒有直接向王敦伸手要這個官，而是假惺惺地對王敦說：「首都第一把手的空缺，得趕快填補。這可是個關鍵職位啊，老大一定要用自己放心的人。當然，朝廷任命的也不錯。但對老大來說，可不大好啊！」

王敦說：「你的建議很正確。你認為，讓誰擔任這個職務最恰當？」

溫嶠在心裡當然認為他自己當最好。可要是他說出來，他就不是溫嶠了，他只是一臉嚴肅地對王敦說：「我看，最合適的人選只有錢鳳。老大覺得怎麼樣？」

第二節　臥底

到了這個時候，情節完按照他預想的那樣發展。

他說完這句話，錢鳳趕緊說：「我認為，這個職位還是溫嶠適合。溫嶠不但能力強，而且聲望也高，再沒有人比他更能勝任這個角色了。我推薦溫嶠為丹陽尹的唯一人選。」

溫嶠忙推託說：「我不行啊！還是讓別人去吧。」

王敦向來對錢鳳的建議沒有否定過，這時看到錢鳳這麼力挺溫嶠，他還有什麼意見？馬上大手一揮，說：「溫嶠，你不用再說什麼行不行了。老子說你行就行。」

這年六月，王敦向司馬紹上書，要求任命溫嶠為丹陽尹。

司馬紹當然求之不得，當場大筆一揮：同意！

王敦這時已經把溫嶠這個頑固的反對黨劃歸為自己的心腹，讓溫嶠當丹陽尹，主要任務就是嚴密監控司馬紹的一舉一動。

溫嶠拿到任命書後，並不像其他人那樣，見人就笑開懷，老子衝破牢籠了，要龍歸大海、虎回深山了，而是繼續把錢鳳和王敦玩到底。

他現在最怕的是錢鳳突然改變主意，那可就什麼都完了——錢鳳是個小人，小人的特點就是朝三暮四，早上拍著胸脯決定要做的事，中午就可能徹底推翻。而錢鳳一推翻他的想法，王敦也就會跟著推翻原來的決定，自己就會翻船。

溫嶠知道，不讓錢鳳這樣的人推翻想法，很難，但得讓王敦不能改變主意。

於是，在王敦設宴為他餞行的宴會上，溫嶠再一次把他的聰明表演了一次。

按照慣例，大家喝到一定的程度，溫嶠得向在座的人都敬一次酒。

溫嶠就要在這個環節上大做文章，而且這個文章必須做得嚴密而大膽。

第六章　王敦的失敗

他向錢鳳敬酒時，裝出已經喝醉，而且醉到發酒瘋的樣子。他拿著酒來到錢鳳的面前，用手版把錢大人的帽子挑落在地，還大叫著：「錢鳳，你以為你是誰？老子向你敬酒，你居然不乾杯？」

錢鳳是什麼人？能受得了這口氣嗎？你醉到這個地步，居然連老子也敢罵？

這時，王敦看到這個樣子，就出面來把兩個勸住。

餞行宴會後，溫嶠就要上路，他在上船跟王敦告別時，突然就把淚水擠出來，在王敦面前，比當年的劉備還淚如泉湧，說捨不得離開老大啊，活像捨不得離開老媽的小孩子。去了之後又回來，把依依惜別表演得像真的一樣。讓王敦感動了好長時間。

溫嶠走了之後，錢鳳果然覺得不大對勁，趕緊找到王敦，說：「老大。我越想越覺得不妙。溫嶠原來是朝廷的死黨，跟庾亮關係最好。我看，得提防他一下啊！」

如果是以往，王敦肯定會把溫嶠叫回來，可現在他以為錢鳳這麼說，是因為昨天溫嶠耍酒瘋得罪了錢鳳，錢鳳這時是要報復一下溫嶠的，便說：「錢鳳啊，做人要大度一點。不要因為溫嶠昨天酒醉得罪了你，你就要報復他啊！」他的原話是：「太真昨醉，小加聲色，何得便爾相讒！」

這話把錢鳳說得做聲不得。

溫嶠就這樣安全地離開了王敦的老窩，回到了建康。

溫嶠脫離虎口之後，馬上去見司馬紹，把他在王敦那裡所知道一切，都向司馬紹作了詳盡的彙報。然後跟司馬紹的內兄庾亮一起，商量著搞定王敦的事。

王敦很快就知道溫嶠的這些行動，自己本想軟禁他，哪知卻讓他變成了皇帝在自己陣營裡的臥底，上了一個大大的當，一時氣得差點吐血，大

罵：「吾乃為子物所欺！」——老子居然被這個傢伙欺負。他寫信給王導說：「太真別來幾日，作如此事！當募人生致之，自拔其舌。」太真是溫嶠的字。這話的意思是：溫嶠才來沒幾天，就做出這樣的事來，老子一定高價請人把他抓回來，親自把他的舌頭拔出來。

可到了這個時候，他能把溫嶠抓到手嗎？以前溫嶠在他的手中時，他都沒有辦法對付啊！

第三節　大師的那些神算事

司馬紹在溫嶠、郗鑑和庾亮的幫助下，底氣逐步提升，終於決定討伐王敦。

他在宣布討伐王敦前，問光祿勳應瞻：「可以討伐王敦了嗎？」

應瞻說：「早就該對這個反動派開刀了。」

司馬紹說，那我就下最後的決心了。他馬上著手進行部署：加司徒導大都督、領揚州刺史，以溫嶠都督東安北部諸軍事，與右將軍卞敦守石頭，應詹為護軍將軍、都督前鋒及朱雀橋南諸軍事，郗鑑行衛將軍、都督從駕諸軍事，庾亮領左衛將軍，以吏部尚書卞壼行中軍將軍。不過，郗鑑認為，這個武官的頭銜沒什麼實際意義，頭銜雖然很大，可力量沒有多少，就辭去了，而建議請臨淮太守蘇峻、兗州刺史劉遐率兵援助京城，一起對付王敦。

郗鑑的這個建議，為最後戰勝王敦部隊發揮了極大的作用。因為，現在王敦的力量仍然強大，雖然大家個個都表現得赤膽忠心，但打仗靠的是實力，而不是心態。以前，周顗和戴淵就是這樣，只想憑著一股不怕犧牲

第六章　王敦的失敗

的精神去跟人家的長槍大刀對壘，最後失敗得沒商量。郗鑑一眼就看到失敗的原因，知道如果僅憑現在宮中的衛隊跟王敦的部隊決戰，他們同樣會走以前的老路。只有引進這幾支部隊，共同對付王敦，最後才會戰而勝之。

司馬紹完全同意郗鑑的建議，馬上命令蘇峻、劉遐以及徐州刺史王邃、豫州刺史祖約、廣陵太守陶瞻等入衛京師。

司馬紹從宮中出來，住進設在建康宣陽門外的大本營中，表示與王敦決戰到底。

在司馬紹集團時刻準備著搞定王敦的時候，王敦的病卻還在繼續惡化。

王導知道王敦病重後，也知道王敦已經徹底沒戲了，自己為國家出力、保全王氏家族的時機到了，馬上設定靈堂，大聲宣布「王敦與世長辭」了，還帶著所有王家的子弟在靈堂裡守孝，把戲演得像真的一樣。

本來，保皇派裡很多人雖然嘴上叫得很大聲，但心裡都在擔心朝廷這點力量能否跟王敦一戰，這時突然看到王家這麼隆重地舉辦王敦的喪事，就都以為王敦已經「多行不義必自斃」了，這不是老天爺都出來收拾王敦了？於是信心大增，士氣也高漲起來。

尚書省的那幾個人也精神為之一振，連夜加班，為司馬紹起草了一份詔書，直接快馬送到大將軍府。

這個詔書的全文很長，要是看完，眼睛肯定花了，因此就不再抄出來了。

其大體意思是：造反者王敦，直接任命他哥哥的兒子王應繼承自己的職位。自古以來，從未有過宰相交接而不經皇帝批准的？這是什麼行為？這是謀反的行徑。現在，王敦一黨，個個窮凶極惡，互相勾結，製造冤案，殺害忠良，越來越囂張，居然想奪權，把全國人民帶向水深火熱的深淵，狼子野心的嘴臉已經暴露在光天化日之下。這種倒行逆施之舉，上天

是不會答應的。現在老天爺已經出手，讓王敦這傢伙直接掛掉。不過，王敦集團的核心成員錢鳳，還在執行王敦的謀反意圖，繼續為非作歹，與人民為敵，跟中央唱反調。為此，中央已經果斷作出部署，命令王導帶領三萬大軍，分十路進軍；平西將軍王邃等帶三萬部隊，從水陸兩地，同時出發。我本人親率各路兵馬，向錢鳳進行最後一戰，堅決把王敦反動集團徹底地消滅。誰要是能把錢鳳的那顆腦袋砍掉送來，封五千戶。文武官員中凡屬王敦任命提拔的，仍可保留原位，請不要有別的想法。至於王敦手下的將領，大多都是受王敦和錢鳳的矇蔽，不明真相，才跟著王敦、背井離鄉走到現在，我同情你們的遭遇，因此特別規定：獨生子在軍中的，一律遣送回家，終身不再服役。其他戰士，全體給三年的假期，等收假之後，再回來報到，而且以後也跟皇家衛隊一樣，分為三班，輪流服役，力爭當好人民的子弟兵。

這個詔書釋出之後，又做了個補充：「敢有舍王敦姓名而稱大將軍者，軍法從事。」誰敢自稱大將軍的，就軍法從事。

王敦這時正在床上養病，為他的後事頭痛得要命，看到這個詔書之後，氣得更加厲害，再也起不了床，更不能指揮軍隊了。但他知道，司馬紹不是司馬睿，既然發了這個詔書，那是鐵定要跟他決戰到底的。他已經沒有退路，因此決定也像當年的司馬師一樣，帶著病，躺在床上也要親率大軍向建康發動進攻。

這傢伙到了這時還迷信，派人把記室郭璞叫來，讓他算一算，這次軍事行動的結果如何？

郭璞是當時最厲害的預測高手，據說他的預測從來沒有失手過。傳說那年他為母親下葬時，居然找一個離河邊不到百步的地方做他母親的墳墓。

第六章　王敦的失敗

　　人家一看，這小子的腦袋是不是進水了？把母親放在這個地方，淹大水怎麼辦？難道想讓母親沉到水底進入龍宮成為東海龍王的第一夫人？如果有這個意圖，不如直接把他母親扔進海裡乾脆。郭璞笑著說：「不用多久，這個地方就全變成陸地了。」

　　沒多久，河裡的沙越聚越多，墳墓周圍幾十里全變成桑田。

　　另有一次，郭璞幫人家下葬，司馬睿微服前往觀看，看到這個主人居然葬在龍脈的頭角之處——按風水的法則看，這會招來滅門之禍，就問那個主人：「你為什麼這麼做？」

　　主人說：「這是郭璞教的。他說，這樣不出三年，就會有皇帝出現。」

　　司馬睿說：「你們家要出皇帝？」

　　主人說：「不是的。郭璞說，皇帝會到這個地方來看看。」弄得司馬睿當場呆住。

　　還有更傳奇的是一個故事，郭璞跟桓彝是好朋友。兩人好到什麼地步？桓彝常到郭家吹牛聊天，即使郭璞還在老婆的房中，桓彝也毫無顧忌地直走進去。郭璞對他說：「以後你來我家玩，不管什麼地方都可以走走，像在你家一樣。不過，千萬不能到廁所裡找我。如果你去了，會對你大大不利。」有一次，桓彝喝醉了酒，又噴著濃濃的酒氣去找郭璞聊天。

　　他一進門，就神氣地大叫郭璞。人家告訴他，郭璞正在廁所呢！他仍然神氣地叫著，就是在廁所老子也去找他，就進了廁所。可一到廁所，他就看到郭璞正在裡面裸著身體，而且披頭散髮，嘴裡含著一把刀，像個瘋子一樣，做著法事。郭璞看到桓彝進來，臉色大變，長嘆一聲：「我不是叫你不要到這個臭地方來，你一定要來。你這一來，不但我完了，你也差不多了。看來老天就是這樣安排的，誰也不用怪了。」後來，桓彝果然死得很難看。

第三節　大師的那些神算事

　　至於郭璞，沒幾天，王敦就叫他過來，幫他算進攻建康的勝敗。他對王敦只說了兩個字：「無成！」

　　王敦一聽，你小子肯定不是真話。他向來懷疑郭璞跟庾亮和溫嶠他們是一夥的，這時又聽說「無成」這兩個字，當然不肯相信，就一臉凶相地問郭璞：「你算一算，再算一下，老子的壽命還有多少？」

　　郭璞說：「如果老大一定要造反，只要一動手，就有性命危險；如果回到武昌，你的壽命不可測！」

　　王敦一聽，這是什麼屁掛，這是拿老子當傻瓜。又問郭璞：「你算一算你的壽命，能活到什麼時候？」

　　答：「命盡今日日中。」

　　王敦這時的憤怒已經達到巔峰，堅決不能留下這個瘋子了，大叫著把這個狂妄的傢伙拉出去，在南岡斬首。

　　郭璞確實是個很敬業的人，就是到了這個時候，仍然沒有丟掉自己的天職。他在被押出去時，問劊子手，你們要把我帶到什麼地方？

　　劊子手說，南岡。

　　郭璞閉著眼睛算了一下，說：「我一定會被砍在雙柏樹下。」

　　一到那裡，果然有一顆長著雙枝的柏樹。

　　他又說：「此樹應有大鵲巢。」

　　大家都去尋找，但卻連個鳥毛都不見一根，這個郭璞，以前算得那麼神，現在估計人要死了，這算卦也不靈了。可郭璞說，再去找，找不到砍我的頭。大夥一聽，你這顆頭本來就砍定了。可看到他那個自信的神色，便又去認真地找，後來還真的在樹枝裡找到一個大鵲巢，被樹葉遮蔽得太嚴密，讓人很難看到，也只有郭大師這樣的眼睛才能看到了，要是讓郭璞去探礦，估計比很多地質隊要強得多。

275

第六章　王敦的失敗

　　更神的是，郭璞不光知道他在什麼地方被砍頭，知道他被砍頭的地方有一顆雙柏樹，還知道樹上有一個大鵲巢，而且老早就知道砍掉他腦袋的劊子手。據說，中興初年，郭璞碰到一個從沒見過的人，就能直接叫他的名字，還送給那人一套衣服。那人不敢接受。郭璞說：「你不用擔心。以後我們還有緣分啊！」哪知，這時，居然就是這個人替郭璞執行死刑。

　　郭璞死的時候，只有四十九歲。

　　還有一個故事，是郭璞幫庾亮的老弟庾翼算的一卦。庾家現在是司馬氏的後親，權勢越來越顯赫，是搞定王敦的核心人物。庾翼也跟很多人一樣，請郭璞來預測一下家道以及國運日後的發展情況。郭璞算了一卦，就送給庾翼兩句話：「立始之末丘山傾，長順之初子凋零。」大家一看這兩句話，什麼意思也不懂。

　　直到很久以後，司馬紹的兒子司馬嶽即位，改元建元。那時，庾冰正受到重用，手中的權力很大，有人突然記起郭璞的話，忙對他說：「你難道忘記了郭璞的話了？以前不知道什麼是『建元』，什麼是『丘山』，老是不懂這話。現在應該知道這意思了吧？丘山就是『嶽』字，是皇上的名字啊！建元之初丘山傾，這不是說，建元初年，皇上有點不妙了嗎？」庾冰當然也不是個唯物主義者，一聽到這話，哇塞，郭璞的預測啊，肯定錯不了，他用手壓了壓心口，什麼話也說不出來。

　　沒多久，司馬嶽真的一命嗚呼，何充覺得這個建元的年號帶著大大的霉氣，趕緊改元永和。

　　這個永和一改，庾翼的心就波動起來，知道自己也要死翹翹了，長長地嘆了一口氣：「天道精微，乃當如是。長順者，永和也，吾庸得免乎！」這話的意思就是說，天道真執行起來，誰也擋不住。「長順」就是「永和」啊！長順之初子凋零，不是說我要在永和初年沒命嗎？他長嘆沒幾天後，生命就徹底完蛋。

據說，庾冰也曾請郭璞為他的子孫後代算過一卦。郭璞打卦之後對他說：「老兄的這幾個兒子，個個都發達得很。不過，如果碰到白龍，那就不妙了；如果又碰到墓碑生金，你們庾氏的整個家族都要難受了。」大家一聽，這回郭大師有點吹牛了吧？這個世界朗朗乾坤，哪有什麼白龍出現？更何況還有什麼墓碑生金，更是亂彈琴得沒有譜。後來，庾冰的兒子庾蘊當廣州刺史，他情婦的房子裡突然出現一條小白狗。情婦覺得這條小白狗可愛，就偷偷養了起來，連庾蘊也不知道。後來，庾蘊大概又想起這個情婦來，就又來到情婦的房內，這才發現了這條小白狗。他看到這條小狗「眉眼分明，又身至長而弱。」外表跟其他狗很不一樣，覺得有點奇怪，這是什麼品種啊？他把小狗抱去給大家看，這是哪個國家的品種？名不名貴啊？大家正在看，還沒有人說話，眼睛一眨，小白狗突然不見了。

大家感到奇怪。庾蘊突然記起郭璞的話來，身體全軟下去，說：「難道這就是白龍？我們庾家的災難就要到了。」沒多久，他們果然又發現，他們家的墓碑真的生金了。這兩個現象出現沒多久，顯赫了多年的庾家就被桓溫全部搞定。

郭大師的卦算得準吧？跟傳說中的神仙也沒什麼差別。

可到頭來，卻被王敦一刀砍死，對中國的卜算事業造成了不可估量的損失。

第四節　王敦是這樣玩完的

當然，王敦是絕對不會在乎這個損失的，他現在只為自己的前途命運著急。

第六章　王敦的失敗

　　他恨恨地殺了郭璞之後，更不相信郭璞的話，老子就不信邪，那個司馬紹是什麼東西？能跟老子叫板嗎？老子只要沒有變成植物人，就可以把你擺平。他馬上在床上釋出命令：錢鳳、冠軍將軍鄧嶽、前將軍帶領全軍向建康出發。

　　王含一看，居然沒有他的名字，就趕緊過來，對王敦說：「這說來說去，是我們王家的事，我也要參與啊！」

　　王敦說對，到底是自家的兄弟，馬上就任命王含為元帥。

　　錢鳳的信心更加大增，他以為這次大軍一浩浩蕩蕩喊殺過去，晉政府軍馬上就「檣櫓灰飛煙滅」，他就以勝利者的姿態叉著腰站在建康城頭，以前的那個幾反對派，全跪在他的眼前，那可是大爽特爽啊，這個爽是歷史性的爽。他湊到王敦那張病態十足的臉前問：「老大，要是打進建康城裡了，皇帝怎麼處理？」好像司馬紹現在已經被捆住，正等著他處理一樣。

　　王敦說：「他連南郊都沒有祭祀，手續才辦到一半，算什麼皇帝？到時，你們什麼都不要管，只把東海王司馬沖和裴妃保護好就行了。」

　　其實王敦現在的底氣仍然不足，仍然不敢高舉打倒司馬氏的大旗，又抄襲了原來的老套，上書指控溫嶠等人是奸臣，是禍國殃民的害國賊，他們將代表人民打倒這些奸臣，徹底為人民除害。

　　這麼折騰了幾天，終於在七月二日，王敦集團的全軍在王含的率領下向建康方向開進，一直來到江寧的秦淮河南岸駐紮下來。首都人士一看到對岸原來不是一片和平氣象，突然之間，敵人說來就來，頭頂馬上就戰雲密布起來，都心頭緊縮，弄得人心惶惶起來。

　　溫嶠把部隊調到北岸，部隊全過去之後，馬上一把火燒掉了朱雀橋。

　　王含看到大橋變成了灰，只得收住腳步。這腳步一收，銳氣也就跟著

第四節　王敦是這樣玩完的

疲軟下來。

這時，司馬紹正血氣方剛，看到敵人送上門來，馬上就要親自帶兵衝殺過去，把王敦部隊打得落花流水，讓他們個個有來無回。哪知，溫嶠卻把橋燒掉了，不由大怒起來，燒掉這麼一個大工程，也不報告一聲！

溫嶠卻笑著說：「現在我們的兵力仍然薄弱得很，其他部隊還沒有來會合，跟他們打，肯定會吃大虧的。如果留下這座橋，哪天這些軍隊衝殺過來，國家的危害就大了，不要可惜這座橋啊。現在是保衛國家要緊。」

這時，王導也向王含展開攻勢，寫了一封信，叫人送給王含：「近承大將軍困篤，或云已有不諱。尋知錢鳳大嚴，欲肆奸逆；謂兄當抑制不逞，還藩武昌，今乃與犬羊俱下。兄之此舉，謂可得如大將軍昔年之事乎？」謂如元帝永昌元年，敦克石頭時也。昔者佞臣亂朝，人懷不寧，如導之徒，心思外濟。今則不然。大將軍來屯於湖，漸失人心，君子危怖，百姓勞弊、臨終之日，委重安期；安期斷乳幾日？又於時望，便可襲宰相之跡邪？自開闢以來，頗有宰相以孺子為之者乎？諸有耳者，皆知將為禪代，非人臣之事也。〔先帝中興，遺愛在民；聖主聰明，德洽朝野。兄乃欲妄萌逆節，凡在人臣，誰不憤嘆！導門小大受國厚恩，今日之事，明目張膽，為六軍之首，寧為忠臣而死，不為無賴而失矣！」

王導在這封信中，旗幟鮮明地表示跟王敦對抗到底。

按理說，王含接到信後，不是投降，就是回一封也是旗幟鮮明的信給王導。可王含讀過信後，卻一言不發，苦著臉在那裡，心裡嚴重矛盾著。這傢伙什麼能力也沒有，但卻硬爭當這個全軍統帥，帶著比人家優勢得多的兵力來到這個地方。木橋一燒，那顆腦袋就全部凝固了一樣，再沒想出一丁點辦法來，只讓幾萬部隊在岸上像一群觀光人士。

在王含把部隊當成展覽品的時候，政府軍這邊的很多人倒急躁起來，

第六章　王敦的失敗

跑到司馬紹面前，說：「皇上，抓住機會啊，抓住機會就是抓住戰機。」

司馬紹說：「戰機在哪裡？」

「現在王敦軍隊的數量是我們的好幾倍。要是擺開來打，我們肯定是吃不了好果子的。現在他們把部隊駐紮在苑城，這個苑城，是一個又小又不堅固的小城。現在趁他們還沒有把工事做好，皇上就帶兵過去，發動突襲，一定能夠取得輝煌戰果。」

司馬紹老早就想打過淮河去，只是因為溫嶠的堅決反對，這才沒有行動。這時，聽到這話，覺得真的大有道理。可他還沒有表態，郗鑑卻已經站起來，態度更加堅定地反對這個冒進的建議：「現在王敦的軍隊正囂張，戰鬥力相當的強悍。對這樣的軍隊，我們只能靠計謀來戰勝他們，跟他們硬碰硬就等於自找死路。王含的軍隊，現在號令不統一，個個都覺得自己是老大，官兵的紀律壞得不能再壞，天天違法亂紀，人民對他們都很憤怒。大家對他們都提防得要命，不會對他們提供一點方便。我們要認清當前敵我的形勢。現在的形勢就是，我們是站在人民的立場上，而他們是人民的敵人，是反動派。對這樣的反動派，我們還怕不能取得勝利？王敦的軍隊們並沒有樹立遠大理想，都是一群沒有腦子的瘋豬，現在最想的就是跟我們速戰速決，趕快結束戰鬥，好享受腐敗的生活。如果時間一長，人民更加覺悟，我們的力量更加巨大。現在我們用這麼一點屁大的軍隊跟他們那麼多的瘋子決戰，只怕戰鬥還沒有全面打響，我們就全部玩完了。到那時，誰也挽救不了徹底失敗的局面。」

司馬紹雖然血氣方剛，但到底智商不低，聽到郗鑑的話，那股衝動馬上平息，停止出戰。

當然，司馬紹停止出戰之後，並不是就老老實實地縮在總部裡，等著王敦部隊自己滅亡，而是讓大部隊堅守不動，卻另外招募了一千個敢死

第四節　王敦是這樣玩完的

隊，讓段秀和中軍司馬曹渾事帶領，於七月三日的晚上，渡過淮河，襲擊王含——大規模決戰不宜展開，但小規模夜襲戰還是可行的。

王含絕對不是個軍事人才，在敵我雙方僅隔一河的情況下，居然一點也沒有防備敵人的突襲。

可段秀他們已經渡河而來，在王含部隊還在流著口水大睡的時候，政府軍的敢死隊已經滿臉橫肉的殺了進來。雙方在越城展開大戰。王含部隊雖然數量龐大，而且裝備精良，士兵們一點沒有疲軟，戰鬥力還相當強，可因為夢中被敵人打進來，對敵人的底細一點也摸不清楚，腦袋一片暈，以為敵人的大軍已經全面壓境過來，都不知如何是好——再加上，沒有個得力的指揮官能迅速地組織大家進行反擊，全營將士，你跑我也跑，居然被這一千個好漢打了個大敗，連威風凜凜的先鋒官何康也不知道什麼時候被人家的大刀砍死了。

揭幕戰，司馬紹取得了完勝！

王敦雖然病得只剩一口氣，但他對戰場的事仍然關心得要命，那邊王含一打敗仗，他這邊馬上就得知了消息，氣得大聲吼叫起來：「我的這個哥哥跟個賣豆腐的老太婆沒什麼兩樣啊！仗打到這個地步，看來我們王家已經玩完了。」這傢伙只顧怪他的哥哥沒用，卻一點也不對自己的的行為反省一下。王敦老早就有奪權的想法，而且他完全具備實力，早已全面架空司馬氏父子，可就是下不了最後的決心，囉囉嗦嗦，一直拖到現在，給人的印象越來越差，而且也從不注意蒐羅人才，只是一味地重用幾個自私自利的小人，最後造成人才緊缺的局面。到了要用人的時候，居然把軍事大權交給王含。他讓王含當前線總指揮，完全是因為他把這事看成是自己的家裡事，一點也沒考慮到王含是個大大的菜鳥。讓菜鳥帶兵打仗，全軍也就成了菜鳥軍隊。菜鳥軍隊，當然也只有打敗仗了。

第六章　王敦的失敗

他這時才知道，對王含委以重任是大錯特錯的事，覺得現在要是自己再不挺身而出，跑到前線去，這個事業馬上就要熄火。

他對參軍呂寶說：「老子要出征！」

可在他說完這話要爬起來的時候，那具身體已經動彈不得，每個關節都已經不聽指揮，全身上下陷於前所未有的無力當中。

他終於知道，他要死了。他再也威風不起來了。

他把他的舅舅，也就是王導曾經看好卻菜得要命的羊鑑叫來，對羊鑑和王應說：「老子就要死了。現在跟你們交待一下後事。我死了，王應馬上當皇帝，把政府機構全面設立起來，然後才幫我興辦喪事。」他說完這幾句遺囑之後，不久就腦袋一歪，與世長辭了。終年五十九歲。

王敦的遺囑交代只等他一死，王應就當皇帝，說明他也想學一學曹操和司馬昭，自己不在有生之年做這個蠢事，而讓兒子來完成。可這傢伙的能力比曹操和司馬昭差得遠了──根本不在同一個等級。曹操只是打著中央的旗號，朝廷所有的官員都是自己的部下，而且這些手下個個強悍，有的腦袋無比聰明，時時刻刻向他貢獻卓有成效的計策；有的全身肌肉，天天在戰場上為他砍砍殺殺，一點不怕流血犧牲。司馬昭最後把曹操的這一套全面複製，也獲得巨大成功。可王敦現在是什麼局面？是要人沒人，要人品沒人品，自己手握大權，居然連首都都不敢住，窩在武昌那裡遙控中央，連自己的兄弟王導、王彬都不挺他。這種人能做出什麼大事？也只能學一點曹操的皮毛了。很多事，你學不到其中的精髓，到頭往往走向絕路！

王敦如果不野心膨脹，只學那些名士吃喝玩樂，一定會把自己練成超級名士。據說王敦長得很帥，又瀟灑，是一個「學通左氏，口不言財利，尤好清談」的人。他的這個特長，很多人都不知道，只有他的族兄王戎知

第四節　王敦是這樣玩完的

道，把他當作大大的人才看待。王敦不但長得帥，而且很有音樂天分，是個十分出色的鼓手。在他年輕時，司馬炎有一次把大家請來，進行一場文藝活動。到場的人個個是高手，而且個個都搶著發言，想努力在皇帝面前表現一下。只有王敦什麼也不說。最後，人家問他怎麼不發言？他說，我不會放空炮，但我會擊鼓。說著，就當場「振袖揚袍，音節諧韻，神氣自得，傍若無人，舉坐嘆其雄爽」。

還記得石崇那個豪華廁所吧？裡面安排了十多個讓人一看就萬分激動的美女。客人們一進這個豪廁，都得換上新衣。很多客人在美女面前脫衣脫褲時，都有點難為情。可王敦卻乾脆得很，臉上的表情沒一點波動。那些美女看到後，一致認為「此客必能作賊。」他也跟很多名士一樣愛把妹，而且比人家泡得更用心更投入，弄得「體為之弊」，身體都差點變成藥渣了。他的手下就勸他，老大，你要是再這麼用功把妹下去，就只剩下骨頭了，把妹也要顧及身體啊！王敦笑著說：「這很好辦。」馬上把家中的美女全部解聘。大家一聽說，都佩服得要命。這些故事，都充分說明了，王敦要是做一個純粹的名士，肯定會做得很合格，穩居人氣榜幾十年是沒有問題的。可他卻硬是丟掉自己的特長去當權臣，最後落得這個下場。

王應在老爸去世之後，有選擇地執行了王敦的遺囑：即做好保密，除了圈子裡的幾個同黨知道之外，誰也不知王敦已經死翹翹了。為了保密，他叫人用蓆子把王敦的屍體包起來，然後在外面用蠟塗滿，全部密封之後，就埋在議事廳的中央。

可王應並沒有當上皇帝。這傢伙雖然年輕，但腦子並不差，大概知道他們這個集團是走不了多遠的，估計沒幾天就玩到最後了，因此什麼事也不做，乾脆將頹廢進行到底，做王家垮掉的一代，及時行樂，免得失敗後，什麼也沒有了。他把諸葛瑤等幾個哥兒們叫來，天天喝酒泡美女，玩得天昏地暗，把幸福生活過得有滋有味。

283

第六章　王敦的失敗

而與此同時，前線的雙方已到最後決戰的前夜。

司馬紹還在堅持溫嶠和郗鑑的策略，堅守不出，等蘇峻和劉遐部的到來。但他也對敵人展開政治攻勢。

司馬紹知道，王含的部隊雖然眾多，但有王含這樣的菜鳥統帥，根本沒什麼可怕。敵人中，最不好對付的，是沈充這個王敦集團的核心人物。沈充的戰爭經驗要比王含高出好幾倍。如果能跟他來個和平解決，那這個事件就能平息得很輕鬆。

他派沈充的同宗沈楨去見沈充。沈偵見到沈充後，就說：「我代表皇上向你承諾。如果你願意和平解決。你就是立了大功。立了這個大功，就封你為司空。」

司空的職務遠比現在沈充的職務高，是高級官員的待遇。

可沈充一聽，卻一點也不動心，他聽完沈楨的話後，說：「三公是公務員的最高待遇，代表著國家的形象。你看我這個模樣，能代表國家的形象嗎？我有資格當這麼大的職務嗎？一開口，許諾就這麼隆重，我敢接受嗎？何況，老子既然答應跟王敦共同做大事業，就應該有始有終，哪能玩到半路就跳槽？這樣做，人家都會說我有問題，不會再相信我了。你沒其他事，就請回去向你的老大交差吧！」

沈充實在不笨，他知道，他是王敦最忠心的手下，得罪過的人是一個天文數字，因此即使主動投降過去，以後也沒什麼好日子過，不如趁著現在手中兵強馬壯，跟他們大打一場——而且現在是他的實力遠高於對方的力量，取勝的機會比失敗的機會還要大，為什麼要投降？他這麼一分折，就覺得自己的前途還遠大得很，馬上命令部隊向建康開路。

這傢伙出發的時候，信心還大為爆棚，對他的老婆大聲說：「男兒不豎豹尾，終不還也。」大丈夫不好好地響亮一次，絕對不回來啊！

第四節　王敦是這樣玩完的

　　沈充說他要是向中央投降，就會失信於天下，別人就不再相信他了。可是，現在的事實是，高舉打倒他大旗的人越來越多。首先是宗正虞潭，本來身體有病，聽說家鄉會稽空氣新鮮，負離子是首都的好幾倍，就請病假，帶薪回家休養，知道沈充起兵之後，也不管身上有病了，馬上組織民兵，宣布與沈充對抗到底。司馬紹馬上提拔虞潭兼任會稽內史；另外前安東將軍、宣城內史鍾雅大概一來也看沈充不順眼，二來看到虞潭組織幾個民兵，就馬上得到提拔，也向虞潭學習，組織了一大批民兵，加入討伐沈充的行列。另外，周簮乾脆殺了王敦以前任命的太守劉芳，把沈充的一個同盟解決掉。那個祖約雖然在對付石勒時，是打一仗就敗一仗，可這時倒顯得很有實力，把王敦派過去當淮南太守的任臺一腳踢出那塊地盤。

　　可沈充居然無視這些事實，依然帶著一萬多部隊跟那個剛打了個大敗仗的王含會師。

　　沈王會師之後，從面上看，他們的實力仍然比建康城裡的兵力雄厚得多，按照簡單的運算方法，他們取得勝利是一點懸念也沒有的。

　　沈充的司馬顧揚的頭腦還是很清醒的，向沈充建議：「舉大事而天子已扼其咽喉，鋒摧氣沮，相持日久，必玫禍敗。今若決破柵塘，因湖水以灌京邑，乘水勢，縱舟師以攻之，此上策也；蓑初至之銳，並東、西軍之力，十道俱進，眾寡過倍，理必摧陷，中策也；轉禍為福召錢鳳計事，因斬之以降，下策也。」

　　這話的意思是，現在我們的力量雖然看上去很強，但敵人已經控制了我們的要害，我們的銳氣已經接近尾聲，而且還不斷地低落下去。如果再這麼僵持下去，只有徹底失敗。如果我們現在就派工兵過去，破壞大堤，放出玄武的水，灌進皇城，向首都人民製造一場幾年不遇的洪澇災害，我們的大軍乘著軍艦順勢衝進城中，這勝仗是打定了。這是上策。另外，我們剛剛到達，部隊還是有點銳氣的。我們可以利用這股銳氣，跟西邊王含

第六章　王敦的失敗

的部隊會合，然後分兵十路，向城中展開聲勢浩大的攻勢。我們人多，敵人人少，按照常理，也可以完全取得最後勝利。如果這兩策都不用，就只有考慮如何轉危為安的辦法了。這個辦法就是，請錢鳳過來，說是召開軍事會議，等他來了之後，就當場把他殺掉，回歸中央的懷抱。當然，這是下策。

三個策略都有很強的可行性，可沈充卻一個也不採納。顧揚一看，沈充這傢伙除了能把小人的德性做絕之外，別的事什麼也不會做好，再跟著他，下場將是很可悲的，馬上收拾行李，逃之夭夭。

在沈充和王含還沒有明確的作戰方案時，蘇駿和劉遐帶著一萬多精銳部隊已經狂奔而來，於七月十七日抵達建康。

司馬紹接到消息後，馬上從床上跳了起來，在半夜雞叫時就召見兩人，把兩人大大地表揚了一番，還慰勞了戰士們。

沈充和錢鳳也知道這兩支部隊已經開到。可他們卻沒有意識到這兩支部隊來到之後，後果會很嚴重。他們只是主觀地認為，這兩支部隊狂跑了這麼多路，現在肯定累得腰也挺不起，還有什麼戰鬥力，現在正好趁他們睏了累了還沒有喝蠻牛的時候，發動總攻，就可以一舉殲滅他們，把建康拿到手裡，從此江東的天下，就是他們的天下。

他們於七月二十五日從竹格橋渡河，正式向建康發起進攻。

政府軍方面是護軍將軍應瞻和建威將軍趙胤負責這邊的防守，雖然拚命抵抗，可仍然節節敗退。沈充和錢鳳很順利地衝到宣陽門，把那裡的工事全部搞定之後，準備發動第二波進攻。兩個人這時的信心，比以前更加爆滿，覺得自己馬上就要成為創造歷史的偉大人物了。

可這念頭才一轉動，得意沒多久，突然間殺聲大起。

沈充他們還以為自己的子弟兵也求功心切，不等他們下達總攻命令，

就急著為他們去創造歷史。可卻又覺得不對勁。但見殺聲是從南塘方向傳來的。忙轉頭一看，原來是蘇峻和劉遐的部隊突然殺了過來。從猛烈的喊殺聲聽來，士兵一點也沒有累壞的樣子。

兩人知道，自己的判斷全錯誤了。

蘇劉兩部對沈充的部隊來個攔腰一擊。沈充他們做夢也想不到會出現這個情況。本來，如果沈錢兩人鎮定一下，想辦法穩住軍心，組織反擊──他們的兵力還是占有優勢的。可這兩人沒見過大陣仗，平常玩點小兒科的陰謀詭計，那是很在行的，可到了這個關頭，心裡脆弱得像石頭上的雞蛋，稍有風吹草動，立刻完蛋。

你想想，兩個老大都是這個心態了，其他人還不當場崩潰。

政府軍一陣大砍大殺，大破錢鳳和沈充聯軍。光被迫跳下淮河被淹死的沈錢部隊士兵就有三千多。

兩人沒有辦法，只得撒腿逃跑。

劉遐當然不放過他們，貼著他們的屁股猛追過去，在鍾山下又把沈充痛扁一頓。

這時，居然還有個插曲。那個尋陽太守周光，此前也是王敦的粉絲，雖然沒有接到王敦要他起兵的通知，這時才知道他的偶像要做大事，也不管形勢已經複雜化了，在王家軍都已經走下坡路走到沒商量的時候，居然還帶著一千子弟兵過來，要替王敦賣命。

周光來到王敦的總部，渴望著跟王敦見個面。哪知，他只見到王應。王應說，老爸現在有點病，不宜見人。

這個周光雖然政治頭腦不大靈活，但智商卻高得很，退出來後，一拍腦袋，就知道有些不妙了，說：「我大老遠狂奔過來為他賣命，他竟然連個面都不見？這不合理吧？估計王老大已經死了。」

第六章　王敦的失敗

他馬上找到他的哥哥周撫，對周撫說：「哥哥，我告訴你，王敦已經掛了。現在是錢鳳當老大，你為什麼去聽這樣的人擺布？」

此前，王應的保密做得確實到位，大家幾乎沒誰知道王敦已經被埋在議事廳的地板下。周撫這時聽到周光這麼一說，難怪最近都沒有最高指示下來，原來老傢伙已經完蛋了，只剩下我們這些人很傻很天真地為錢鳳拚命。

到了這時，大家都知道，王敦集團已經沒一點戲可唱了。

王含當然也知道自己的前途已經徹底進入黑夜。他的部隊雖然沒受到嚴重的攻擊，但他知道憑他的這點能力，再玩下去，不出幾個回合，就會把腦袋玩完。他在七月二十六日，連夜放了一把大火，燒掉整個大營，然後逃亡。

第五節　秋後算帳

司馬紹在這場戰鬥中，取得了徹底勝利。他於七月二十七日回到宮中，立即宣布大赦，但王敦的死黨不在大赦的範圍之內。然後再釋出命令，要求庾亮負責督促蘇峻務必抓到沈充；要求溫嶠負責督促劉遐務必抓到錢鳳和王含。王敦的其他死黨也全被通緝，一定要抓獲歸案。

劉遐的部隊取得勝利後，心態也發生了巨大的變化，以為這個天下是我們打出來的，現在愛怎麼樣就怎麼樣，於是，就一邊追捕沈充，一邊還在追捕逃犯的過程中，擠出時間姦淫擄掠。溫嶠知道後，馬上找到劉遐，對劉遐進行了嚴厲的指責：「你本來是來平亂的，可現在你的部隊跟作亂還有什麼區別？」

第五節　秋後算帳

劉遐趕忙向溫嶠認錯。

王含這時還在選擇該跑到什麼地方才安全。

他想了一想，打算跑到荊州那裡——現在的荊州刺史王舒是他的兄弟，也是王敦一手提拔起來的。

可他的兒子王應卻表示反對，說現在最安全的地方不是王舒那裡，而是王彬。

王含一聽，馬上就否決，說：「王彬老是跟王敦唱反調，是我們王家裡最反對王敦的人，老大差點砍了他的腦袋，他一定恨我們恨得要命。現在去投靠他，等於自投羅網。」

王應說：「正因為這樣，我們才要去投奔他。在我養父有權有勢時，他勇於頂撞，是其他人做不到的。他現在看到我們危險，一定會同情我們，會不顧一切地保護我們。王舒是什麼人？一個膽小怕事的小人，哪敢出面救我們？」

你一看王應的這個分析，就知道，這哥兒們的腦袋十分不錯，是個可以做大事的人，王敦從這麼多王家子弟中選他做接班人，還是有道理的。

可王含的那顆腦袋雖然比他兒子老得多，但智商卻低得很，硬是不聽王應的話，帶著百分之百的希望，向荊州開路。

事情比王應所預測的還要嚴重。兩人一到荊州的地界，就看到一支全副武裝的部隊整齊地向他們走來。王含一看，兒子啊，還是老爸說的不錯吧？現在王舒派部隊來迎接我們了。哈哈，老爸以前料事，沒一個準，可最後關頭，腦子終於正常發揮了一次。以後我們又可以過上幸福生活了。

可他的話還沒說完，帶隊來的軍官手一揮，幾個士兵已經一臉猙獰地走來，把兩人一起捆住。

王含還想大叫，我要見王舒，我要見王舒啊！

第六章　王敦的失敗

那軍官說：「我奉刺史大人的命令，在這個地方逮捕你們。並且當場處死。他說，不要再見到你們了。」

王含這才知道，自己的智商遠不及兒子，自己這個腦袋，越到關鍵時刻越發揮反作用。

父子倆就這樣，跑得全身力氣都透支、還沒見到王舒，就被王舒派來的士兵抓住，捆得像個粽子一樣，然後丟到水裡，活活淹死。

而王彬的行動正好印證了王應的預測。王彬得知王含父子逃了出來，而且也知道王應有過來投靠的意思，就祕密準備了船隻，在江邊等著接應他們。哪知，兩人卻沒有來。他只得一聲嘆息。

錢鳳這個傢伙耍小人花招很有能力，可逃難的招數一點不高明。他逃到長江中的一座叫闔廬洲的小島上──據說這個小島地勢險要，很多人做了違法亂紀的事後，都逃到這個地方去。這傢伙居然也逃到這裡。哪知，周光早就等在這裡。錢鳳才一上岸，立刻就被抓住，當場被砍了腦袋，成為周光向司馬紹請功的資本。

沈充就更加倒楣。這傢伙打了大敗仗之後，四處亂跑，全然找不著方向，最後迷了路，誤打誤撞跑到吳儒的家裡來。吳儒原來是他的手下。沈充一看，老子得救了。老子迷路算迷對了。吳儒臉上一點表情也沒有，只是把他帶到一處，然後叫他進了一間屋子。沈充一看，哇！躲在這裡肯定最安全。這個吳儒想不到有這麼一手。哪知他才進去，吳儒把門關了之後，立刻笑著對沈充說：「三千戶侯矣！」呵呵，沈老大，我感謝你祖宗十八代了，你進去之後，我這三千戶侯到手了──原來，中央在通緝沈充和錢鳳時懸下的賞就是三千戶！

沈充卻還不死心，說：「吳老大啊，你要是放過我，我會給你無數好處；你要是為了這點小利殺掉我。我一死，你的全族也會被滅掉。」

第五節　秋後算帳

吳儒一聽，到了這個時候還這麼威脅老子？老子不殺掉你，全族才危險呢！當場就把這個老上司殺掉，把頭送到建康，做個三千戶侯先。也不知是巧合，還是這個沈充真的有靈，他那個詛咒吳儒的話若干年後居然得到兌現。沈充的兒子沈勁本來也屬於被叛死刑的對象，可他的老鄉錢舉卻把他藏起來，逃過一劫。後來沈勁長大後，下了狠心，把吳家一把搞定。

司馬紹下令，挖出王敦的屍體，對王敦的屍體進行懲罰——活罪可免，死罪難逃——把王敦的其他遺物全都一把火燒掉，還讓屍體跪下，再砍下那顆頭，然後讓這顆頭跟沈充的頭一起掛在朱雀橋上，讓大家看看，造反者的可恥下場。

到了這個時候，誰也不敢為王敦他們收葬。

郗鑑對司馬紹說：「以前處置楊駿時，是把他殺了，然後讓楊家埋葬他。既然已有這個先例，對待王敦還是參照這個先例吧，讓王家的人把王敦埋了，顯得中央的胸懷是寬廣的。」司馬紹一聽，覺得老是掛著那顆頭在朱雀橋上也難看得很，就同意了這個建議。然後開表彰大會，王導等人都得到了大大的表彰。

周撫和鄧嶽是王敦最後的死黨，也是命運最好的死黨。

這兩個傢伙不知是怕逃亡路上寂寞，還是其他原因，硬是結伴而逃，來到周光那裡。周光已有過殺錢鳳的先例，已經旗幟鮮明地與中央保持高度一致，如果是其他人來，他肯定又是一刀過去，再立新功。可現在來的是哥哥。他下不了手，而且也想救這個狼狽得要命的哥哥。因此，他想幫周撫逃走，但卻把想把鄧嶽拿下。

周撫雖然緊跟王敦，在政治上站錯邊，可還是很講朋友義氣的，看到老弟這個樣子，就生氣地對周光說：「是我與鄧嶽一起逃亡的。你要殺他，為什麼不先殺我？」

第六章　王敦的失敗

等鄧嶽趕到時，周撫遠遠地向鄧嶽喊話：「趕快跑啊！我老弟連他哥哥都要殺了，何況是你。」鄧嶽趕緊跑回船上，拚命駕船而去。周撫也跑過去，兩人一同逃到西蠻地區避難，在少數民族中生活下去，直到第二年，司馬紹下詔，對以前王敦的同夥，不再追究了。兩人趕緊出來自首，得以免除死刑，但卻被判了個無期徒刑——不過性命還是保住了。

在這場有名的歷史事件中，婦女界也出了一個功臣。這個人就是張茂的老婆。張茂原來是吳國內史，因為在任上被沈充殺掉。張茂的老婆陸氏就成了寡婦。成了寡婦的陸氏恨沈充恨得要命。在沈充起事的時候，她脫下舊時裝、著我戰時袍，把全家的動產和不動產都拿出來，當作軍費，組織張茂的老部下去討伐沈充，而且還當了先鋒官。沈充完蛋後，她居然上書，說，她丈夫以前當內史的時候，沒有把沈充打倒，完全沒盡到自己的責任啊，請皇上降罪處分自己。司馬紹一看，哇！這哪能處分？下旨：追張茂為太僕！

這時相關單位上書要求對王家進行一次清算，像王彬這樣的人應該來個秋後算帳——雖不判個三年五年，但一定得把他們開除公職。

如果是別的皇帝，估計會覺得這話很有道理，誰叫你們跟著王敦？可他卻回覆道：「司徒導以大義滅親，猶將百世宥之，況彬等皆公之近親乎！」這話的意思是，王導在這場殊死的搏鬥中，大義滅親，功勞很大，即使犯點小錯，都不能對他怎麼樣。王彬也是他的親人啊——看在王導的面子上，就不再追究王家的人了。

司馬紹看在王導的面子上，可以放過王家的人，可他對王敦其他手下就一點不留情了，下詔：「王敦綱紀除名，參佐禁錮。」這兩句很簡單的話，充滿了無比的憤怒——王敦身邊的人員，全部無條件開除；屬下的其他官員，通通剝奪政治權利終身。

第五節　秋後算帳

溫嶠一看，這樣做實在是有點極端了，趕快上書糾正：「敦剛愎不仁，忍行殺戮，朝廷所不能制，骨肉所不能諫；處其朝者，恆懼危亡，故人士結舌，道路以目，誠賢人君子道窮數盡，遵養時晦之辰也；原其私心，豈遑晏處！如陵玩、劉胤、郭璞之徒常與臣言，備知之矣。必其贊導凶悖，自當正以典刑；如其枉陷奸黨，謂宜施之寬貸。臣以玩等之誠，聞於聖聽，當受同賊之責；苟默而不言，實負其心。唯陛下仁聖裁之！」這段話的意思是，因為王敦太過窮凶極惡，動不動就拿人開刀，他們為了保命，這才不得不做他的手下，其實很多人的內心是不情願的。很多人老早就曾跟我說過他們的苦衷。這些人還是放過他們吧！至於那些天天唆使王敦造反的人，才應該堅決鎮壓。請皇上再考慮一下吧！

司馬紹雖然年紀不大，思想有時不夠成熟，但有一點十分難得，對正確意見容易採納，即使做了決定，人家一說不行，也可以堅決叫停。這時看到溫嶠的上書，覺得溫嶠說得對。在王敦當權的時候，不光這些人對他怕得要命，就連他們父子也不曾睡過安穩覺。如果連這些人也都追究下去，進行無情打擊，他這個皇帝也太沒有氣量了，對國家的形象也是大大地損害，於是馬上在溫嶠的信上簽上「同意」兩個字，以前的決定徹底作廢。

王敦事件到這時才真正宣告結束。

司馬紹這時才得以著手整頓自己的政治班底，其實這個班底也沒什麼特別，也就是把打倒王敦的功臣們全提拔上來，成為新的權力中心。他在十月份，做了一個人事調整：加庾亮護軍將軍，溫嶠前將軍。

從這個人事方案來看，王導仍然是頭號員工，享受著特殊待遇，這個特殊的待遇包括劍履上殿、入朝不趨、贊拜不名。大概因為王敦是他的堂兄，把國家鬧到這個地步，他還當這麼大的官，實在有點難為情，就堅決推辭了。

第六章　王敦的失敗

司馬氏集團自從司馬衷以來，動亂一個接著一個，人事變動之頻繁，實在是歷史上少見的，可在此之前，不管高層人事如何變化，這個把那個趕下臺，然後另一個又扯起大旗把這個趕下臺，可上來的掌握著歷史方向盤的人，不是豬頭菜鳥系列人物，就是一肚子壞水的小人，不是窩窩囊囊地上臺，被人砍下腦袋時還不知道是怎麼一回事，要不就殺氣騰騰地爬到權力巔峰，把大家折騰了一番，最後也死得很難看，自己一點長久利益都沒有撈到手，反而把這個國家弄成這個樣子。直到處理完王敦事件，司馬氏的高層，才出現了一個讓人看到希望的轉機。現在第一把手司馬紹的能力遠比他前面的皇帝強得多，而王導、溫嶠、郗鑑等幾個都是全心全意為司馬氏服務的人，而且也聚精會神地要成為一個合格的人民公僕；不但盡力幫助司馬紹鞏固這個來之不易的權力，而且也肯為這個國家的復興努力。

如果照這個方向高歌猛進下去，司馬氏中興絕對沒有問題。

第六節　劉臞對張家沒有辦法

這時西北地區的張茂已經掛掉。這傢伙繼承了他哥哥的事業，做得比哥哥更加出色。西部地區原來有很多勢力，最終都被劉臞集團一一搞定，唯獨張氏還屹立不倒，這是與張家幾個老大的能力有關的。替張家事業奠定基礎的人是張軌。張軌本來也是西部人士，還很年輕的時候，就大大有名，連張華都很看重他。這樣的人在當時，要是到官場去混，不久就會越混越火紅。後來，張軌就做到平西將軍、秦州刺史，成為晉國地方強人之一。

第六節　劉聰對張家沒有辦法

張軌不同於其他名士，在和平時代，喝酒把妹吹牛，自認為天下第一，誰都不放在眼裡，可除了這幾個名士要素外，其他能力都等於零。張軌的行政能力卻相當強，在秦州當第一把手時，為司馬氏死死壓住這一帶鮮卑人，雖然中原一帶，小亂不止，大亂不斷，流血事件已成政壇常規，可秦州這個本來民族複雜、最容易出亂子的地方，卻過著和平的日子。

張軌不但工作能力強，會做官，也是個司馬氏堅強的擁護者。在洛陽危機時，司馬氏員工中原來的那些既得利益者，包括司馬睿、司馬保這些離權力核心距離最近的人也一動不動地當旁觀者，倒是張軌還不斷地支援著那個早已破敗得很難看的洛陽中央。就連司馬業在長安危急時，他也還幾次派兵去救援長安。

他當了十三年的州長，死的時候，六十歲。

張軌的幾個兒子，都是做事業的人才。張軌活著的時候，上表要求讓他的兒子張寔接班。司馬業本來就是個弱勢得不能再弱勢的皇帝，而且現在正困守長安，連一日三餐都已經發生問題，天天指望他們來支援，哪能不答應？張寔就這樣成了張家在秦州的第二代領導人。

張寔做了幾年之後，就不像他老爸那麼安分了，覺得這個刺史沒什麼搞頭，乾脆自稱涼州牧，開始走上自立的道路。沒多久，死守長安的司馬業終於支持不住，宣布放下那幾支已經磨損得能菜也砍不下的武器，不再折騰，向劉聰投降。

司馬業集團此前也曾向張寔求救過，可張寔不是張軌，心裡老裝著皇上，而是開始為自己著想了。在司馬保自稱晉王後被逼得已經進入死胡同了，他只也是象徵性地派出部隊，一仗也不打，坐看司馬保自生自滅而與他無關。

不過，司馬業對張寔還是很看好的，在投降之前，還派人把最後的詔

第六章　王敦的失敗

書送給張寔，意思是說，現在司馬睿在江東做得不錯，我完蛋之後，你們要繼續高舉旗幟，擁戴司馬睿。詔書後面還贈送了張寔很多大官銜。

但張寔卻沒有遵照司馬業的指示，而是繼續自立。他雖然也在表面上派人去向司馬睿勸進，可是司馬睿當了皇帝之後，他老兄卻像不知道這個消息一樣，仍然不用司馬睿的年號，繼續把建興紀元當作本地掛曆。這種作法一直堅持了很久。

可沒多久，張寔就被幾個邪教分子殺掉。

張寔死了之後，張茂當了老大。張茂的能力也不比哥哥差。而且張軌以前更看重這個兒子。張軌中風時，已不能下指示，曾經叫張茂代他處理所有事務，張茂做得很不錯。他當上涼州頭號人物後，更是天不怕地不怕，放開手腳，勇於跟劉曜對著幹。

劉曜雖然恨不得把張茂一刀砍死，生吃他的肉，可卻對他一點辦法也沒有，雖然曾親帥二十萬大軍，擺了個不滅張茂決不收兵的架勢，可只在黃河邊舉辦了一次場面宏大的的戰鼓藝術節之後，就宣布閉幕。

而張茂在這次由劉曜導演的戰鼓藝術節中，得到了巨大的實惠。他派陳珍帶著氐、羌等少數民族部隊，從劉曜手裡奪取南安一帶，讓地盤又得到進一步的擴張。

史書上說，這個張茂「雅有志節，能斷大事」，是個領袖人才。

張茂一心一意為張氏的前途著想，對他地盤上的地頭蛇不惜採取血腥手段。當然，他的血腥手段還是很有策略的。

當時，涼州的首富是賈摹。這傢伙不但財富多，而且在社會上也有極大的影響力，家族勢力也是當地第一，而且又是他哥哥張寔的內弟，是要錢有錢，又與權力沾上邊的人物，用現在的話就是屬於黑白兩道通吃的人。這種人一般最容易成為政權的反對派。張茂就想著如何解決賈摹。當

第六節　劉聰對張家沒有辦法

然，現在他手中有槍桿子，硬把人家抓起來殺掉，那也是可以的。可是這樣一來，觀感不佳，張家的形象也會受到影響——搞定了賈家，估計張家的垮臺也為時不遠了。

這時，涼州地區突然出現了一個童謠「手莫頭，圖涼州。」「手莫頭」是什麼？不是摹字是什麼？這句話的意思是什麼？就是有個叫「摹」的傢伙要圖涼州，要把張家徹底打倒，然後當上涼州第一把手。

張茂以此為藉口，把賈摹叫了過來。賈摹當然不知道張茂已經對他動了殺機，高高興興地過來，可還沒高興完，人家的大刀已經夾帶著呼嘯的風聲猛砍過來。涼州地盤上的頭號地頭蛇就這樣死掉。他死去的理由就是那六個字。如果放到現在，網友們對張茂的這個殺人理由肯定一點也不信，肯定會天天在網上大罵張茂，甚至來個肉搜，把張茂的家底全抖出來。可當時人民都相信這一套——你要圖人家的涼州，人家不砍你砍誰？

我估計這六字童謠是張茂創作出來的，讓小屁孩們天天念，然後人一抓，就把一個潛在的危險分子處理了。

張茂殺了賈摹後不久，也覺得健康狀況像被金融風暴猛烈衝擊的股市一樣，不斷地直線下跌，只幾天功夫，就有觸底的跡象。他知道，自己也活不了幾天了。

張茂雖然性格強悍，可生育能力一點都不強，這輩子殺人無數，也把妹無數，可一直到死，也沒生出個兒子來，所以，他只得把這個擔子交給張駿。張駿是他哥哥張寔的兒子。

他在床邊向張駿口授他的遺囑：「吾先人以孝友見稱。自漢初以來，世執忠順。今雖華夏大亂，皇輿播遷，汝當謹守人臣之節，無或失墜。吾遭擾攘之運，承先人餘德，假攝此州，以全性命，上欲不負晉室，下欲保

第六章　王敦的失敗

完百姓。然官非王命，位由私議，苟以集事，豈榮之哉！氣絕之日，白帢入棺，無以朝服，以彰吾志焉。」要求張駿發揚傳統，不要背叛晉國，多為人民謀幸福。

張駿當上涼州最高領導人之後，那個辛晏就不把他放在眼裡，

太寧二年的年底，辛晏在他據守的抱罕，不再把張駿的話當最高指示，想要獨立。

張駿一看，你這傢伙，在我叔叔當權的時候，屁都沒放響一個，現在叔叔一掛，竟敢欺負我年輕，跟我玩獨立的把戲？老子正好拿你開個刀，立個馬威先。

辛晏不甩張駿，張駿更不把辛晏放在眼裡，立即著手安排擺平辛晏的事。

在張駿意氣風發要掛帥出征時，從事劉慶極力表示反對，說：「有作為的老大，對軍事行動這件事，向來很小心，不是想採取時就採取，而是看好天時、地利、人和，才發動的。現在辛晏凶頑囂張，以後肯定會滅亡。可現在我們這地方剛鬧天災，到處糧食緊張，我們能在這個寒冷的天氣裡發動冬季攻勢嗎？」

張駿也跟司馬紹一樣，雖然年輕，血氣方剛，但腦子卻很管用，即使在衝動當中，聽到正確的提醒，也能克制衝動。這時覺得劉慶這話太有道理了，便停止了軍事行動。

由於前次張茂在劉曜發動的那場戰鼓藝術大會中，向劉曜表示投降，願當前趙的分公司，因此在張駿當上老大之後，做的第一件事就是做好前趙的外交關係。他派了參軍王隲當全權大使，去向劉曜報告他繼承了老大的位子。

這個王隲確實是個外交人才，一點也沒有讓張駿丟臉。

第六節　劉曜對張家沒有辦法

　　劉曜問他：「現在你們的態度很好，但你能保證以後都歸順嗎？」

　　如果是別人，面對劉曜，肯定會很有禮貌地說，保證把這個態度保持到千秋萬代。

　　可王陟卻說：「一點也不能保證。」

　　劉曜還沒有說話，他的侍中徐邈已經忍不住了，搶先發火：「王陟，你的任務是要讓我們雙邊的和平關係更加持久地深入下去，可竟然不敢保證這個。你到底是怎麼想的？我懷疑你的老大腦子進水了，讓你這樣的人出來當外交官。」

　　王陟卻一點不在乎徐邈生氣，說：「你先別生氣。我講個故事給你聽。你一定知道齊桓公吧？他在貫澤召開諸侯大會的時候，那是一臉的憂國憂民，諸侯們都不用發會議通知，就自己來了；後來他在葵丘舉行大會的時候，臉上全是威風凜凜的神色，大家一看，就不順眼，馬上就有九個諸侯國跟他斷絕往來。同樣的道理，如果以後劉老大對我們都像現在這樣的政策，我可以保證友好下去；如果劉老大腐敗墮落下去，估計連大家也不看好了，何況我們？」

　　劉曜一聽，什麼是人才，這就是人才！張駿派這使者實在派得太對了。馬上獎賞給王陟一筆現金，讓他回去覆命。

　　張駿雖然答應做劉曜的子公司，但他內心仍然把司馬氏當成自己的老闆。只是他離江東太遠，無法來回聯繫，而且江東集團這些年來，也是混亂不堪，雖然掛牌上市了多年，但因為司馬睿是個沒有遠大理想的皇帝，一天到晚只把眼光放在江東，很少關注其他地方，尤其像張氏這樣又不用他們年號的勢力，他就更沒有心思去理會了。所以雙方根本沒有什麼資訊交流。

　　直到太寧三年的二月，張駿才知道原來司馬睿已經駕崩了。張駿馬上在他的轄區內發表訃告，舉行追悼大會，自己也痛哭三天，表示自己仍然

第六章　王敦的失敗

在心裡打著司馬氏的大旗。

正巧，有人跑來說嘉良出現一條龍，大家看得清清楚楚，全身金黃色，現在不知道哪裡去了。大家都知道，這個消息肯定是哪個頭腦發達的人捏造出來的，但歷史已多次證明，這種捏造出來的消息，最容易讓人相信。一般捏造這種消息的人都是有所圖謀的——有時是按第一把手的暗示去捏造，有時是想拍第一把手的馬屁，想報個喜就可以立功——這次捏造這個消息的人肯定不是張駿，而是有人藉此來拍他的馬屁。泛褘等幾個人乘機把馬屁更深入地拍下去，對張駿說，老大，這是吉兆啊！為了紀念黃龍的出現，我們可以改個年號。

但張駿不同意。

不久，那個辛晏就支撐不住了，求張駿給他改過自新、重新做人的機會，讓他投降。

張駿雖然很生這傢伙的氣，但他知道，現在他能守住這個地盤就已經不錯了，要是一不小心在這塊地區上點火，發生一場內戰，外面的勢力就會趁機打進來，他們馬上就會玩完。所以，也答應了辛晏投降的請求，終於恢復了原來的轄區面積。

第七節　石勒的痛苦

也是這個月，石勒繼續貫徹四面作戰的政策。前段時間，剛跟前趙和晉國因為邊境摩擦、製造了幾起大規模的流血衝突，取得了一些成績，但無法把戰果擴大化。這時又看準了慕容廆，覺得這傢伙這些年來，不聲不響，雖然在關外，跟後趙的地盤接壤，卻硬把頭伸過去，翻山越嶺去跟晉

第七節　石勒的痛苦

國要旗號，當司馬氏的子公司，好像他石勒不存在一樣。最讓石勒生氣的是，前年也就是太寧元年的四月，他派了個使者去見慕容廆，提出從此以後，雙方和平相處，永遠友好。哪知，說出的話還沒有打句號，慕容廆就叫人把使者抓起來，不遠幾千里，送到建康去了——實在做得太絕了。而且石勒也知道，關外這些勢力中，另外那幾個雖然威風，但眼光都是屬鼠的，看不出幾公尺遠，只有這個傢伙，天天招攬人才，只要是有點能力的，他都一臉笑容地請過來，好酒好菜地招待。這些人才，雖然平時看過去清高得要命，可到底也跳不出吃人嘴軟、拿人手軟的鐵律，幾餐東北名菜一下肚，就全心全意當慕容廆的手下了。

石勒當年也是靠這個政策混過來的，因此，對這種人，石勒歷來把他們當作最厲害的敵人。

石勒是什麼人？一把你當作最危險的對手，他就坐不住，就想把你一腳往死裡猛踩——以前王浚和劉琨兩人的勢力並不比他弱，但他硬是死死地盯住兩人，最後抓住機會，冒著風險，硬是把兩人一舉搞定，從而打下了今天的基礎。這時，他的力量比慕容廆強悍多了，認為要滅掉這傢伙只要把一支部隊派過去，就可以手到擒來。

石勒這時已經把那個被慕容廆收拾得暢快淋漓的宇文部落收編完畢，任命宇文部落的老大宇文乞得歸當了後趙的官員，然後叫這傢伙帶兵去攻打慕容廆。

慕容廆接到消息後，一看，又派這些傢伙過來跟老子較量。他一點都不懼怕，馬上命令世子慕容皝、以及索頭部落和段國一起迎戰，而且派他的頭號助手遼東相裴嶷當右翼、慕容仁為左翼，共同迎戰，一定要再次把宇文家軍再次打得不剩渣。

宇文乞得歸在澆水跟慕容皝對壘，命姪兒宇文悉拔雄一定要頂住慕容仁的進攻。可宇文悉拔雄實在不爭氣，雖然在接到命令之後，拍著胸脯保

301

第六章　王敦的失敗

證一定打贏，決心和信心比天還大，可戰鬥一打響，才知道，不是我軍無能，而是敵人太強悍了，不但連還手之力都沒有，就連逃命的能力都喪失了，在暈頭暈腦中被人家砍了腦袋。

慕容仁立了這個首功之後，並沒有坐下來盡情大喝慶功酒，而是抓緊時間，乘勝而出，與慕容皝的部隊來個勝利會師，聯合向宇文乞得歸發起猛攻。這個宇文乞得歸的戰力也不比他的姪兒強多少，自己的作戰方案還沒有做好，大營就被敵人一舉攻破。

宇文乞得歸打仗的能力跟他的姪兒處於同一個等級，但逃跑的功夫比那個宇文悉拔雄強了好幾倍，一看到敵人進攻的勢頭越來越生猛，自己的子弟兵越來越潰敗，就知道，此時不走更待何時。這些子弟兵這麼不爭氣，一點不替老子賣命，老子也不管你們了。便一點不負責任地做了個決定，自己一個人逃跑，丟下士兵被敵人猛砍猛殺，以便耽誤一下敵人追來的時間。

宇文乞得歸這麼一跑，宇文部隊的指揮系統就全部報廢，士兵的數量再多，戰鬥力再強，也沒能組織起有效的抵抗，那些人頭也就跟一個個西瓜沒什麼差別。

慕容皝和慕容仁一陣大殺，過癮得要命，最後還一路追擊下去，連續擴大戰果，連宇文部落的根據地也全部占領，而且還派出特種兵追捕落荒而逃的宇文乞得歸。宇文乞得歸大概取了個宜於逃命的「乞得歸」的好名字，使得這次的逃跑很成功。慕容家的部隊追出三百多里，也沒有把他抓住。

不過，雖然沒有抓到宇文乞得歸，慕容廆卻在這一仗中收穫很大：宇文部落多年省吃儉用累積出來的大量物資以及牲畜，全變成了慕容廆的資產。而且，還成功地把宇文部落一萬名戰士改編成慕容家軍。

石勒這次針對慕容廆的戰爭，因為用人不當，反而讓慕容廆的力量又

第七節　石勒的痛苦

壯大了一圈。

也是這個月，段氏的老大段末杯死掉，他的弟弟段牙繼位成為段氏的第一領袖。

如果說，文宇乞得歸原來就是個外來戶，被人家滅得再怎麼乾淨，對石勒來說，也算不得什麼巨大損失，可另一邊的失敗，就讓石勒的心情大大的不爽了。

原來，在石勒派宇文部落去攻打慕容廆的時候，他的部將石佗在西邊開闢了一個新的戰場。

在這個亂得像一鍋粥的時代，誰也不好過，而那些小集團的老大更不好過。很多勢力單薄的小集團，雖然有一群手下，可以在某個地方大聲說話，沒誰敢怎麼樣，可實力其實也就跟一個黑社會組織大不了多少，根本無法自立，又要在各方老大的夾縫中生存，唯一的辦法就是投靠某個老大，讓這個老大當他們的保護傘。可你的眼光要是看不準，投靠的老大選錯了，就跟高層內鬥時站錯隊差不多，馬上就可能引來一場沉重的打擊。

「北羌王」盆句除就是屬於這樣的一個組織。他這時選擇劉曜作為他的保護傘，自願當上前趙的子公司。後趙的石佗一看，為什麼去投靠劉曜而不投靠我們？你分明不把我們強大的後趙帝國放在眼裡。你以為他們叫前趙就厲害，我們是後趙我們就不行了？老子讓你知道光從字面上看問題的後果有多嚴重。石佗的膽量確實不錯，居然帶著部隊來個遠距離奔襲，橫跨上郡向盆句除發起軍事行動。

盆句除的部隊本來都不在前線，因此做夢也沒有夢到石佗會向他進攻，一點準備也沒有。石佗把盆句除部狠狠地扁了一頓，俘獲了大量戰利品：帳篷三千多頂，牛馬羊一百多萬頭，然後全軍笑哈哈地凱旋而歸。

石佗大勝一場之後，頭腦也跟著暈了一次──居然忘記了他凱旋而

第六章　王敦的失敗

歸的路線，是在劉曜的勢力範圍內的。

劉曜接到這個報告後，迅速作出反擊的命令，派劉嶽帶兵追擊石佗，自己也親自出征，在富平那裡駐紮，隨即支持劉嶽。

劉嶽在黃河岸上與石佗的部隊相遇，展開決戰。剛勝利的石佗最後沒能把勝利繼續下去，被劉嶽部大破，連首級也丟在黃河邊上。

石佗腦袋一飛，石勒就沒有辦法不痛苦了。

不過，讓石勒痛苦的程度稍微有點減輕的是，雖然在關外的投資血本無歸，但南方這邊卻得到了個意外收穫。

也是在這年的三月，晉國的都尉魯潛覺得自己在晉國已沒有什麼作為了，便在許昌宣布改掛後趙的招牌，從司馬氏的手下變成石勒的員工，讓石勒又像吃了興奮劑一樣，精神振奮了一下。東西兩邊都吃不到好果子，看來老子這個季節的好運就在南方了，於是決定狠敲晉國一下。

四月，後趙的將兵都尉石瞻選擇晉國的鄒山作為這次軍事行動的目標。鄒山是晉國兗州刺史檀斌大營所在。這個檀斌的官雖然很大，是兗州一帶最高軍政長官，出入都威風凜凜，可他的能力就跟他的姓名差不多——只會紙上談兵，實際真刀真槍的打起來，卻業餘得要命。石瞻只一仗，就把檀斌的性命搞定。

可石勒高興沒幾天，另一件事又讓他的心情超級鬱悶。

石勒的西夷中郎將王騰也像魯潛一樣，覺得老在一個單位打雜，一點不刺激，就決定換一個工作環境。這傢伙做得比魯潛有聲有色多了。魯潛只是在許昌發表了個宣告，就成了石勒的手下。而王騰覺得，光一個人跑過去，實在太不刺激，只有把這事弄得隆重一點，投奔過去才有價值。他經過一番準備，然後突然發難，把石勒的并州刺史崔琨和上黨內史王慎一把搞定，帶著整塊并州地區全部貢獻給劉曜。

第八節　陶侃復出

　　司馬紹這時也知道，在這個時期，軍事人才才是最有用的人才。只有把有用的人才放到邊界上重用，他的這個半壁江山，才能繼續保住半壁。他很快就知道，現在他手下的員工，陶侃絕對是個頂尖的軍事人才。這樣的人才放在廣州，顯然沒什麼巨大的作用。要想讓陶侃發光發熱，只有讓他再到北邊來，為晉國擋住石勒的部隊。於是就任命陶侃為征西大將軍、都督荊湘雍梁四州諸軍事兼荊州刺史，使得陶侃一下就成了全國最有實力的強人。

　　這個命令一下，除了陶侃高興之外——他當年本來在荊州做得好好的，把荊州建設得越來越繁榮，可王敦卻突然把他當作反對黨，一把奪過他的兵權，然後把他下放到廣州，在這個大後方，雖然做了幾件引人注目的事，但實質上跟靠邊站沒什麼差別，他忍了這麼多年，等的就是今天這張委任狀，因此當然心裡澎湃了一下——那些荊州的老百姓也很高興。

　　據說，這個任命書一釋出，「荊州士女相慶」——大家都忍不住來個奔相走告。

　　陶侃雖然也算是名士，可他把名士風度看得很透澈，並不像其他那些名士，不管官職做到哪個級別，那個職位的職責是什麼，都一概以喝酒把妹為第一要務，好像那個職務只是用來領薪資的，是玩名士風度的經濟基礎。陶侃實實在在地把自己當成是人民公僕，領納稅人的錢，就得為納稅人服務，而且工作踏實，雖然智商很高，但仍然認真努力，做到「終日斂膝危坐，軍府眾事，檢攝無遺」——一天到晚都在辦公室裡端正地坐著辦公，軍政事務樣樣過問，雖然工作繁重，但都處理得乾乾淨淨。很少有休閒的時候。

第六章　王敦的失敗

　　他經常對人家說：「大禹聖人，乃惜寸陰，至於眾人，當惜分陰。豈可但逸遊荒醉，生無益於時，死無聞於後，是自棄也。」大禹那樣的聖人，都還珍惜時間，我們這樣的人，更應當不浪費時間。千萬不要一天到晚到處遊玩、喝酒。用這種方式來消耗社會資源和自己的生命，活著的時候，一點意義也沒有，死了之後，更沒有什麼可以留下的東西。跟自我放棄沒什麼兩樣。

　　他很多手下都是名士們的粉絲，常擠出時間來喝他兩杯，然後拿著現金，做點小賭。陶侃知道後，馬上叫人收繳他們喝酒和賭博的工具，全部丟進長江裡，然後把那些人集中起來，用鞭子狠狠地抽打他們。然後告誡他們：「賭博都是那些下等人做的事。你們堂堂國家官員，也去做這種醜事。而且老子、莊子的那些東西，一點實用性也沒有。正人君子都應當衣服整潔，哪能像那些名士那樣，一天到晚玩藝術，把蓬頭垢面當成時尚？」

　　陶侃不但勤政，也很清廉──當然，他的清廉也是有限的，他也很喜歡人家送他東西。但有個標準，如果你送的東西，是你自己努力得來的，他會很高興地收下──即使那東西不值幾個錢，他仍然好吃好喝地招待你一餐，甚至返還你三倍的禮品。如果你送的東西來歷不明，他就會先把你罵得灰頭土臉之後，再退還那東西。

　　陶侃還喜歡到處逛逛，體察民情。有一次，他到郊外散步，看到有個人拿著還沒有熟透的稻子，覺得奇怪，就問：「你拿這個東西做什麼？還沒有熟就拿回去有什麼用？」

　　那時的民風還不錯，那人也是個老實人，看到人家這麼問，就說：「我在前面那裡走過，看到這稻子很不錯，就割了點回來。」

　　陶侃一聽，原來不是你的東西。這就是實實在在的盜竊行為。當場大怒起來：「你空虛懶漢，自己不種糧食，卻做偷盜的勾當。」當場把這個很

傻很天真的小偷綁起來，狠狠地賞了一頓鞭子。

荊州在陶侃的領導下，人民努力建設家鄉，生活水準也跟著上漲，終於衣食無虞。

當然，只會勤政清廉、努力帶領人民建設，仍然算不得是個優秀的荊州刺史。因為荊州不是別的州，而是處於與前後兩趙的最前沿，時時刻刻都有檫槍走火甚至發生大規模戰爭的可能。是晉國最為重要的策略要地，如果這個地方成了別人的領土，江東的大門也就全部敞開了。所以，在這裡當第一把手，最重要的不是實施基礎建設，而是整治軍事建設。

陶侃是一個很有遠見的人，不管做什麼事，目光都比別人遠得多。荊州緊靠長江，因此，造船業是必須發展的。在造船時，造船廠鋸出來的木屑和竹節等其他邊角廢料，陶侃都要求留存起來。大家都覺得陶老大也太節約了吧？這種東西留起來，除了佔地方外，也沒什麼用。

可到了新年，大家舉行元旦朝會時，大雪正好融化，弄得到處是水，大廳前一片泥濘，難走得要命。陶侃叫人把以前存放的木屑拿來，鋪在地面上，大家馬上就可以走來走去了。而那些竹節就更有用處了——後來，桓溫進攻四川李氏時，就是靠這些竹節做成船釘而建立水軍艦隊的。

第九節　晉國最大的不幸

晉國這一年，似乎又進入了一個不利的流年。

不利之一，河南一帶地區又丟了。

本來，堅守在這一帶的人是李矩和郭默。李矩這個人算起來，也還有

第六章　王敦的失敗

點能力，而且政治眼光不錯，當年在與劉漢集團的較量中，曾經有過很好的表現，為晉國保住了河南一帶的領土。

可是司馬氏建立江東基業，在江南站穩腳跟之後，目光卻很少跨過長江，關注一下堅持在北方的這些力量。因此，李矩們雖然忠心耿耿，卻得不到支持，力量越來越薄弱。後來祖逖過江開闢北伐基地，逐步把河南領土收歸，而且也讓這些力量團結起來，局面已經有所好轉。哪知，祖逖卻沒能把事業進行到底，突然就掛掉了。祖逖一死，原來他經營的地盤也就全部喪失，剛緩過一口氣的李矩他們又進入艱難時期。司馬紹雖然遠比他的老爸有眼光，也比司馬睿有膽識多了。可被王敦這麼一折騰，內部的整頓又花費了很大功夫，一時也沒有精力和力量去看顧一下這幾個將領。

李矩他們依然在孤軍奮戰。

這時，李矩的官職是晉國的司州刺史。而石勒手下的石生也是這個官銜。

石生覺得自己不把李矩解決掉，自己這個司州刺史做得實在大倒胃口。而且他也看得出，李矩雖然打著晉國的旗號，其實得不到晉國的一點支援，現在跟李矩玩，就只有李矩他們幾個跟他對抗，如果等司馬紹的內部整頓一結束，騰出手時，那可就麻煩了——那時李矩就會有著強大的外援，要想動他，就不那麼容易了。

石生這麼一分析，覺得這時是搞定李矩他們的最佳時期，因此不斷地從洛陽出兵，對李矩和郭默展開軍事行動。李矩和郭默現在的實力已經不像當年那樣了，因此在跟石生的對戰中，只有失敗，沒有勝利。而且沒有後援，糧草不久就陷於緊張狀況。兩人實在沒有辦法了，知道再打下去，也是死路一條，不如乾脆投降了事，免得生命馬上結束。

不過，兩人並不是向石勒投降，而是選擇前趙當作投降的對象。

第九節　晉國最大的不幸

在晉國的霉運開始的時候，劉曜的霉運也突然降臨。

本來，劉曜擺平了他一直視為後院的西部地區後，覺得最艱難的時期已經過去了，可以不怕石勒趁他後院不穩時向他用兵了。他可以專心用全部的力量來對付石勒這個最強悍的對手。而且近來他不費什麼力氣，就搞定了石勒幾個厲害的部下，得到了并州地區，實力比過去更加雄厚。而石勒倒是打完東邊打南邊，四處作戰，到處與人為敵，從這個角度來說，石勒才是最難過的。

劉曜由此認定，趁石勒四面開戰的時候，可以對他用兵，讓他顧了這邊，顧不了那邊。也只有這樣，才能把這傢伙搞定。

劉曜的這個分析是不錯的，定出的策略也十分可行。可後來在執行的過程中，卻不斷地犯錯。這些不斷地錯誤使得他突然從事業的巔峰跌進歷史的深淵。

太寧三年，初夏，他派劉嶽帶一萬五千兵馬猛攻孟津，又派鎮東將軍呼延謨帶著部隊出崤山，向東推進，打算跟剛投降過來的的李矩、郭默會師，夾擊石生。

劉嶽的行動很順利，沒花什麼功夫，就攻克了孟津和石梁，殲敵五千多，把石勒手下的強人之一石生死死圍困在金墉城裡。

在劉嶽取得第一場勝利時，劉曜就犯了一個大錯。

因為派出了兩路部隊向石勒挑戰，就意味著兩趙之間的戰爭將全面爆發，而且戰爭的程度將不斷更新。可要命的是，派出兩路部隊之後，卻沒有再派大軍作為後援。只是讓兩路部隊自己作戰，他只在後方等著捷報頻傳。

石勒當然不會讓劉嶽在洛陽一帶囂張。他馬上把石虎調來，與劉嶽面對面開打。

第六章　王敦的失敗

　　石虎也知道，這場戰鬥，只許勝不許敗，因此他帶了四萬部隊從西虎牢關西進，直接跟劉嶽對決。

　　劉嶽手裡只有一萬多兵馬，光從數量上計算，就遠遠不及石虎的部隊，何況石虎又是當時最能打仗的強人。兩人在洛陽西郊展開決戰，結果是劉嶽毫無懸念地被打了個大敗。而且劉嶽自己也被射了一箭，只得退守石梁。石虎把石梁全面包圍起來，斷絕劉嶽與外界的聯繫。

　　劉嶽的兵團沒幾天就斷了炊，只得天天殺戰馬來解決吃飯問題。

　　劉嶽一殺戰馬，突圍的資本就被徹底吃光了，只能死守待援。

　　石虎就放心地分兵去猛攻呼延謨。

　　呼延謨更不是石虎的對手，才一交戰，就被石虎打了個落花流水，呼延謨本人也在這場戰鬥中光榮犧牲。

　　劉曜的兩路兵馬就這樣玩完。

　　他看到呼延謨已經成為烈士，而劉嶽也陷於絕境，這才急急忙忙地率大軍過來援救。這傢伙的腦子不知道是怎麼想的，以前為了擺平張茂、陳安那幾個小集團，每次都大軍壓境，這時向當今第一強人石勒挑戰，居然只派這兩支部隊輕裝前去，到了這時才親自出手。

　　石虎率三萬騎兵迎戰。劉曜的前將軍劉黑在八特阪與石虎的部將石聰交手，把石聰打得大敗。

　　劉曜把大營駐紮在金谷。金谷就是原來全球首富石崇吃喝玩樂的風水寶地。

　　劉曜的這次行動，開場還是不錯的。他進駐當年石崇玩樂的地方時，信心滿滿。哪知，不知是石崇顯靈，還是這個地方的風水有問題，半夜裡，軍營內突然發生夜驚事故，大家都在大睡中猛然驚醒，然後都不自覺地拿起武器，不分敵我，只要是人就大刀朝對方的腦袋砍過去，然後大喊

著全都散逃出去。

　　劉曜只得一臉無奈地看著他的前趙子弟兵們一夜之間到處亂跑，本來嚴謹異常的軍營，立即進入大動亂狀態。

　　到了這個時候，劉曜只得退回澠池。哪知，到了半夜，這個「夜驚」事件再度重演，剩下的部隊也全部崩潰。劉曜只得大叫倒楣：當年項羽說什麼非戰之罪，老子這才是非戰之罪啊！本來明明佔了戰場優勢，可卻連續兩次遭遇這個事故。歷史上的軍營夜驚事故都沒發生過幾次，老子居然連續發生兩場，完全可以叫千年不遇了。

　　劉曜本來是想來把劉嶽救回去的，哪知，劉嶽都還死守在那裡，他自己的部隊卻先玩完了，而且玩完得一點不給他臉面。他沒有辦法，只得恨恨地退回長安。

　　本來石虎的形勢已經很嚴峻了，誰知，劉曜居然就這樣自己搞定自己，最後逃得路也找不著。他大叫僥倖的同時，又有點生氣，要是早知劉曜軍發生了「夜驚」，他肯定會在夜裡發動攻擊，不抓住劉曜就不是石虎。現在他對劉曜是暫時沒有辦法了，只有專心對付劉嶽了。

　　六月，石虎終於攻入石梁城中，包括劉嶽在內的全部官員都成了戰俘，一起押送到襄國。劉嶽部下的九千多士兵，石虎則一律坑殺。

　　解決劉嶽後，石虎又把那雙狼一樣的目光投向王騰。

　　王騰原是石勒手下的員工，前一段時間硬是跳槽去當劉曜的部下，石勒對他氣得差點吐血。這時把劉曜的幾路大軍搞定後，估計劉曜在一段時期內不會過來找什麼麻煩了，可以放心地去收拾這個可恥的賣國賊了，石虎就帶著部隊向并州出發。

　　王騰舉行的那場投降活動，搞得很轟動，算是近來跳槽行動的大手筆了，可打仗能力卻不怎麼樣，被石虎一頓猛攻，馬上徹底破產，連腦袋也

第六章　王敦的失敗

被搞定，被俘的七千人，也全享受劉嶽士兵們的待遇──全部坑殺。

石虎是石勒現在最倚重的強人，仗向來打得不怕犧牲，而且也經常打勝仗，可人太殘忍，只要一打敗別人，就把戰俘全部搞定，一個不留。這種人衝鋒陷陣，是一條難得的好漢，可把大事業交給這樣的人，這個事業也大不了幾天的。石勒是這個時代這些老大中最有理想也最有能力的，可以說是老大中的頭號菁英。可就因為身上殺氣太重，也是個喜歡血腥的傢伙，一點愛心也沒有。要知道，能奪天下的，大多都是心狠手辣的人物，都是不怕殺人如麻的傢伙，可人家還是會作點秀，能不殺人時，盡量不殺人。盡量做出「愛民如子」的樣子來，以便收攏民心。因為他們知道，要讓人家信服你，靠的是成功的愚民政策，而不是武力鎮壓。石勒本來就是胡人，胡人進入中原搶當老大，老百姓本來已經不服了，你再這麼動不動就大砍大殺，一點也不記取一下那句「得民心者得天下」的話，他領導的集團，雖然百戰百勝，但不能笑到最後，是有其必然的原因的。

劉嶽和王騰部先後被石虎全部殺光的消息傳到長安，劉曜悲痛得放聲大哭，而且這次痛哭的規模實在是史無前例──他這場大哭，前後花去了七天時間，而且地點都選在郊外，穿著白色的服裝，把這個悲痛的心情表演給老天爺看，給所有的人民看。

劉曜的這次悲痛還真不是表演的，而是發自內心。他痛哭之後，回到城裡，一想到這件事，又悲憤交加起來。這次悲憤交加，就交加出病來，身體越來越差。一般到了這個地步，如果得不到勝利的刺激，事業就會往下坡路猛滑下去，拖也拖不回來了，擋更擋不住。

還記得李矩和郭默吧？

兩人本來為了保命，曾跳槽去當過劉曜的員工。等劉曜派兵過來，跟他們一起夾擊石勒。劉曜後來也確實派了那個呼延謨帶兵過來。可呼延謨

第九節　晉國最大的不幸

也是個沒本事的傢伙，夾擊敵人的戰鬥計畫還沒有部署，就被石虎打得不剩渣。最後連劉曜的大軍也全面敗退。

劉曜的部隊取得完敗之後，李矩和郭默又一次陷入了孤立的境地。這兩個傢伙也算倒楣到了極點了，不管當哪個老大的員工，都得不到老闆強而有力的支援，都是在孤軍奮戰，生活過得一點不幸福。

在劉曜的前線部隊被搞定之後，石虎就轉過矛頭對準李矩他們了。

石聰首先把郭默打了個遍地找牙。郭默連妻子都顧不上，只顧自己拚命向建康方向狂奔逃命。

大家知道，郭默原來跟李矩的關係好得很，逃跑的時候，也覺得自己這麼做，實在有點對不起李矩。因此，他在準備逃跑時，把印信都交給他的參軍殷嶠說：「李老大對我很好。現在我不通知他一聲就逃難了，覺得以後也沒臉見他了。三天後，你去跟他說，我已經提前南下了。」

李矩得知郭默當逃兵之後，大怒起來，馬上猛拍桌子，叫郭誦一定要把這個臨陣逃脫的傢伙抓回來。郭誦快馬加鞭地追過去，到襄城終於把這個老兄追上。可郭默死也不願回去了，連家屬也不顧，單槍匹馬繼續走逃亡之路。

郭默一逃走，李矩屬下將士的心態全面進入「人心惶惶」的地步了。

這時，李矩的外甥郭元又成了石虎的俘虜。這個郭元雖然跟李矩多年，享受著很高的待遇，但一點骨氣也沒有，被抓之後，石虎叫他寫勸降信給他的哥哥。他一點也不敢推辭，完全照辦。信中說：「石虎去年多次東西征戰，連續打敗了像曹嶷和拓跋猗盧這些強人。現在的李矩還是強人嗎？就是用屁股去思考也知道，再跟著他，我們的前途就會徹底完蛋。」

這信一到李矩營中，李矩的那些手下都覺得有道理啊，我們還是投降了吧？堅持這麼多年，也對得起老大了。

第六章　王敦的失敗

　　李矩看到大家都是這個意思，知道再也管不住這些兄弟們了，也向郭默學習，南下逃命。可他逃是逃得沒有錯，但命卻保不住——他南下到魯陽時，不知是身體不好，還是別的原因，突然從馬背上摔下來掛掉！

　　由於晉國的內亂，使得堅持在前線與石勒對抗的李矩集團徹底消失了。

　　於是，原屬晉國的司州、豫州、徐州、兗州全部劃入後趙的版圖。

　　晉國在這一帶的力量，終於歸零，石勒的勢力得到進一步的壯大。

　　晉國的霉運還在繼續。

　　司馬紹雖然沒什麼不良生活習慣，而且還是個武術高手，如果不當皇帝，完全可以開個精武館之類的武術學校，賺錢餬口，生活也不會差到哪裡去。按照道理說，這哥兒們應該有個強壯的身體，是個很性感的肌肉男才對，生命力又正處於高峰期，就是加班把妹也拖不垮玩不累的。可是司馬紹卻突然生起病來。

　　司馬氏的這麼多皇帝中，司馬紹應該是最有能力的人，也是個很能夠自我反省的人——據說，他跟王導一起聊天的時候，向王導請教「晉何以得天下」時，王導就把司馬家當年的事敘述了一遍，談到高貴鄉公被殺的事件時，司馬紹用床單擋住臉面，說：「如果真是這樣，我們晉家的天下，還能有多久呢？」——若如公言，晉祚復安得長遠！

　　這種勇於面對歷史，勇於反思的行為，歷史上實在很難找到第二個人。

　　司馬紹智商很高，也很會用人，可也有一點不足。這個不足就是，他雖然信任王導、庾亮、郗鑑、溫嶠他們，大力提拔有用人才，讓司馬氏的事業又逐步進入正軌，但他卻仍然寵信兩個小人。

　　這兩個人一個叫虞胤。這傢伙的來頭不小，是司馬睿大老婆虞皇后的弟弟，現在的官位是右衛將軍；另一個叫司馬宗，這哥兒們的來頭更是非

同小可──是司馬亮的兒子，現在職務是左衛將軍、封南頓王。司馬紹把皇家警衛部隊全交給他們。這兩個傢伙憑著司馬紹完全的信任，一天到晚縮在宮中。更為嚴重的是，兩人召集很多武士當自己的死黨。如果讓他們繼續這樣下去，以後的亂子將嚴重得不堪設想。恐怕當年齊桓公最後的日子都可能重演。

王導和庾亮把這件事跟司馬紹當面說了，要求建立一個完善的機制約束一下這兩個人。哪知，司馬紹在這事上，也跟那些暈頭暈腦的昏君沒差別，不但不把王導和庾亮的話聽進耳朵裡，對兩個人的人品進行一次重新評估，反而更加深對兩人的信任，連皇宮的鑰匙也全交給他們保管──以後這裡就是你們的家了。

這時，司馬紹病得躺在宮中，起不了床。庾亮夜裡突然有急事，要向司馬紹報告。

他急急忙忙來到宮門前，向司馬宗討要鑰匙時，司馬宗居然一點不買這位當今政壇大佬的帳，在半夜裡大聲說：「你以為你是誰？以為這是你家，什麼時候想進就進？」

弄得庾亮大為不爽，氣哼哼地離開。

過了幾天，司馬紹的病加重了起來，一天到晚只想躺在床上，連人都懶得見了。

於是，虞胤和司馬宗更加理直氣壯的守住大門，一個官員都不能見到皇帝。

大家本來看這兩個傢伙就不順眼了，很多人早就把他們當成歷史上那些謀害皇帝的小人，認為這兩個人遲早要把英明領袖司馬紹謀害掉。這時，看到這個樣子，都覺得他們最擔心的事就要發生了。

庾亮再也忍不了──他和王導曾多次在司馬紹面前講過這兩個人的

第六章　王敦的失敗

壞話，要是讓這兩個傢伙得逞，他和王導這些人肯定死無葬身之地。他來到宮門，也不再跟那兩個傢伙說一聲，硬著頭皮闖了進去。

他來到司馬紹的病床邊，見到了司馬紹。他抓緊時間把這些情況跟司馬紹作了報告，說，虞胤和司馬宗正打算把他們一舉消滅，然後自己成為當權派，庾亮再一次淚流滿面地請求司馬紹把虞胤和司馬宗免職，永不錄用，否則，就會後患無窮啊！

可是司馬紹仍然不批准。

相信一個人不容易，可懷疑一個人也是很難的。

司馬紹的身體已經越來越虛弱，連他自己也知道，這條命已注定要提前到頭了。

歷史的車輪開到了太寧三年的閏八月。

八月十九日，司馬紹下詔，命令：太宰司馬羕、司徒王導、尚書令卞壺、車騎將軍郗鑑、護軍將軍庾亮、領軍將軍陸曄、丹楊尹溫嶠，並受遺詔輔太子，更入殿將兵直宿；然後提拔卞壺為右將軍、庾亮為中書令、陸曄為錄尚書事。

做完這些人事安排之後，司馬紹很累地鬆了一口氣，於八月二十四日釋出他這輩子的最後一個命令——遺詔之後，於第二天死去。

歷史在這裡，讓晉國的人噓唏了一陣。一個晉國很難找到的第一把手，就這樣在剛有作為的時候死去。這對司馬氏而言是一個巨大的損失。假如司馬紹能再活幾十年，中國的歷史可能就是另外一個故事了。

但歷史沒有假如，假如的永遠不是歷史。

第九節　晉國最大的不幸

晉朝權謀錄──晉室南渡與北伐未竟夢：

王敦造反、鮮卑崛起、石勒稱雄、祖逖北伐……內部的朝廷爭鬥與北方的蠻夷勢力，東晉王朝的動盪史篇

| 作　　　者：譚自安
| 發 行 人：黃振庭
| 出　版　者：崧燁文化事業有限公司
| 發　行　者：崧燁文化事業有限公司
| E - m a i l：sonbookservice@gmail.com
| 粉　絲　頁：https://www.facebook.com/sonbookss/
| 網　　　址：https://sonbook.net/
| 地　　　址：台北市中正區重慶南路一段61號8樓
| 8F., No.61, Sec. 1, Chongqing S. Rd., Zhongzheng Dist., Taipei City 100, Taiwan

電　　　話：(02)2370-3310
傳　　　真：(02)2388-1990

印　　　刷：京峯數位服務有限公司
律師顧問：廣華律師事務所 張珮琦律師

-版權聲明—————

本書版權為淞博數字科技所有授權崧燁文化事業有限公司獨家發行電子書及紙本書。若有其他相關權利及授權需求請與本公司聯繫。

未經書面許可，不得複製、發行。

定　　　價：420元
發行日期：2024年11月第一版
◎本書以POD印製
Design Assets from Freepik.com

國家圖書館出版品預行編目資料

晉朝權謀錄——晉室南渡與北伐未竟夢：王敦造反、鮮卑崛起、石勒稱雄、祖逖北伐……內部的朝廷爭鬥與北方的蠻夷勢力，東晉王朝的動盪史篇 / 譚自安 著 . -- 第一版 . -- 臺北市：崧燁文化事業有限公司，2024.11
面；　公分
POD版
ISBN 978-626-416-129-9(平裝)
1.CST: 魏晉南北朝史 2.CST: 通俗史話
623　　　113017442

電子書購買

爽讀APP　　　　臉書